DAS RAUMSCHIFF
der kleinen
FORSCHER

Spannende Experimente
zum Selbermachen

von Joachim Hecker

Mit Illustrationen von
Sabine Kranz

Rowohlt Taschenbuch Verlag

für Karla & Lisa
Joachim Hecker

für Flöhchen
Sabine Kranz

Originalausgabe
Veröffentlicht im Rowohlt Taschenbuch Verlag,
Reinbek bei Hamburg, Februar 2017
Copyright © 2017 by Rowohlt Verlag GmbH, Reinbek bei Hamburg
Lektorat Kristina Knöchel
Einbandgestaltung any.way, Barbara Hanke / Cordula Schmidt
Einband- und Innenillustrationen Sabine Kranz
Satz Quadraat PostScript, InDesign
Gesamtherstellung CPI books GmbH, Leck, Germany
ISBN 978 3 499 21738 8

Inhalt

Wissenschaft macht richtig Spaß!

Träumst du von Abenteuern? Magst du den Weltraum? Wärst du gerne ein Astronaut?

Dann bist du hier genau richtig. Denn hier geht es ab, und zwar ins All! Auch wenn die Beteiligten unserer Geschichte zunächst gar nichts davon ahnen.

Alles soll hier ganz am Anfang noch nicht verraten werden, nur so viel: Ein kleiner Hamster spielt eine große Rolle, dazu drei gute Freunde von der Erde, die Kim, Metin und Vanessa heißen. Außerdem machen außerirdische Kreaturen mit, von denen es im All nur so wimmelt. Einige möchte man gar nicht kennenlernen, aber man muss es, weil man nicht an ihnen vorbeikommt. Andere sind knuffig und neugierig und einfach interessant. Man könnte sich glatt mit ihnen anfreunden – wenn sie nur nicht so weit weg wohnten …

Das Besondere an diesem Buch ist aber, dass es nicht nur eine Geschichte enthält, sondern auch richtig viel Wissenschaft. Und dass es nicht beim Lesen bleibt. Denn das, was du liest, kannst du umsetzen, mit deinen eigenen Händen, manchmal mit etwas Hilfe von Erwachsenen (da können sie sich mal nützlich machen) und mit ein paar Zutaten von zu Hause wie Batterien, Magneten, Computerdruckern, Staubsaugern … Und du wirst diese Dinge völlig neu kennenlernen. Eine Batterie ist zum Beispiel ein prima Rennauto, ein Staubsauger kann Ü-Eier schleudern, und der Drucker hilft dir dabei, ein echtes Kunstwerk herzustellen.

Lass dich von den vielen spannenden Experimenten überraschen! Denn Wissenschaft ist faszinierend, lustig und zum Anfassen und Ausprobieren.

Komm mit auf eine Weltraummission und werde dabei zum Forscher, Ingenieur und Techniker. Dazu soll dich dieses Buch verführen. Und dabei wird es dich begleiten, anleiten und dir viel erklären.

Wissenschaft macht richtig Spaß! Viel Freude und Vergnügen beim Herumexperimentieren wünscht dir von ganzem Herzen

Jo Hecker

So fing das alles an

«Kim, gehst du bitte in den Keller und holst uns eine Flasche Wein rauf?», rief Papa aus der Küche. «Rechts oben, einen Rotwein.»

Ich hasse solche Aufträge. Erstens bin ich nicht der Butler, und zweitens schon gar nicht der Kellner. Aber um der guten Stimmung willen ging ich doch in den Keller, immerhin sollte es ja ein schöner Abend mit zufriedenen Erziehungsberechtigten werden.

Die Kellertreppe war immer etwas feucht, und unten roch es muffig, so richtig nach Keller. Im Vorratsraum stand das Regal mit den Weinflaschen. Ich finde Wein blöd. Erwachsene werden davon so «locker», und am nächsten Tag sind sie wieder genauso angespannt wie vorher, nur mit Kopfschmerzen.

Ich stellte mich auf die Zehenspitzen und zog eine Flasche aus dem Regal. Da sah ich das Licht. Es schimmerte blau hinter dem Weinregal hervor. Es war mir noch nie aufgefallen, und es sah etwas unheimlich aus – ganz kalt, wie Sternenlicht. Ich ahnte noch nicht, wie recht ich damit hatte ... Schnell schnappte ich die Flasche und ging aus dem Vorratsraum. Kurz bevor ich das Licht ausschalten wollte, sah ich noch etwas über den Boden huschen. Vor Mäusen hatte ich keine Angst, die finde ich ganz süß. Aber war es wirklich eine Maus gewesen?

Ich lief wieder nach oben, und es wurde dann noch ein ganz netter Abend. Mama und Papa wurden richtig albern, und ich durfte etwas länger an den Computer als sonst.

Am nächsten Tag ging ich nach der Schule sofort in den Keller. Papa war noch nicht da, und Mama kam meistens erst später. Ich öffnete die Tür zum Vorratsraum und hörte etwas rascheln. Und da war es wieder, dieses kalte blaue Licht hinter dem Regal. Glühwürmchen in unserem Keller? Die leuchten nicht blau, sondern grün, das wusste ich.

Ich ging zum Weinregal und versuchte, es zur Seite zu rücken. Dabei fiel eine Weinflasche raus und auf den Boden. Oh nein! Aber es klirrte gar nicht. Mit einem weichen «Plopp» landete sie auf einer Luftmatratze.

Eine Luftmatratze? Im Keller? Und dann noch so eine winzige?

Ich hob das Ding auf. Es war eine Mini-Luftmatratze voller – hatschi! – voller Haare.

«Du tust eine Allergie haben?», hörte ich eine Stimme in meinem Kopf. «Alle Kinder tun doch heute eine Allergie haben.»

Ich drehte mich um. Auf einer Weinflasche im Regal saß ein niedlicher kleiner Hamster. So eine richtig knuffige weiche Fellkugel eben. «Du bist ja süß!», sagte ich und wollte den Hamster auf die Hand nehmen.

«Tu dich unterstehen», sagte die Stimme in meinem Kopf, und der Hamster biss mich kräftig in den Finger. Aua! Das Teil hatte fest zugepackt, aber es blutete nicht. «'tschuldigung. Ich tu es nicht ausstehen, wenn Wesen mich ‹süß› finden. Ich tu kein Kuscheltier sein, sondern

Space Hamsta und Käpt'n von einem echten Raumschiff», hörte ich wieder die Stimme.

Ich musste lachen und wirbelte dabei eine Staubwolke auf. Jetzt musste der Hamster niesen, und das sah sehr drollig aus. Aber ich sagte nichts. Ich dachte nach.

Ein sprechender Hamster mit einem Raumschiff? So ein Quatsch. Ich musste sofort aufwachen, denn offenbar träumte ich wohl. Ich kniff mich in den Arm. Aua, das tat weh. Und ich merkte, dass ich hellwach war. Der Hamster auch.

«Wenn du mit mir kommst, tu ich dir mein Raumschiff zeigen», sagte die Stimme in meinem Kopf.

«Bist du das?», fragte ich den Hamster. «Kannst du sprechen?»

«Genau, ich tue sprechdenken, genau in deinen Kopf hinein. Das tut nicht so auffallen und meine Stimme schonen», hörte ich es wieder. Das kam zweifellos von der knuffigen Fellkugel mit den Knopfaugen, die so schwarz waren, wie das Weltall groß ist.

Ich rückte das Regal beiseite, und dahinter war tatsächlich ein ... Raumschiff! Es stand aufrecht an die Wand gelehnt und schimmerte in blauem Licht. Wer immer das gebaut hatte, musste ein Künstler sein. An dieser Miniaturausgabe war jedes Fitzelchen sorgfältig gearbeitet. Die Triebwerke, die Flügel, die Türen und vorne das große Panoramafenster, durch das ich ins Raumschiff blicken konnte.

Drinnen war es noch toller. Überall waren Knöpfe und Schalter zu sehen, die in allen möglichen Farben blinkten. Der prächtige Sessel vor dem Fenster mit dem dicken Armaturenbrett war bestimmt für den Kapitän dieses Raumkreuzers.

«Schau mal dort», rief der Hamster, der mir inzwischen auf die Schulter gekrabbelt war, stolz in meinen Kopf. «Das ist mein Kapitänssessel mit ganz viel ... äh ... Holzwolle drum herum.»

Tatsächlich lag im Raumschiff überall Holzwolle. Hamster bleibt eben Hamster, ob er ein Raumschiff kommandiert oder im Hamsterrad trainiert. Wie drollig!

«Weißt du was? Du tust jetzt gehen. Das tut genug sein für heute. Tschüss, bis morgen. Du weißt ja, wie du mich besuchen kannst», unterbrach die Fellkugel meine Gedanken und rutschte auf meinem Arm elegant von der Schulter.

Ich war noch ganz verdattert, als ich mich verabschiedete. «Mach's gut, Hamster. Bis morgen. Und flieg bitte nicht heimlich weg.»

«Wie denn, ohne Treibstoff? Aber darum tun wir uns morgen kümmern.»

Ich schob das Regal vorsichtig wieder vor das Raumschiff, schloss die Tür zum Vorratsraum und ging zur Treppe. Es war wie ein Traum. Und ich ahnte noch nicht, was der Hamster mit mir vorhatte – und dass das Fellknäuel einmal mein bester Freund werden würde. Aber das ist eine lange Geschichte …

So fing das jedenfalls alles an.

Großer Hamster, kleine Menschen
oder: Alles ist relativ

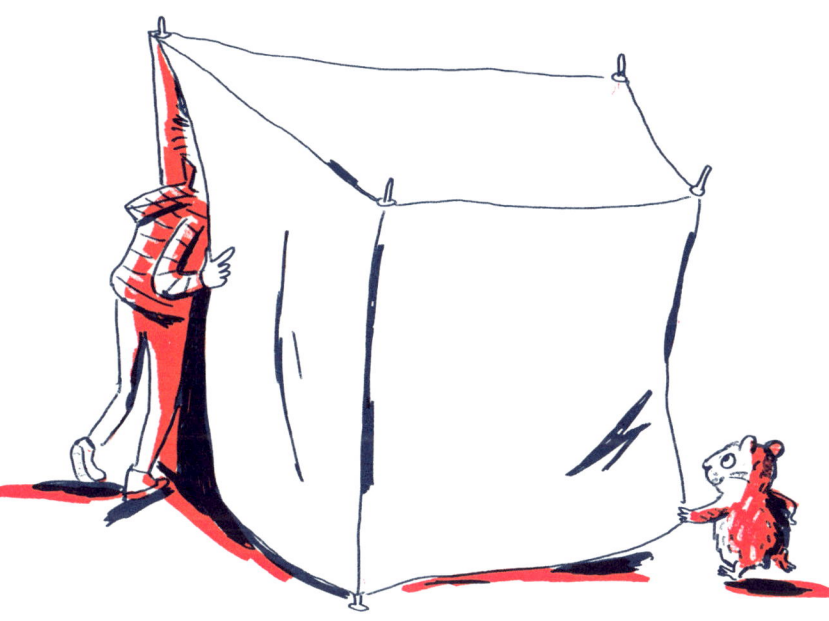

Was ist groß? Und was ist klein? Kann klein größer sein als groß? Und groß kleiner als klein? Es kommt drauf an. Denn im Leben ist alles relativ.

In der Schule war es furchtbar. Ich war völlig übermüdet, weil ich ganz schlecht geschlafen und wirres Zeug geträumt hatte. Von Planeten voller Hamster und Raumschiffen, die auf der Erde landen und alle Holzwolle mitnehmen, die es hier gibt.

Meine Freunde Vanessa und Metin merkten schnell, dass mit mir etwas nicht stimmte. In der Pause nervten sie so lange, bis ich ihnen etwas von Raumschiffen und Hamstern erzählte. Erst hielten sie mich für bekloppt. «Germany's Next Top-Spinner», witzelte Metin. Aber als sie merkten, dass ich es ernst meinte, wurden sie neugierig und wollten unbedingt mit zu mir nach Hause kommen. Ich vertröstete sie auf den nächsten Tag und konnte sie auf dem Heimweg tatsächlich abschütteln, indem ich eine Haltestelle früher aus dem Bus sprang und einen Umweg lief.

Zu Hause angekommen, fühlte ich mich, als wenn ein riesiges Geburtstagsgeschenk auf mich wartete: ein großes Raumschiffmodell zum Spielen mit einem Hamster als Kapitän. Aber es war alles andere als ein Spielzeug. Es war echt, auch die Größe.

Ich ging in die Küche, um was zu trinken. Da spürte ich, wie der Fußboden bebte. In den Schränken klapperte das Geschirr, und die Kaffeemaschine bewegte sich zitternd zur Kante der Arbeitsplatte ... ich konnte sie gerade noch zurückschieben, sonst wäre sie auf den Boden geknallt. Der Krach kam von unten. Aus dem Keller.

Aus dem Keller?

Ich sprang die Kellertreppe hinab und stieß die Tür zum Vorratsraum auf. Dicke Qualmwolken kamen mir entgegen. Und ein verstörter Hamster.

«Was machst du?», fragte ich.

«Ich tue die Triebwerke testen, das tust du doch sehen, Blindfisch», piepste es in meinem Kopf. Das Tier war in Höchstform.

Ich warf einen Blick hinter das Regal und sah die Triebwerke des Raumschiffes glühen. «Leider tu ich jetzt aufhören müssen. Treibstoffprobleme», sagte das Nagetier. «Und tu mich nicht so zärtlich anschauen, wir sind hier nicht im Streichelzoo, sondern auf einer Expedition», fügte es hinzu und setzte den niedlichen Gehörschutz ab. Es war wirklich zu süß.

«Du Mensch du, ich tue deine Hilfe benötigen», fuhr der Hamster dann fort und blickte mir mit seinen beiden Knopfaugen ins Gesicht. «Aber erst einmal tun wir auf gleicher Augenhöhe kommunizieren.»

Er zog hinter dem Schrank eine Plane hervor und faltete sie im Flur vor dem Vorratsraum auf. Zum Schluss stand da eine Art Zelt, so breit wie der Kellerflur.

«Los, geh da rein», befahl mir der Hamster streng und hob einen Zipfel dieses merkwürdigen Zeltes hoch.

Ich krabbelte hinein und stand in einem Raum, der etwas krumm und schief zu sein schien. Bevor ich mir näher Gedanken machen konnte, kam der Hamster hinter mir her. «Los, dahinten rechts hin», kommandierte er und hoppelte hinten links hin. Ich ging in meine Ecke und blickte zum Hamster. Erschrocken schrie ich auf: Ein menschengroßes Hamster-Monster stand dort, glotzte mich an und zeigte mir seine scharfen Nagezähne!

«Du musst keine Angst haben tun», sagte das Hamsterdingens und reichte eine Pfote rüber. «Jetzt, wo wir uns ins Gesicht schauen tun können, darfst du ‹du› zu mir sagen. Ich bin Space-Hamsta und der Kommandant des tollen Raumschiffes bei euch im Keller. Und im Übrigen tut es reichen, wenn du Hamsta zu mir sagen tust.»

«Angenehm, ich heiße Kim, und du sagst ja sowieso schon ‹du› zu mir.»

«Tu jetzt hier hinten mit mir rauskommen», sagte Hamsta und watschelte auf seinen Hinterbeinen voran. Ich folgte ihm etwas verwirrt. Er griff einen Zipfel des Zeltes, hob ihn hoch, und wir schlüpften hinaus. Ich wurde fast ohnmächtig: Der Keller war riesengroß geworden, und wir brauchten ewig bis in den Vorratsraum, wo ein Riesenregal mit lastwagengroßen Weinflaschen stand!

«Tust du dich nicht wundern?», fragte Hamsta. «Nicht ich tat wachsen, sondern du tatest schrumpfen.» Er patschte mir mit seiner schweren Hamsterpfote auf den Rücken.

Dann zeigte er mir sein Raumschiff, aber wir gingen dieses Mal noch nicht hinein. «Wenn du mir helfen tust, geht es bald los», versprach Hamsta.

Ich war zu verstört, um irgendwas zu sagen oder ihn zu fragen, was genau bald losgehen sollte. Hamsta schubste mich zurück durch das merkwürdige Zelt, und ich kam auf der anderen Seite in alter Größe heraus.

«Dass du niemanden nix sagen tust!», schärfte mir Hamsta ein und gab mir zum Abschied sein winziges Pfötchen.

«Bis morgen», sagte ich.

«Dann sehen wir weiter», sprechdachte er in meinen Kopf und schaute mich mit seinen Knopfaugen rätselhaft an.

Den Rest des Tages kam ich mir vor wie im falschen Film. Ein Hamsta so groß wie ich? Oder ich so klein wie ein Hamster? Ein Raumschiff hinterm Weinregal? Beim Einschlafen sah ich die Hamsteraugen vor mir, und sie erschienen mir wie zwei Schwarze Löcher, die mich ins Universum sogen. Ich wirbelte durchs All, immer schneller. Darüber muss ich schließlich eingeschlafen sein. Einmal wachte ich nachts auf und bildete mir ein, dass das Haus bebte. Aber das war wohl nur Papa, der im Schlafzimmer wieder so laut schnarchte.

• • •

Was ist groß und was ist klein? Es kommt ganz darauf an!

 Dauer: 20 Minuten

Schwierigkeitsgrad:

 **Zutaten:**
- 2 Blatt dickeres Papier oder Karton
- 1 Schere
- Klebefilm
- Druckvorlage als PDF zum Download
- Spielfiguren

 **Perfekt vorbereitet**

Geh im Internet auf die Seite *rowohlt.de/raumschiff* und lade dir dort die Vorlage zum «Ames-Raum» herunter. Drucke sie so groß wie möglich, mindestens auf zwei DIN-A4-Seiten, am besten auf etwas dickerem Papier oder Karton.

Es wird knifflig

 Dein Ames-Raum besteht aus zwei Teilen, die später ein Ganzes ergeben: der Boden mit zwei Wänden und die Decke mit zwei Wänden. Beides zusammengesetzt ergibt einen geschlossenen Raum, in den du nicht hineingucken kannst – wäre da nicht das Guckloch, denn beim Ames-Raum ist die Perspektive wichtig, also von wo du guckst. Knicke die beiden Teile an den gestrichelten Linien. Mit den weißen Laschen klebst du sie zusammen. In der Decke bleibt ein Loch offen, damit du Gegenstände in deinen Ames-Raum hineinstellen und darin verschieben kannst, um sie anschließend zu betrachten.

Gib alles!

Wenn du deinen Ames-Raum zusammengeklebt hast, legst du ihn auf den Tisch und stellst etwas hinein: Lego- oder Playmobil-Männchen, zwei Stück Würfelzucker, zwei Schach- oder Spielfiguren. Stelle sie ganz hinten hin, vor die Rückwand.

Gut gemacht

Schaue durch das Guckloch auf die Rückwand. Na, und? Obwohl beide Figuren gleich sind, wirken sie unterschiedlich groß.

Was ist da los?

Der Ames-Raum ist über 70 Jahre alt. Er wurde von keinem Architekten entworfen, sondern von einem Augenarzt und Psychologen, dem US-Amerikaner Adelbert Ames (1880–1955). Weil du selbst einen kleinen Ames-Raum gebaut hast, weißt du, dass er in Wirklichkeit krumm und schief ist. Aber mit nur einem Auge und von der richtigen Stelle aus betrachtet wirkt er wie ein ganz gewöhnlicher, rechtwinkliger Raum. Hierbei spielt uns das Gehirn einen Streich, denn dieses Experiment hat mit unserer Wahrnehmung zu tun.

Unser Gehirn hat viele Räume gesehen und weiß, wie sie auszusehen haben. Mit dieser Erfahrung im Hinterkopf rückt es die Linien gerade und lässt uns einen ganz gewöhnlichen Raum sehen. Natürlich wirken die Figuren, die weiter vorne stehen, größer. Sie scheinen aber auch deshalb größer, weil sie in der niedrigen Ecke stehen und damit weiter unter die Decke ragen.

Tipp für Mutige

Ames-Räume gibt es auch ganz groß zum Reingehen. In einigen Science-Centern sind sie in Lebensgröße aufgebaut, damit man hin-

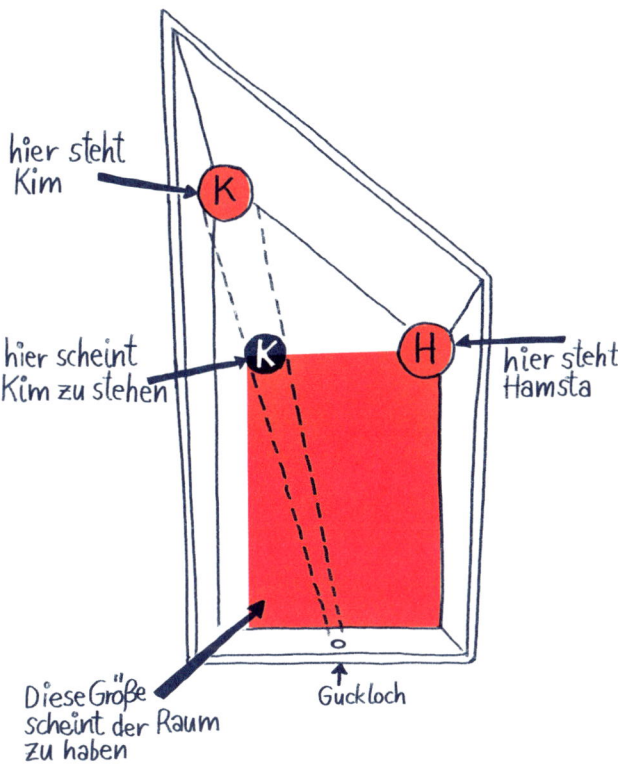

hier steht Kim

hier scheint Kim zu stehen

hier steht Hamsta

Diese Größe scheint der Raum zu haben

Guckloch

eingehen und sich hinstellen kann. Dort kannst du tatsächlich größer sein als deine Eltern, auch wenn du eigentlich (noch) einen Kopf kleiner bist.

Krumme Raumzeit

Raum und sogar Zeit können noch aus ganz anderen Gründen krumm und schief sein. Das hat der Physiker Albert Einstein (1879–1955) in seiner «Allgemeinen Relativitätstheorie» vorausgesagt. Demnach gehen Uhren an jedem Ort im Universum verschieden schnell, der Raum kann gekrümmt sein, und Lichtstrahlen werden verbogen. Das klingt völlig abgefahren, und das ist es auch.

Wer oder was ist schuld daran? Die Materie im All, also Sterne, Galaxien und Schwarze Löcher. Sie krümmen den Raum um sich her-

um – so wie du das Sofakissen, wenn du dich reinsetzt. Auch läuft die Zeit in der Nähe von viel Masse langsamer, also am Erdboden langsamer als oben auf der Internationalen Raumstation (ISS) in rund 400 Kilometern Höhe. In einem Schwarzen Loch steht die Zeit fast still, weil das Schwarze Loch unglaublich «schwer» ist, denn dort befindet sich ungeheuer viel Materie auf kleinstem Raum. Außerdem kommt aus dem Schwarzen Loch kein Licht mehr raus (deswegen ist es ja schwarz), weil es von ihm verschluckt wird.

Schon die Sonne ist groß genug, um Lichtstrahlen zu verbiegen. Ganze Galaxien, also Sternenhaufen, können Lichtstrahlen so stark krümmen, dass man sehen kann, was dahinter ist, obwohl sie eigentlich den direkten Blick versperren. Das ist für Astronomen praktisch, die so Dinge sehen, die sie sonst nicht beobachten könnten. Der genaue Grund ist die sogenannte Gravitation, also die Schwerkraft, die alles auf den Boden zieht, was du aus der Hand fallen lässt, und die deinem Körper ein Gewicht verleiht. Der Effekt mit dem «Dahinterschauen» heißt übrigens «Gravitationslinse», weil er genauso wirkt wie eine gigantische optische Linse.

Endlose Treppen laufen

Der niederländische Graphiker Maurits Cornelis Escher (1898–1972) hat ganz und gar unmögliche Räume geschaffen. Beim ersten Hinschauen sehen sie noch normal aus, aber wenn du genauer hinsiehst, fällt auf, dass es diese Räume nur auf dem Papier geben kann, nie in echt. Escher zeichnete Treppen, auf denen man ständig hochsteigt und trotzdem wieder unten ankommt, weil man irgendwie im Kreis läuft. Oder Bäche, die im Kreis fließen. Kisten, bei denen nicht klar ist, welche Seiten außen und welche innen sein sollen. Dafür verletzte Escher bewusst die Regeln der Perspektive, indem er Linien, die eigentlich hinten liegen, durchzeichnete und sie so in den Vordergrund holte. Bis heute bringt er Menschen mit seinen bizarren, unwirklichen und doch beängstigend echt wirkenden Räumen zum Staunen.

Der spinnt, der Raum!

Ein unglaubliches Erlebnis ist der «Spinning Room», den es in manchen Vergnügungsparks und Science-Centern gibt. Diesen Raum betritt man von der Seite, und dann dreht er sich um seine Querachse. Das Raffinierte ist: Die Besucher sitzen in der Mitte des rotierenden Raumes fest auf einer Bank, und der Raum dreht sich um sie herum, von oben nach unten. Weil unsere Augen keinen festen Punkt mehr haben, an dem sie sich orientieren können (es dreht sich ja alles), kommt unser Gleichgewichtssinn völlig durcheinander, und es entsteht der Eindruck, als ob man ständig nach vorne kippt. Manchen Besuchern wird dabei richtig übel.

Raumkrankheit

Die «Raumkrankheit» hat glücklicherweise nichts mit unaufgeräumten Kinderzimmern zu tun. Es gibt sie auf der Erde nicht, dafür aber im Weltraum. Sie befällt Astronauten in der ersten Zeit in der Schwerelosigkeit, wenn sie – wie auf der Internationalen Raumstation (ISS) – frei herumschweben können. Weil es kein «Oben» und kein «Unten» gibt, kommt die Orientierung durcheinander, und der Gleichgewichtssinn spielt verrückt. Kopfschmerzen und Übelkeit sind die Folge, nach ein paar Tagen ist das meistens vorbei. Sich zu übergeben ist auf der Erde schon kein Vergnügen, in der Schwerelosigkeit aber richtig schlimm.

Treibstoff für den Hamster
oder: Der älteste Stoff der Welt

Ein Raumschiff ohne Treibstoff ist wie ein Himmel ohne Sterne. Und zu den Sternen wollte Hamsta. Aber der Reihe nach.

Ich war als Erster zu Hause und ging sofort in den Keller. Klopf-klopf-klopf – und das dreimal hintereinander, das war das verabredete Zeichen.

Der Space-Hamsta ließ mich ein. Bevor ich noch irgendetwas sagen konnte, bat er mich um Tafelessig aus der Küche und meinen Bleistiftanspitzer aus dem Mäppchen. Ich holte beides und legte es auf den Boden. Hamsta baute sein Zelt auf und brachte mich auf Hamstergröße.

Es stellte sich heraus, dass er heute nicht besonders gut drauf war. «Ich tue dringend deine Hilfe benötigen», sagte er und sah mich mit seinen dunklen Knopfaugen an. Ich konnte nicht nein sagen. Und so nahm alles seinen Lauf.

«Ich habe keinen Treibstoff mehr, und ohne Treibstoff tu ich hier nicht wegkommen, geschweige denn nach Hause gelangen.»

«Wo ist denn dein Zuhause?», wollte ich wissen.

Hamsta holte eine riesige Sternenkarte hervor und rollte sie auf dem Boden aus. Ich sah nur weiße Punkte auf schwarzer Folie.

«Das ist der Kosmos», sagte Hamsta, und es klang unglaublich wichtig. Dann sprang er mitten auf die Karte und deutete mit dem Fuß auf einen weißen Punkt. «Und das hier tut meine Heimat sein», verkündete er voller Stolz.

«Mmhh», sagte ich, «sieht eher aus wie ein Spritzer Zahnpasta.»

Das hätte ich nicht sagen sollen, denn Hamsta rollte die Karte beleidigt wieder ein.

«So was tut weh! Das ist kein einfacher Klecks, das ist mein Heimatplanet Meinkenbracht. Dorthin will ich zurück. Wenn du mir dabei helfen tust, schaffe ich es. Und du kannst mitfliegen, wenn du magst.»

Das war ein Angebot, das ich nicht ausschlagen konnte. Eine Weltraumreise in einem gemütlichen Raumschiff mit Kapitänssessel ist besser als Schule mit Holzstühlen. «Einverstanden, ich helfe dir», willigte ich ein, «aber ich darf auf dem Sessel vorm Panoramafenster sitzen und das Raumschiff steuern.»

Hamsta bleckte die Zähne. «Das tun wir dann sehen», sagte er. «Aber erst tun wir Treibstoff für unser Schiff brauchen. Und den tust du besorgen!»

«Ich habe nur keinen in der Hosentasche», witzelte ich. Doch

Space-Hamsta hatte etwas anderes vor. Wir gingen zu dem riesigen Anspitzer, der auf der Erde lag. Dann kletterte Hamsta auf die Essigflasche und öffnete sie. «Was machst du jetzt?», fragte ich. «Willst du Anspitzer-Salat zubereiten?»

«Quatsch», antwortete Hamsta, «so tut man Treibstoff für Raketen herstellen. Wasserstoff nämlich.»

Er tropfte etwas Essig auf den Anspitzer, und sofort begann es zu schäumen. Hamsta hielt sein Gesicht über den Schaum und atmete tief ein, sehr tief. Er pustete sich auf wie ein Luftballon und schwebte an die Decke. Dann atmete er wieder aus, fiel nach unten und wäre fast auf mir gelandet.

«Wasserstoff ist leichter als Luft. Und mit Sauerstoff zusammen tut er explodieren. Im luftleeren Weltall braucht man nur Wasserstoff und Sauerstoff. Das brennt gut und bringt uns nach Meinkenbracht.»

Nur: Eine Flasche Essig war viel zu wenig. Wir brauchten mehr. Der nächste Tag würde uns weiterbringen.

In der großen Pause zog ich Metin und Vanessa in eine Ecke des Schulhofes, wo wir von den anderen in Ruhe gelassen wurden. Ich erzählte den beiden alles, aber auch wirklich alles. Vanessa runzelte erst die Stirn, und Metin kicherte, dann aber hörten beide gebannt zu. Schließlich glaubten sie mir die verrückte Geschichte und wollten Hamsta unbedingt kennenlernen. Ich war beruhigt: Auf Metin und Vanessa konnte ich mich verlassen, wenn's drauf ankam. Und das kam es jetzt.

Gesagt, getan. Nach der Schule begleiteten die beiden mich nach Hause. Mama und Papa waren noch nicht zurück, und wir hatten sturmfreie Bude. Wir gingen sofort in den Keller, und da stand schon Hamstas Ames-Raum. Metin und Vanessa erschraken ordentlich, als sie so groß wie Hamster waren, aber sie gingen cool damit um. Hamsta bot ihnen gleich das ‹Du› an und klopfte ihnen auf die Schulter. Er zeigte ihnen das Raumschiff und machte ziemlich Eindruck, als er kurz die Triebwerke hochfuhr. Dann erklärte er den beiden, wozu er sie brauchte. Metin und Vanessa waren Feuer und Flamme und richtig stolz, dass sie Hamsta helfen konnten. Und Hamsta war total glücklich, dass er Unterstützung hatte. Zum Dank flog er noch einmal an die Decke, machte Hamsterbäckchen und setzte sich etwas Holzwolle auf den Kopf, sodass es aussah wie eine Perücke. Vanessa fand ihn sofort «süüüß», und Hamsta schien das bei ihr irgendwie nicht zu stören. Aber wahrscheinlich riss er sich einfach nur zusammen.

Am nächsten Tag zogen Vanessa, Metin und ich los und kauften alle Bleistiftanspitzer in der ganzen Stadt, genau 112 oder so. Und 124 Flaschen Essig aus allen Supermärkten, die mit dem Fahrrad erreichbar waren. Hamsta war hocherfreut und sehr zufrieden mit uns. Einige Tage und Nächte hindurch stellte er im Keller seinen Wasserstoff her, und das ganze Haus roch nach Essig. Ich erzählte meinen Eltern, dass ich im Keller eine Flasche zerdeppert hatte. Hätten sie den wahren Grund gekannt, wären sie hochgegangen wie die Raketen. Und hätten sie geahnt, was daraus werden würde, wären sie sehr, sehr sauer gewesen.

• • •

Jetzt wird es brenzlig, denn das Ergebnis dieses Versuchs geht in Flammen auf.

 Dauer: 30 Minuten

Schwierigkeitsgrad:

Zutaten:

- Tafelessig
- 1 Anspitzer aus Metall
- 1 Trinkglas
- 1 Pappdeckel
- 1 Feuerzeug
- 1 Erwachsener, der tut, was man ihm sagt

Perfekt vorbereitet

Fülle etwa 4 Zentimeter hoch Essig in das Glas. Schaue dir den Anspitzer genau an. Wenn du Glück hast, steht etwas auf ihm geschrieben: «Magnesium» – das ist ein Metall. Lege den Anspitzer in den Tafelessig und decke das Glas mit einem Pappdeckel ab.

Es wird knifflig

Sofort entstehen am Spitzer Luftbläschen. Es schäumt richtig, und mit der Zeit wird der Essig warm. Das merkst du, wenn du von außen an das Trinkglas fasst. Warte etwa 15 Minuten.

Gib alles!

Dein Erwachsener nimmt das Feuerzeug und zündet es an. Dann geht ihr mit der Feuerzeugflamme an das Trinkglas und rückt den Pappdeckel einen Spaltbreit zur Seite.

Gut gemacht

Es faucht etwas, und im Glas bildet sich kurz ein kleiner
Feuerball. Es hat gebrannt! Das kannst du im Abstand
von etwa 5 Minuten so oft machen, wie es im Essig noch
sprudelt.

Was war da los?

Essig und Anspitzer vertragen sich nicht gut, sie kloppen
sich. Fachleute nennen das eine «chemische Reaktion».
Wenn zwei Stoffe miteinander reagieren, entsteht mindes-
tens ein dritter Stoff, der vorher nicht da war. Hier ist es die Essigsäure
im Tafelessig, die mit dem Magnesium reagiert, aus dem der Spitzer
besteht. Dabei entsteht Wasserstoff. Diese chemische Reaktion ist
ziemlich heftig, und neben dem Wasserstoff entsteht Wärme. Der
Anspitzer löst sich richtig auf. Zuerst wird er schwarz, dann von der
Säure richtig angefressen. Nur die Klinge interessiert das nicht, denn
sie besteht aus Edelstahl und reagiert nicht mit der Essigsäure.

Der älteste Stoff der Welt

Wasserstoff ist der älteste Stoff im Universum. Denn der Wasserstoff,
den du in deinem Glas erzeugst, ist 13,8 Milliarden Jahre alt, so alt wie
das Universum selbst. Kein anderer Stoff auf der Welt ist so alt wie
dein Wasserstoff. Nach allem, was wir heute wissen, gab es vor ungefähr 13,8 Milliarden Jahren den sagenhaften «Urknall», bei dem das
Universum entstanden ist. Von der Größe einer Erbse ist das Universum bis zu seiner heutigen Größe herangewachsen. Kurz nach dem

Urknall hat sich die Materie verdichtet und der Wasserstoff ist entstanden. Das Gas hat sich mit der Zeit zusammengeballt wie Klumpen in einer Suppe. War genügend Wasserstoff zusammen, hat er gezündet, also zu brennen begonnen. Daraus sind die Sterne entstanden. Einen solchen Stern haben wir in unserer Nähe: die Sonne. Ohne sie gäbe es uns nicht.

Das Lego des Universums

Fasse dir einmal an die Nase. An die Zähne. Nimm deine Haare in die Finger. Auch wenn es unglaublich klingt: Alles, woraus du bestehst, war einmal viele Millionen Grad heiß. Denn die Sterne – wie unsere Sonne – verbrennen Wasserstoff zu Helium. Doch wie bei einem klasse Lagerfeuer ist irgendwann alles verbrannt. Dann «stirbt» der Stern und bläht sich auf, er wird unglaublich groß und ... explodiert. Eine Sternenexplosion heißt «Supernova». Dabei wird der Stern so unglaublich hell, dass er quer durchs Universum zu sehen ist. Bei der Explosion schleudert er ganz viel Materie um sich. Und das ist gut so, denn es entsteht dabei ein ganzer Blumenstrauß an Stoffen, die vorher nicht da waren, zum Beispiel Sauerstoff, Eisen, Blei, aber auch ein paar Kostbarkeiten wie Silber und Gold. Kurzum: Alles, was im Universum nicht Wasserstoff oder Helium ist, wurde erst durch eine Supernova erzeugt. Und daraus besteht unser Körper.

Knallgas ist gefährlich – und nützlich

Der Wasserstoff, den du mit Essig und Magnesium erzeugst, ist vollkommen ungefährlich – wäre da nicht der Sauerstoff in der ganzen Luft drum herum. Und die Mischung von Wasserstoff und Sauerstoff heißt völlig zu Recht «Knallgas». Sauerstoff und Wasserstoff reagieren explosionsartig, und dabei entsteht ... Wasser. Wasser hat eine berühmte chemische Formel, die da lautet «H_2O». Das heißt, zwei Wasserstoffatome (H_2) verbinden sich mit einem Sauerstoffatom (O) zu einem Wassermolekül (H_2O). Es ist kaum zu glauben, dass ausgerechnet bei einer heißen Knallgasexplosion Wasser entsteht, aber es ist tatsächlich so.

Bei deinem Experiment entsteht nicht genug Wasserstoff für eine Knallgasexplosion, aber es reicht für eine kleine Verpuffung.

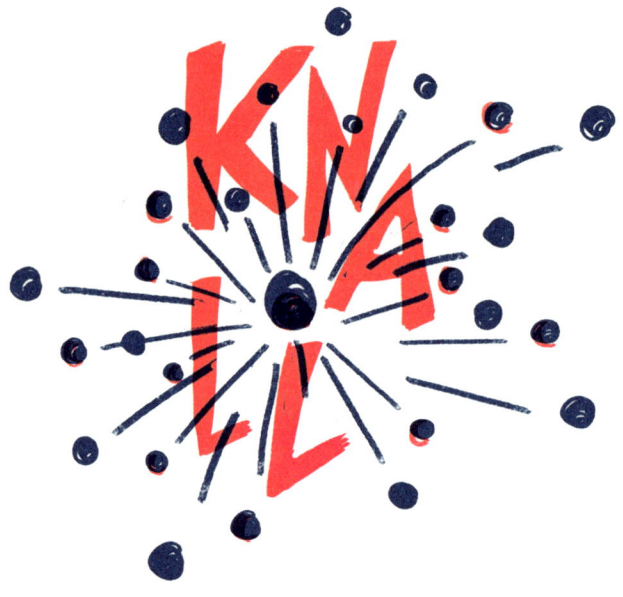

Fliegen mit Wasserstoff

Wasserstoff ist nicht nur der älteste, am häufigsten vorkommende und einfachste Stoff im Universum. Er ist auch der leichteste. Die ersten Luftschiffe, die Zeppeline, wurden mit Wasserstoff gefüllt, um in der Luft zu schweben und sogar den Atlantik zu überqueren. Bis 1937. Damals explodierte in Lakehurst in den USA das Luftschiff «LZ 129» mit dem Spitznamen «Hindenburg». Ein Funke genügte, um das Knallgas zu entzünden. Das Luftschiff verbrannte, und 36 Menschen starben. Seitdem werden Zeppeline und Ballons mit Helium gefüllt. Dieses Gas ist ein Edelgas, das in der Sonne bei der Verbrennung von Wasserstoff entsteht, und es ist unbrennbar – nur sehr viel teurer.

Auto fahren mit Wasserstoff

Weil Wasserstoff wie Benzin explodiert, kann man damit Auto fahren. Aus dem Auspuff von Wasserstoffautos tröpfelt deshalb Wasser. Aber Wasserstoff ist etwas umständlicher zu benutzen als Benzin. Er muss mit hohem Druck eingefüllt werden, damit er im Tank flüssig ist (sonst würde kaum etwas hineinpassen). Und ein undichter Tank kann sehr gefährlich werden.

Strom aus Wasserstoff

Aus Wasserstoff lässt sich sogar Strom gewinnen! In Brennstoffzellen werden Sauerstoff und Wasserstoff zusammengeführt, natürlich ohne zu explodieren. Sie verbrennen kalt, und dabei entsteht Energie in Form von Strom. Hinten raus kommt nur Wasser. Füttert man die Brennstoffzelle jedoch mit Strom und Wasser, spaltet sie das Wasser auf in seine Bestandteile Sauerstoff und Wasserstoff. Genial!

Ein Raumschiff namens Müller
oder: Sagenhafte Neuner–Reihe

Gemeinsam eine Entscheidung treffen ist schwierig. Selbst bei guten Freunden. Wer schlau ist, der bereitet das Ergebnis vor ...

Frau Müller hatte uns fest im Blick. Als Klassenlehrerin besaß sie ein untrügliches Gespür für uns Schüler, sie merkte sofort, wenn irgendetwas nicht stimmte. Na, und mit Metin, Vanessa und mir stimmte ja tatsächlich was nicht. Aber Frau Müller konnte natürlich nicht ahnen, *was* mit uns nicht stimmte. Und wenn, dann hätte sie's nie geglaubt.

Hamsta hatte uns längst zu einer Spritztour ins All überredet. Wir

Meinkenbracht
4,8 Lichtjahre

sollten mitkommen nach Meinkenbracht, seinem Heimatplaneten, der nur einige Galaxien von der Erde entfernt lag, wie er sagte. Ein Planet voller Hamster, den Space-Hamsta vor etwa 150 Jahren mit Freunden verlassen hatte, weil er Krach mit seinen Eltern hatte. Ein Ausflug mit Folgen, denn «erst so lange tut es Hamster auf der Erde geben», wie uns Hamsta mit funkelnden Augen erklärte.

Wie Hamster so sind, hatten sie sich rasch vermehrt und waren den Menschen schnell ans Herz gewachsen. Einige Exemplare hatten es nicht nur in die Herzen, sondern sogar in die Heime der Menschen geschafft, wo sie in Hamsterkäfigen lebten.

«Die tun mir immer so leid», bemerkte Vanessa, die Tiere liebte.

«Das ist anders, als du denken tust», entgegnete Hamsta und erzählte uns eine verrückte Geschichte: Tagsüber trainieren Hamster

nämlich heimlich in ihren Laufrädern, um sich fit zu halten. Nachts aber öffnen sie ihre Käfige – «das tut ein Klacks sein», wie Hamsta versicherte – gehen an die Handys der Menschen und telefonieren miteinander.

Wir wollten ihm nicht glauben.

«Tut ihr euch eigentlich nie fragen, warum eure Handys morgens immer woanders liegen als da, wo ihr sie abends hingetan habt? War um der Akku morgens fast leer sein tut? Und warum tut euer Handy morgens mehr Tapser auf dem Display haben als abends?»

Wir waren geschockt!

Eines Tages verkündete uns Hamsta das große Ereignis: Am nächsten Morgen um Punkt 09:43 Uhr sollten wir nach Meinkenbracht starten. Wir waren total aufgeregt! So viel war noch zu tun: Sachen packen, Abschiedsbriefe an die Eltern schreiben mit dem Hinweis, dass wir bald wiederkommen würden, und Brote schmieren für die erste Zeit.

«Halt!», warf Hamsta ein. «Wir tun das Wichtigste vergessen.» Wir sahen ihn verständnislos an.

«Unser Raumschiff tut noch keinen Namen haben, und wenn es je einen gehabt haben tut, dann tue ich ihn vergessen haben. Jedes Raumschiff tut aber einen Namen benötigen, das tut sich so gehören, sonst tut's Unglück bringen.»

Also legten wir mit Vorschlägen los.

«Hamsterglück!», sagte Vanessa.

«Meinkenbracht», kam von Metin.

«Space-Hamsta», sagte ich.

Wir konnten uns nicht einigen. Da kam mir eine Idee.

«Freunde, lassen wir den Zufall bestimmen, wie unser Schiff heißen soll. Seid ihr dabei?»

Allgemeines Kopfnicken war die Antwort. Also legte ich los: «Denkt euch eine Zahl zwischen eins und zehn.»

Meine Freunde – und auch der Hamster – legten die Stirn in Falten. Das Spiel ging weiter, und zum Schluss kam eine Zahl heraus, zu welcher ein Buchstabe gehörte, welcher wiederum der Anfangsbuchstabe einer gewissen Klassenlehrerin an unserer Schule war. Ich hatte natürlich gewusst, dass «M» wie «Müller» herauskommen würde, aber meine Freunde wunderten sich sehr.

«Also nennen wir unser Schiff ‹Müller›, nach unserer allseits beliebten und geschätzten Klassenlehrerin», erklärte ich.

«Nee», sagte Metin, «das ist unhöflich. Wennschon, dann ‹Frau Müller›.»

«Finde ich gut», verkündeten auch Vanessa und Hamsta, und so tauften wir Hamstas Raumschiff auf den Namen «Frau Müller».

Den Rest des Tages waren wir ausgesprochen beschäftigt und gegenüber unseren Eltern die liebsten Kinder der Welt. Die hatten ja so was von keine Ahnung!

Wir erklärten ihnen, dass wir am nächsten Tag erst ab zehn Uhr Unterricht hätten. Um acht Uhr waren meine Eltern aus dem Haus, um Viertel nach acht klingelten Metin und Vanessa Sturm. Sie hatten Rucksäcke und Reisetaschen dabei und waren voll bepackt. Wir gingen in den Keller, wo Hamsta schon ungeduldig auf uns wartete. Ich öffnete die Kellertür nach draußen und sperrte sie weit auf. Der Start ist der gefährlichste Teil einer Raumfahrt, hatte uns Hamsta eingeschärft. Wir Menschen gingen in den Ames-Raum, damit wir alle gleich groß waren, und stiegen dann mit Hamsta ins Raumschiff, also in die «Frau Müller».

An Bord begrüßte uns Hamsta feierlich. «Ich tue euch herzlich willkommen heißen auf der Reise nach Meinkenbracht. Ab sofort tue ich euer Käpt'n sein und hier das Oberkommando haben. Denn ich tue mich als Einziger mit dem Schiff auskennen.»

Na gut, wenn Hamsta das so wollte, dann war er eben unser Käpt'n.

Inzwischen war es halb zehn, und Hamsta wies uns unsere Plätze an und half uns beim Anschnallen. Er war total aufgeregt, und seine Schnurrbarthaare zitterten vor Anspannung. Er machte es sich vor dem imposanten Pult im Cockpit gemütlich und knipste allerhand Schalter ein und aus. Dann bat er uns um einen Countdown und wir zählten gemeinsam und im Chor: «Zehn – neun – acht – sieben ... drei – zwei – eins – null!»

Ein Vibrieren ging durch das Schiff. Hamsta sprang trotz Gurt in seinem Sitz auf und ab wie ein Flummi, und das Raumschiff begann, sich durch unseren Keller zu bewegen. Deckenlampe, Regale, Werkzeugschrank, Umzugskisten, das alles war auf einmal riesengroß, weil wir ja so klein waren. Wir schwebten durch eine Riesenwelt auf die sperrangelweit geöffnete Kellertür zu. Plötzlich pfiff Hamsta so laut auf seinen Fingern, dass wir uns vor Schreck an den Sitzen festhielten. Dann kippte das Raumschiff hoch, sodass es senkrecht stand, und wir hingen in den Gurten. Behutsam steuerte Hamsta uns durch den Flur. Der Kerl hatte echt coole Flugmanöver drauf! Dann schwebten wir – immer noch senkrecht – die Kellertreppe hinauf.

Draußen vor dem Haus kippte Hamster das Raumschiff wieder waagerecht und hätte dabei fast Frau Wagner am Kopf getroffen. Frau Wagner war unsere Nachbarin, und jetzt sahen wir direkt in ihren riesigen, weit geöffneten Mund mit den großen Zähnen. Hamsta drehte schnell zur Seite, und wir hörten nur noch einen spitzen Schrei.

Die «Frau Müller» flog noch eine elegante Schleife über unserem Haus, dann stieg sie immer höher und höher und höher. Schließlich wurde es draußen dunkel. Wir hatten das Weltall erreicht und durften uns endlich abschnallen. Wir schwebten! Dann plumpsten wir auf den Boden – denn Hamsta hatte den Schalter für die künstliche Schwerkraft gefunden.

Unter uns lag die Erde, ein runder, blauer, vertrauter Planet. Vor uns lag eine lange Reise. Wie lang sie sein würde, ahnten wir drei Menschen nicht. Und nicht einmal Hamsta hatte eine blasse Ahnung davon, was uns unterwegs erwarten würde.

••• •

Mathematik muss weh tun? Von wegen! Mathe kann richtig Spaß machen. Und du kannst dir mit etwas Mathe eine Geburtstagsüberraschung basteln.

 Dauer: 5 Minuten

Schwierigkeitsgrad:

 **Zutaten:**
- Gehirnschmalz
- 1 Zettel mit dem Alphabet darauf

 **Perfekt vorbereitet**
Lade einen oder mehrere Freunde oder Freundinnen zu etwas Gehirn-Jogging ein. Es geht darum, die grauen Zellen auf Trab zu bringen. Und das geht am einfachsten mit etwas Rechnen. Wenn du ein absoluter Profi bist, bereitest du noch einen Zettel vor, auf dem Folgendes steht:

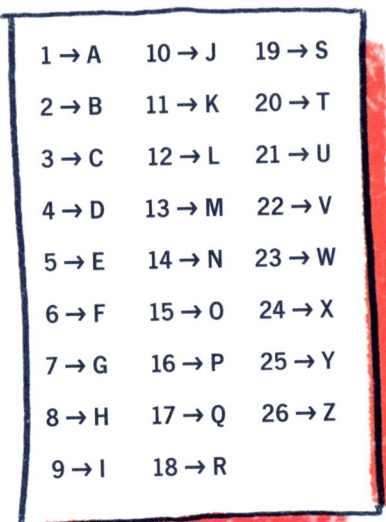

1 → A	10 → J	19 → S
2 → B	11 → K	20 → T
3 → C	12 → L	21 → U
4 → D	13 → M	22 → V
5 → E	14 → N	23 → W
6 → F	15 → O	24 → X
7 → G	16 → P	25 → Y
8 → H	17 → Q	26 → Z
9 → I	18 → R	

Es wird knifflig

Nun bittest du deine Versuchskaninchen, sich eine Zahl zwischen 1 und 10 zu denken. Diese Zahl sollen sie aber nicht verraten, sondern jeder still für sich im Kopf behalten.

Das war nur der Anfang, jetzt geht das Rechnen los. Aber keine Angst, es reicht das kleine Einmaleins.

Die gedachte Zahl soll jeder für sich mit neun multiplizieren, also malnehmen.

Gib alles!

Das Ergebnis ist eine Zahl, die meistens zwei Stellen hat – außer jemand hat die 1 gewählt, denn $9 \cdot 1 = 9$. Nun gilt es, die Quersumme zu bilden, also die beiden Ziffern, aus denen das Rechenergebnis besteht, zusammenzuzählen. (Bei der Zahl 17 wäre das $1 + 7 = 8$, bei der 19 ist die Quersumme 10, bei der 23 ergibt das 5 und so weiter. Die 9 bleibt natürlich eine 9.) Das ist auch schon das Schwierigste.

Jetzt wird von der Quersumme noch 1 abgezogen, und das End-ergebnis entspricht einem Buchstaben im Alphabet: die Zahl 5 also dem E, die Zahl 8 dem H und die Zahl 15 dem O.

Das Ergebnis unserer Rechenaufgabe ist immer die 8, also der Buchstabe H. Und das ist auch der Anfangsbuchstabe eines süßen, niedlichen, flauschigen, kleinen Tierchens mit großen, dunklen Augen, kleinen Öhrchen und einem Stummelschwänzchen (das im Übrigen eine der Hauptfiguren in diesem Buch ist).

Na, klingelt's?

Gut gemacht

Jetzt sagt jeder reihum das Tier, auf das er gekommen ist.

Wer richtig gerechnet hat (und das werden ALLE sein), sagt mit Sicherheit «Hamster» («Hamsta» gilt auch). Krass, oder?

Was ist da los?

Dieses Rechenexperiment ist so einfach wie genial. Der Trick dabei ist die Quersumme. Denn alle Zahlen in der Neuner-Reihe haben als Quersumme 9: 9, 18, 27, 36, 45, 54, 63, 72, 81 und 90. Und beim Multiplizieren einer Zahl zwischen 1 und 10 mit 9 kann das Ergebnis nur eine Zahl aus der Neuner-Reihe sein. Das Tolle ist: Egal mit welcher Zahl deine Kandidaten anfangen, spätestens bei der Quersumme haben sie dasselbe Ergebnis, nämlich die Zahl 9.

Wenn du das weißt – und jetzt weißt du's –, kannst du für den Fortgang des Experimentes jeden Buchstaben festlegen, indem du zur Quersumme eine Zahl dazuzählen oder abziehen lässt. So kannst du jemanden überraschen:

Angenommen Tante Antje hat Geburtstag, und du möchtest sie beim Familienfest überraschen. Dann lässt du die ganze Familie rech-nen und nach der Quersumme 8 abziehen, dann bleibt 1 übrig, was dem Buchstaben A entspricht – dem Anfangsbuchstaben des Tanten-namens.

Heißt dein Onkel Wolfgang und du willst ihn überraschen, drehst du das Alphabet um:

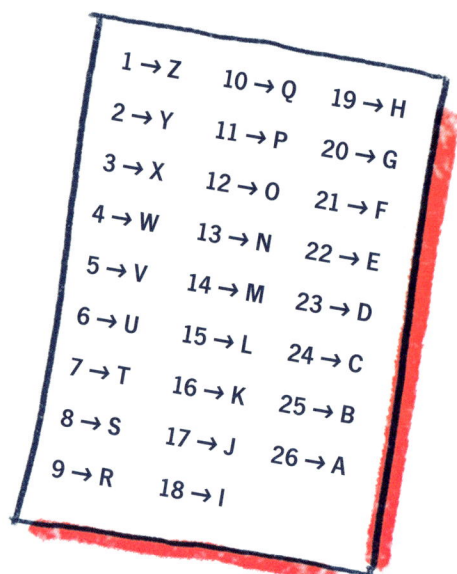

Dann lässt du 5 abziehen, und alle landen bei der 4, die dem W entspricht – dem Anfangsbuchstaben des Onkelvornamens.

Sagenhafte Neuner-Reihe

Die Neuner-Reihe ist etwas ganz Besonderes. Wie du schon gesehen hast, ergibt die Quersumme immer 9. Das liegt daran, dass die Zehner-Stellen im Verlauf der Neuner-Reihe größer (von «0» bis «9»), die Einer-Stellen aber kleiner werden (von «9» bis «0»).

Wahrsagen – dank Mathe

Mathematik ist unglaublich geheimnisvoll. Und dabei gar nicht mal so kompliziert! Im Internet macht die «Magische blaue Zauberkugel» die Runde. Das ist ein kleines Computerprogramm, das wahrsagen kann. Es funktioniert ganz einfach:

1. Denke dir eine beliebige zweistellige Zahl (also eine Zahl von 10 bis 99).
2. Bilde die Quersumme der Zahl (du weißt ja schon aus dem Experiment, was das ist, und addierst die beiden Ziffern).
3. Ziehe die Quersumme von der gedachten Zahl ab und merke dir das Ergebnis.
4. Suche die Zahl in der Tabelle und präge dir das Symbol dazu ein.
5. Welches ist es? Blättere auf die nächste Seite.

01 ✦	11 ≈	21 ♡	31 ◉	41 ◉	51 ♡	61 ✦	71 ◉	81 ●	91 ≈
02 ●	12 ♡	22 ◉	32 ≈	42 ◉	52 ◉	62 ≈	72 ●	82 ◉	92 ≈
03 ≈	13 ◉	23 ●	33 ◉	43 ≈	53 ≈	63 ●	73 ◉	83 ≈	93 ●
04 ◉	14 ✦	24 ≈	34 ✦	44 ♡	54 ●	64 ♡	74 ≈	84 ✦	94 ♡
05 ≈	15 ◉	25 ✦	35 ♡	45 ●	55 ✦	65 ♡	75 ♡	85 ◉	95 ◉
06 ✦	16 ≈	26 ◉	36 ●	46 ●	56 ✦	66 ≈	76 ✦	86 ✦	96 ✦
07 ♡	17 ♡	27 ●	37 ◉	47 ♡	57 ♡	67 ◉	77 ♡	87 ≈	97 ◉
08 ♡	18 ●	28 ◉	38 ≈	48 ✦	58 ●	68 ◉	78 ≈	88 ♡	98 ◉
09 ●	19 ◉	29 ♡	39 ◉	49 ◉	59 ◉	69 ✦	79 ◉	89 ●	99 ●
10 ◉	20 ✦	30 ≈	40 ♡	50 ≈	60 ◉	70 ◉	80 ✦	90 ●	

●

Na, unglaublich, oder? Natürlich steckt auch hier ein Zahlentrick dahinter. Denn das Ergebnis dieser kleinen Rechnung «Zahl minus eigene Quersumme» ist immer ein Vielfaches von Neun. Und wenn du in die Tabelle schaust, siehst du, dass bei 9, 18, 27 ... 81, 90, 99 immer das gleiche Symbol steht, und zwar ●.

Aber ● steht doch auch noch bei z. B. 23 und 58 – und diese Zahlen sind nicht Teil der Neuner-Reihe?! Du hast völlig recht. Und das hat nichts mit Mathematik zu tun, sondern mit einer anderen sehr wichtigen Wissenschaft, nämlich der Psychologie. ● steht auch noch bei ein paar anderen Zahlen, um abzulenken. So fällt nicht auf, dass ● bei der kompletten Neuner-Reihe vorkommt. Clever, oder?

Tipp: Im Internet auf der Seite *rowohlt.de/raumschiff* findest du ein paar Vorlagen zum Herunterladen und Ausdrucken, mit denen du den Trick vorführen kannst. Auf einen Extrazettel malst du das jeweilige Symbol von der Neuner-Reihe und präsentierst ihn stolz deiner Testperson. – Egal, welche Zahl sie sich ausdenkt, du hast immer recht!

Wie unterscheiden sich die Karten? Ganz einfach: Die Symbole sind anders verteilt. In einem aber unterscheiden sie sich nicht: Jede Zahl der Neuner-Reihe hat durchgehend dasselbe Symbol. Vielleicht hast du ja Lust, deine eigenen Karten zu entwerfen?

Viel Vergnügen mit deinen Testpersonen!

Schrecksekunde auf X84zY23
oder: Ein süßes Gewitter

Ausflüge sind aufregend. Mitunter sind sie sogar zu aufregend.
Hamsta war extrem begeistert. «Schaut mal, das tut X84zY23 sein!»,
rief er und hüpfte auf seinem Sessel auf und ab.

«Krieg dich wieder ein», raunzte Metin, der heute einen schlechten
Tag hatte, und Vanessa meinte nur: «Chill mal!»

Es half nichts. Hamsta sprang in seinem Kapitänssessel herum
wie ein Flummi. Das war typisch für ihn. Manchmal hatte er seine
berühmten fünf Minuten, und manchmal hatte er davon zwölf Stück in

der Stunde. Heute war es wieder so weit, und ein zappelnder Hamsta ist ein schlechter Pfadfinder.

Ich schaute aus dem Fenster und sah einen unscheinbaren braunen Klumpen im All, dem wir rasch näher kamen. Hamsta flog einen eleganten Schlenker und malte dabei mit dem Raumschiff eine Acht in die Luft. Dann landete er die «Frau Müller» sanft und zog die Handbremse an. Er sprang vom Sitz und fast direkt in den Raumanzug, so schnell konnten wir gar nicht gucken. Wir selbst konnten die umständlichen Dinger nicht so fix überziehen, zumal sie eigentlich für Hamster gemacht waren.

Hamsta war natürlich auch der Erste in der Schleuse und fummelte wie ein Verrückter an den Hebeln herum.

«Du kannst die Außenseitentürenöffnungsmechanismuseinrichtung erst betätigen, wenn alle in der Schleuse sind», mahnte Vanessa zur Geduld, und Metin schob Hamsta zur Seite.

«Lass mich das machen, Hamsterkralle», schnauzte er, und ich sah Hamstas Kopf im Raumanzug rot anlaufen. Er konnte es auf den Tod nicht ausstehen, wenn er mit seinem Tiersein aufgezogen wurde.

Endlich waren wir aus der Schleuse raus und taperten über die Oberfläche dieses Planetenklumpendings.

Hamsta war außer sich vor Freude und hopste wieder herum. «Hier tat ich mal als kleines Kind gewesen sein! Der ganze Planet tut eine Art riesiger Spielplatz für unsere Spezies sein», rief er. ‹Spezies› sagte er immer, wenn er das Wort ‹Hamster› vermeiden wollte.

«Also ist das ein riesiger Hamsterbau», warf Vanessa ein.

«Wie aufregend, mir ist jetzt schon langweilig», gähnte Metin.

Tatsächlich sah der Planet aus wie ein Käse. Überall Löcher, die irgendwo hinführten – oder auch nicht. Hamsta hatte wohl ein besonders schönes Loch gefunden, jedenfalls war er plötzlich weg.

«Er ist dahinten links rein», sagte Vanessa, und wir krabbelten allesamt in das Loch. Nach einigen Schritten wurde es dämmrig, nach den nächsten Schritten wurde es dunkel. Schnell sahen wir die Hand vor Augen nicht mehr, und Metin bat Vanessa, die Taschenlampen rauszuholen.

«Wieso?», fragte Vanessa. «Die hat doch Kim!»

«Ich?», fragte ich. «Die hat doch Metin!»

Keiner hatte an die Beleuchtung gedacht, und wenn sich jeder auf den andern verlässt, ist man verlassen.

Weiter hinten hörten wir Hamsta toben. Er war total in seinem Element. Dann wurde es plötzlich still. Sehr still. Totenstill.

«Hört ihr was?», flüsterte ich in die Runde.

«Ja, dich», antwortete Metin.

«Wo sind wir jetzt genau?», wollte Vanessa wissen.

«Wir hocken in einem Hamsterbau auf einem Planeten mit einem unaussprechlichen Namen und sind von allen guten Hamstern verlassen», versuchte Metin zu witzeln.

Dann sahen wir diese Lichter. Es blitzte und flackerte, dazu hörten wir ein unheimliches Klopfen.

«Seht ihr das auch?», fragte ich die beiden anderen. «Gibt's das denn, ein Gewitter unter der Erde?»

Schließlich bemerkten wir eine Gestalt im flackernden Licht. Ein Riesenhamster, ein Monster von einem Hamster, kam da auf uns zu. Ich schrie auf, und Metin hielt sich vorsichtshalber die Hände vors Gesicht.

Nur Vanessa bewahrte die Fassung. «Freunde, das ist ein Schatten. Ein Schatten von jemand Vertrautem und absolut Pelzigem. Schaut doch mal genau hin.»

Ich schaute genau hin. Und da erkannte ich, dass es nur unser Käpt'n war, der seinen Schatten an die Wände warf. In den Pfoten hielt er Kristalle, die er regelmäßig klackend auf den Boden oder gegen die Wände schlug. Dann blitzten die Kristalle auf und warfen Hamstas Schatten an die Höhlenwände.

«Mein Gott, hast du uns erschreckt!», rief ich Hamsta erleichtert zu.

Hamsta zeigte stolz seine beiden Kristalle wie ein Hase zwei Karotten. «Wenn du diese Kristalle schlagen tust, tun sie blitzen. Damit tun wir hier schon vor 150 Jahren gespielt haben.»

«Mit dem Unterschied, dass es damals keine Menschen hier gab, die ihr erschrecken konntet», meinte Metin.

«Fast so gut wie Taschenlampen», fand Vanessa.

«Nur viel unheimlicher», ergänzte ich.

Im Schein von Hamstas Kristallen fanden wir zurück zum Ausgang des Höhlenlabyrinthsystems und waren alle froh, als wir wieder im Raumschiff saßen und abhoben.

«Hier oben würde ich die Kristalle gerne mal ausprobieren», sagte Metin und wirkte viel besser gelaunt.

«Oh, die tue ich unten gelassen haben. Diese Kristalle tun uns heilig sein, und du tust sie nicht mitnehmen dürfen», antwortete Hamsta ohne eine Spur des Bedauerns. «Aber tu doch einfach Zucker nehmen», schlug er dann vor.

Und tatsächlich, das funktionierte.

● ● ●

Jetzt kracht und blitzt es wie bei einem Gewitter!

 Dauer: 10 Minuten

Schwierigkeitsgrad:

Zutaten:

- Kandiszucker (in großen Stücken, nicht den kleinkrümeligen)
- 1 Hammer
- transparenter Klebefilm
- 1 Holzbrett
- 1 Erwachsener, der tut, was man ihm sagt

Perfekt vorbereitet

Reiße zwei etwa handlange Streifen Klebefilm ab und hänge sie an die Tischkante, damit du sie gleich griffbereit hast. Nimm den Hammer und halte ihn so, dass die flache «Klopf»-Seite nach oben zeigt. Sie schlägt sonst auf Nägel, aber heute auf … Zucker.

Nun befestigst du ein schönes, großes Stück Kandiszucker auf dem Hammer. Lege das Stück drauf und schnalle es dort fest, indem du je ein Stück Klebefilm von vorne nach hinten und von links nach rechts über das Kandisstück legst und seitlich am Hammer festklebst. Jetzt kann der Zucker nicht verrutschen und bleibt an seinem Platz.

Es wird knifflig

Schnappe dir einen zutraulichen Erwachsenen und gehe mit ihm in einen Raum, den du verdunkeln kannst. Lege das Brett auf den Boden und merke dir, wo es ist. Beruhige den Erwachsenen, bevor du das Licht ausmachst oder die Rollläden herunterlässt, denn ihr sollt die Hand vor Augen nicht mehr sehen können …

Setze dich etwas entfernt vom Brett hin. Ihr braucht nun einige Minuten, bis eure Augen sich an die Dunkelheit gewöhnt haben. Nutze die Zeit, um dem Erwachsenen einige Schauergeschichten zu erzählen. Der Erwachsene darf so lange den Hammer halten.

Gib alles!

Checke, ob die Bahn frei ist, und gib deinem Erwachsenen die Erlaubnis, mit dem Hammer aufs Brett zu schlagen – mit der flachen Seite, an der der Zucker hängt, nach unten. Du schaust in Richtung des Brettes und siehst mit Luchsaugen, was dabei passiert.

Gut gemacht

Es hat geblitzt! Als der Hammer auf dem Brett aufgetroffen ist, hat es kurz ein helles Licht gegeben. Einen richtigen Funken.

Was ist da los?

In dem Moment, als der Zucker vom Hammer zertrümmert wurde, hat er geleuchtet. Denn ein Stück Kandiszucker ist nichts anderes als ein Kristall aus Zucker. Und Kristalle haben es in sich. Die Energie für das Leuchten wurde durch den Schlag mit dem Hammer geliefert. Diese (Bewegungs-)Energie hat der Kristall in elektrische Energie verwandelt. Der Blitz war also keine heiße

Feuerflamme, sondern kaltes elektrisches Licht, eine Art
Funke im Inneren des Kristalls.

Was ist ein Kristall?

Wenn du dir Kristalle anschaust, etwa Zuckerkristalle wie Kandis oder Kluntjes, kannst du es schon ahnen: Sie
haben ganz gerade Kanten und ganz ebene Flächen, sie sind also sehr
ordentlich, sehr regelmäßig aufgebaut. Wie es innen drinnen aussieht, kannst du dir gut vorstellen, wenn du im Supermarkt zur Obst-
theke oder auf dem Markt zu einem Obststand gehst, wo die Orangen
ganz ordentlich aufgeschichtet sind. Meistens bilden sie dann eine
Pyramide mit vielen Orangen im Erdgeschoss und einer einzigen ganz

alleine obendrauf. Die Kanten dieser Orangen-Pyramide sind schräge
Flächen und ganz regelmäßig. So ähnlich schaut es im Inneren eines
Kristalls aus. Seine Bausteine, die Moleküle – oder noch kleiner: die
Atome – sind ganz regelmäßig angeordnet.

Die kostbarsten und schönsten Kristalle sind zweifellos Diaman-
ten. Wenn sie geschliffen sind, heißen sie «Brillanten».

Wann werden Kristalle elektrisch?

Bestimmte Kristalle geben schon Energie ab, wenn man sie nur drückt.
In Schuhsohlen eingebaut, können diese sogenannten Piezo-Kristalle
bei jedem Schritt etwas Strom erzeugen, mit dem du zum Beispiel dein

Handy aufladen kannst. Und unter der Straßendecke werden sie von darüberfahrenden Autos gestaucht und geben Energie ab – damit können Schilder an der Autobahn beleuchtet werden. In modernen Licht-

schaltern erzeugen Piezo-Kristalle ein Funksignal, wenn du draufdrückst. Eine Elektronik in der Deckenlampe empfängt diesen Befehl und schaltet die Lampe an. So braucht man keine Leitung mehr in der Wand vom Lichtschalter zur Decke, und du kannst so viele Lichtschalter in deinem Zimmer anbringen, wie und wo du willst.

Werden Piezo-Kristalle jedoch umgekehrt mit Strom versorgt, bewegen sie sich. «Piezo-Töner» sind extrem flache Lautsprecher mit einer dünnen Kristallschicht. Sie sitzen im Computer, Taschenrechner, Drucker – also in allem, was gerne mal piept.

So entstehen Zuckerkristalle

Jedes Körnchen Zucker ist ein kleines Wunderwerk, denn es ist ein Kristall. Eigentlich ist es durchsichtig, aber weil es durch das Aneinanderstoßen mit den anderen Zuckerkristallen ganz zerkratzt ist, sieht es für uns weiß aus. Größere Zuckerkristalle heißen Kandis, aber die Monster unter den süßen Kristallen sind die Kluntjes. Sie sind richtige Zuckerbrocken und größer als ein Stück Würfelzucker. Wie die Zuckerhersteller das hinbekommen? Die Profis haben dafür große runde Tanks mit einer starken Zuckerlösung. Dahinein werden kleine Zuckerkristalle geworfen. Drei Wochen lang schwimmen sie dann in dem süßen Saft und wachsen dabei kräftig. Ganz wichtig ist: Sie dürfen nie zur Ruhe kommen und zu Boden sinken. Deswegen wird das Zuckerwasser ständig umgerührt, damit die wachsenden Kristalle darin schweben.

Vielleicht ist dir schon einmal aufgefallen, dass es weißen und braunen Kandis gibt. Für den braunen Kandis wurde die Zuckerlösung erhitzt. Dabei verfärbt sich der Zucker, er «karamellisiert», weil er durch die Hitze geröstet wird, und bekommt einen etwas anderen Geschmack. Ganz schön lecker!

Zucker macht unkaputtbar

Zucker lässt sich zwar mit dem Hammer kaputtmachen, aber andere Dinge macht er haltbar. Lebensmittel zum Beispiel. In Marmelade und Konfitüre ist so viel Zucker gelöst, dass dort nichts überleben kann, keine Bakterie und auch kein Schimmelpilz. Ähnlich funktioniert das mit viel Salz, wenn man zum Beispiel Fleisch pökelt.

Ach ja, «Marmelade» gibt es übrigens nur von Zitrusfrüchten wie Orange, Mandarine oder Zitrone. Alles andere muss «Konfitüre» heißen, auch wenn es genauso gut schmeckt wie Marmelade.

Pirat im Anzug
oder: Drei mal sieben

Ein guter Trick ist Gold wert. Und einen in der Hosentasche zu haben ist sehr beruhigend.

«Scheibe!» Hamsta heulte auf, als ob jemand auf ihn getreten wäre. Der Käpt'n saß in seinem Sessel und war auf einmal sooo klein mit Hut.

Dann sahen auch wir, was los war: Vor dem Panoramafenster zog eine große schwarze Flagge mit einem Totenkopfschädel und gekreuzten Knochen vorbei.

Piraten!

Piraten?

Hier, im Weltraum, in den Tiefen des Universums?

Ich war fassungslos.

Dann hörten wir eine Stimme, und die ging durch Mark und Bein. Bei Hamsta sträubten sich sogar die Schnurrbarthaare, ganz zu schweigen von seinem Fell.

«Dies ist eine Durchsage für die Besatzung der ‹Frau Müller›. Kommt mit erhobenen Händen aus dem Schiff. Leistet keinen Widerstand. Widerstand ist zwecklos. Und zwecklos ist sinnlos. Und sinnlos ist schon zu vieles. Dieser Weltraum, die ganzen unendlichen Weiten, der gesamte Sternenstaub und der Urknall waren ein Riesenfehler und ...»

«Wann hört denn diese schreckliche Stimme endlich auf?», stöhnte Vanessa. Es war echt unerträglich.

«Was tun wir sollen?», fragte Hamsta hilflos.

«Was sollen wir tun!», herrschte ich ihn an. «Kannst du nicht einmal in Notlagen richtig sprechen?»

Hamsta wurde rot.

«Das tut uns jetzt auch nicht helfen», beschwichtigte Metin, und Hamsta wurde knallrot.

Dann kam das Piratenraumschiff selbst ins Blickfeld: ein müder, alter Raumfrachter mit verbeulter Karosserie und Fenstern, die seit Jahrhunderten nicht mehr geputzt worden waren. Ein trauriger Anblick.

«Dagegen ist die ‹Frau Müller› aber ein Schmuckstück», meinte Vanessa.

Dann verließ plötzlich eine Gestalt in verknittertem, öligem Raumanzug das Piratenschiff und steuerte direkt auf uns zu.

«Auweia, der tut uns jetzt entern», jammerte Hamsta.

«Jetzt reiß dich mal zusammen», rief Metin, dem das Gejammer von Hamsta allmählich auf die Nerven ging.

Da klopfte es auch schon ans Fenster. Draußen hing der Pirat mit einem Säbel in der Hand. Vanessa bedeutete ihm, um das Schiff herum und zur Schleuse zu schweben.

«Mit dem Bürschchen werden wir ja wohl noch fertig, was, Hamsta?», meinte sie zuversichtlich.

Hamsta wimmerte zur Antwort.

In der Schleuse rappelte es. Durch das Sichtfenster konnte man ein Schwert blitzen sehen. Dann ging die Schleuse auf. Und ein wilder Weltraumpirat sprang herein und fuchtelte mit einem Titanschwert herum. An der linken Hand hatte er statt einem Enterhaken einen Schraubendreher. Der zerknitterte Weltraumanzug öffnete sich, und ein Männchen schlüpfte heraus. Es guckte böse und erklärte uns alle zu Gefangenen Ihrer Majestät.

«Moment mal», rief ich. Ich erinnerte mich dunkel an einige Piratenbücher, die ich mal gelesen hatte, und bildete mir daher ein zu wissen, wie man mit Piraten sprechen musste. «Was ist Euer Begehr, ey?»

«Ich habe Euer Schiff geentert, und das hier alles gehört mir», erwiderte das Piratenmännchen keck.

Mir war klar, dass man auch Verwirrte ernst nehmen muss. Darum sagte ich: «Dann fordere ich Euch zu einem Duell heraus!»

«Nur zu!», antwortete der Pirat frech und zückte wieder seinen albernen Säbel.

«Verzeiht, aber das ist mir zu simpel», entgegnete ich und forderte ihn zu einem Duell der Intelligenz auf. «Männer wie Ihr kämpfen besser mit dem Kopf als mit den Waffen», begründete ich meinen Vorschlag.

Zum Glück willigte er ein. In der Hosentasche hatte ich noch ein Set Spielkarten vom Mau-Mau-Spielen. Ich drapierte sie sorgfältig mit dem Bild nach oben auf dem Boden und forderte den Möchtegern-Piraten auf, sich eine Karte auszusuchen und im Stillen zu merken. Nur die Reihe sollte er mir zeigen, in der seine Karte lag. Verdutzt tat das Männchen, was ich sagte.

Noch zweimal schob ich die Karten wieder zusammen, teilte sie aus und ließ mir die Reihe mit seiner Karte darin zeigen. Dann teilte ich ein letztes Mal aus und deutete auf die Karte in der Mitte: «Das ist Eure ausgesuchte Karte!»

Erst wurde das Piratenmännchen blass im Gesicht. Dann bekam es einen roten Kopf. Und zum Schluss einen riesigen Wutausbruch. Laut schimpfend griff es sich seinen Raumanzug und sprang in die Schleuse, nicht ohne noch einmal mit seinem Titansäbel zu rasseln.

«Den sind wir los», atmete Metin erleichtert auf.

Und Hamsta blies die Luft aus seinen Hamsterbacken. «Puh, der tat hier schon seit 300 Jahren herumnerven», sagte unser Käpt'n und war von jetzt an wieder ganz der Alte.

Den Rest des Tages benahmen wir uns selbst wie Piraten: Wir lümmelten herum, aßen mit den Fingern und rülpsten, wann immer wir konnten.

• • •

Magst du Kartentricks? Und magst du Mathe? Ha, das habe ich mir gedacht. Hier hast du beides zusammen.

 Dauer: 15 Minuten

Schwierigkeitsgrad:

 **Zutaten:**
- 1 Satz Spielkarten (Skat- oder Rommékarten)
- 1 Freund oder Freundin

 **Perfekt vorbereitet**
Gib das Kartenspiel deinem Versuchskanin... äh ... Kandidaten. Er oder sie soll 21 Karten abzählen. Dabei ist es völlig egal, welche Karten gewählt werden, dieses Experiment klappt hundertpro!

Dann legst du die Karten mit dem Bild nach oben in drei Spalten (von oben nach unten) zu je sieben Stück auf den Tisch. Wichtig ist nur, dass du die Karten *zeilenweise* legst, also von links nach rechts. Dabei sollen die Karten so aufeinanderliegen, dass oben Blatt und Farbe zu sehen sind, also etwa «4♣».

Wenn du die Karten hingelegt hast, darf sich dein Kandidat eine Karte merken, aber im Stillen – er oder sie soll nichts verraten, sondern nur auf die Spalte tippen, in der die gemerkte Karte liegt.

Es wird knifflig

Nun schiebst du die Karten *spalten*weise zusammen, bis du drei Stapel hast, und legst die drei Stapel aufeinander. Wichtig ist: Der Stapel, in dem die gesuchte Karte liegt, kommt in die Mitte zwischen die beiden anderen Stapel. Jetzt legst du erneut drei Spalten zu je sieben Karten aus und bittest wieder darum, die Spalte genannt zu bekommen, in der die gemerkte Karte liegt. Du rückst die Karten noch einmal *spalten*weise zusammen und legst den Stapel mit der gemerkten Karte zwischen die beiden anderen. Teile die Karten wieder aus und lass dir ein drittes Mal die Spalte mit der Karte zeigen. Stapele die Karten dann wie vorher aufeinander.

Gib alles!

Ein letztes Mal legst du die Karten aus, dann merkst du dir die mittlere Karte – also die vierte Spielkarte in der mittleren Spalte – und hast die Wahl: Entweder du nimmst sie sofort heraus und präsentierst sie dem staunenden Mitspieler, oder du schiebst alle Karten zusammen, mischst sie gründlich und deckst sie der Reihe nach auf – bis zur gemerkten Karte.

Gut gemacht

Du hältst tatsächlich die gesuchte Karte in den Händen! Dieser Trick ist elefantastisch und wird von Magiern mit großem Brimborium vorgeführt. Du bist besser, denn du weißt nicht nur, *dass* er funktioniert, sondern auch, *wie* er funktioniert.

Was ist da los?

Du hast es hier mit einer sogenannten «Matrix» zu tun, also mit einer Tabelle. Sie hat drei Spalten und sieben Zeilen, ist damit also eine $3 \cdot 7$-Matrix. Was bei diesem Trick passiert, zeigen wir am besten mit den wunderbaren Zeichnungen von Sabine Kranz.

Das ist deine erste Matrix. Wir gehen zwei Möglichkeiten durch. Einmal wird die rote, ein anderes Mal die blaue Karte gemerkt:

Nach dem zweiten Austeilen liegen die rote bzw. blaue Karte hier, sie haben sich also von oben und unten zur Mitte bewegt:

Wenn du das dritte Mal ausgeteilt hast, liegen die Karten so. Damit sind beide in der Spaltenmitte angekommen, die rote Karte liegt noch knapp daneben, während die blaue schon die Endposition erreicht hat.

Nach dem vierten und letzten Mal liegt die gesuchte Karte immer genau in der Mitte – ganz egal, wo sie sich zu Anfang befunden hat.

Ein Backrezept für den Computer

Dieses Experiment ist ein Rechentrick, den du im Prinzip ohne Nachdenken machen kannst, wenn du nur genau der Anleitung folgst. Die Anleitung funktioniert ähnlich wie ein Backrezept, nämlich in einzelnen Schritten, die man hintereinander (und nicht alle auf einmal) und ganz genau abarbeitet.

Solch eine Anleitung heißt in der Wissenschaft «Algorithmus», und Algorithmen sind echt cool, weil man damit (fast) alle Probleme lösen kann. Hier besteht der Algorithmus vor allem in den Anweisungen «zeilenweise austeilen» und «spaltenweise Stapel bilden» sowie «Stapel aufeinanderlegen und dabei Stapel mit gemerkter Karte in die Mitte nehmen». Das Geniale ist, dass dieser einfache Algorithmus allgemeingültig ist, also egal, welche Karte gewählt wird, am Ende führt er immer (!) zum Ziel.

Selbst Computer können mit Hilfe von Algorithmen komplizierte Probleme lösen, auch wenn sie eigentlich völlig dumm sind. Deswegen müssen wir schlauen Menschen Computer programmieren, also sie mit einem Algorithmus füttern, den sie stumpf abarbeiten. Das machen Computer echt fix, und ihr großer Vorteil ist – und damit sind sie uns Menschen überlegen –: Es wird ihnen nicht langweilig.

Dieser Kartentrick ist zwar genial, aber stell dir vor, du müsstest ihn zwei Millionen Mal am Tag machen. Das wäre total öde und allerallerspätestens nach dem zehntausendsten Mal würde dir sterbenslangweilig werden. Bei Computern ist das nicht so, weil sie – ganz im Gegensatz zu dir – strohdoof sind. Und ohne die Algorithmen von uns Menschen wären sie noch doofer. Und selbst dann würden sie sich nicht langweilen ...

Rasterfahndung

Wenn die Polizei einen schwierigen Fall zu knacken hat, macht sie eine sogenannte Rasterfahndung und hofft, am Schluss den richtigen Verdächtigen im Visier zu haben. Deine Matrix aus Spielkarten ist auch eine Art Raster, und am Schluss hast du die gesuchte Spielkarte im Visier. Dazu brauchst du nur einen einzigen Anhaltspunkt: die Spalte, in der die gesuchte Karte liegt.

Im richtigen Leben und erst recht bei der Polizeiarbeit ist es bei weitem nicht so einfach, zum Ziel zu gelangen und die gesuchte Person zu finden, denn es gibt eine Vielzahl von Anhaltspunkten, die auf einen Täter deuten. Sie alle müssen abgeglichen, also gecheckt werden. Dazu benutzt die Polizei natürlich Computer. Die haben in einer Matrix verdächtige Personen und deren Eigenschaften gespeichert. Der Computer kann diese Eigenschaften blitzschnell durchforsten, also abgleichen. Die besten Eigenschaften sind dabei biometrische Merkmale, die bei jedem Menschen einzigartig sind. Dunkle Haare oder Plattfüße haben viele Menschen, aber der Fingerabdruck und auch der «genetische Fingerabdruck» sind unverwechselbar.

Von der Matrix zur Pixelgrafik

Die Bildschirme von Fernseher, Computer-Monitor oder Handy-Display kannst du dir als 1920 · 1080 große Matrix vorstellen, also als eine Art Tabelle mit 1920 Spalten und 1080 Zeilen. Jedes Feld der Tabelle entspricht einem Pixel auf dem Bildschirm, also einem Bildpunkt. Tatsächlich rechnen der (doofe) Computer, der (doofe) Fernseher oder das (doofe) Handy mit Tabellen, um ein schönes Bild auf das

Display zu zaubern. Dabei steht in jedem Feld die Farbe, in dem das dazugehörige Pixel leuchten soll. Wenn du etwa das Handy-Display drehst und das Bild sich mitdreht, muss der Grafikprozessor schnell alle Informationen aus den Spalten in die Zeilen verschieben und alle Informationen aus den Zeilen in die Spalten. Und schwups ist das Bild um 90 Grad gedreht.

Schrubben allein reicht nicht
oder: Ein Trinkhalm pumpt Wasser

Ohne Wasser kein Leben. Ohne Leben kein Spaß. Das gilt nicht nur auf der Erde, sondern auch im Weltraum.

Du meine Güte, war das eine staubtrockene Einöde! Doch wir mussten unbedingt landen, denn Hamstas zulässige Höchstreisezeit als Käpt'n war schon längst überschritten, und er musste dringend die vorge-schriebene Ruhepause von zehn Minuten einlegen, für den Fall, dass die intergalaktische Sternenpolizei den eingebauten Fahrtenschreiber der «Frau Müller» kontrollieren würde.

«Sonst tun die das Raumschiff konfiszieren», belehrte uns Hamsta. Er hatte gerade seine oberschlauen fünf Minuten und wusste einfach alles, aber auch wirklich alles besser.

«Das geht vorbei», versuchte Vanessa uns aufzumuntern.

«Der Fahrtenschreiber tut hier eingebaut sein und läuft 24 Stunden am Tag an sieben Tagen die Woche», schwadronierte Hamsta und erklärte umständlich, wie ein Fahrtenschreiber aufgebaut ist, wozu er dient und wo er überall eingesetzt wird.

«Hamsta redet ja noch mehr als Herr Brüllingsen», fiel mir ein, und wir mussten alle lachen.

Herr Brüllingsen war unser Sportlehrer auf der Erde, und er war total unsportlich. Statt uns etwas vorzuturnen, erklärte er uns immer langwierig, wie etwa ein Barren aufgebaut ist, wozu er dient und was man an ihm alles für Verrenkungen machen kann. Meistens war die Sportstunde dann schon um, und wir hatten uns gar nicht bewegt. Hamsta hätte glatt der Bruder von Herrn Brüllingsens Bruder sein können – abgesehen von seinem Aussehen, natürlich.

Plötzlich ruckte das ganze Schiff. Wir fielen alle um, und eine dichte Staubwolke hüllte die «Frau Müller» ein, sodass wir überhaupt nichts mehr erkennen konnten.

Als der Staub sich legte, sahen wir draußen merkwürdige Wesen herumturnen. Sie hatten so eine Art Arme und Beine und sogar einen Kopf mit einem Bürstenhaarschnitt, und bekleidet waren sie mit Staubtüchern um die Lenden und Putzlappen um die Schultern. Sie fielen sofort über die arme «Frau Müller» her und schrubbten und wienerten, was das Zeug hielt.

«Oh, oh», sagte Metin, denn ihm fiel das Problem als Erstem auf. Metin war nämlich der Putzteufel unter uns; er ging überall mit dem Zeigefinger drüber, und sobald er nur ein Körnchen Staub entdeckte, fing er an zu putzen wie ein Weltmeister. Deswegen blitzte das ganze Raumschiff, und sogar Hamsta traute sich manchmal kaum, etwas anzufassen, aus Angst, er könnte Pfotenabdrücke hinterlassen.

Metin bekam also einen roten Kopf. «So macht man doch nicht sauber!», rief er zornig, sprang in seinen Raumanzug und dann in die Schleuse. Wir folgten ihm. Draußen angekommen, versuchte er den wischenden Wesen klarzumachen, dass man zum Wischen und Saubermachen Putzwasser braucht, weil man sonst alles zerkratzt, etwa die Scheiben und den schicken Lack eines Raumschiffes. Irgendwie verstanden die Wischwesen unseren Metin. Wahrscheinlich weil sie dasselbe Hobby hatten: überall alles sauber zu machen.

«Sie haben kein Wasser, können das Wischen aber nicht sein lassen», erklärte uns Metin.

«Das könnte mir nicht passieren», meinte Vanessa trocken. «Dann lass ich's eben bleiben.»

«Man tut einfach die Zunge nehmen», schlug Hamsta vor und streckte seine Zunge raus, die sofort innen am Fenster seines Helms festklebte.

«Das hilft nichts, wir brauchen Wasser», mischte ich mich ein. «Sonst gilt: Wischen impossible!»

Metin erkundigte sich bei den Wischwesen, ob sie denn gar kein

Wasser hätten auf ihrem staubigen Planeten. Die Wesen steckten ihre Bürstenköpfe zusammen und schnatterten wie eine Herde Enten auf dem Teich.

Wie sich herausstellte, gab es durchaus Wasser auf dem Planeten, die Wischwesen kamen aber nicht dran. Denn sie hatten die Pumpe noch nicht erfunden.

Und wir hatten keine an Bord. So ein Pech. Aber Vanessa fiel etwas ein. «Freunde, Kollegen, verehrte Mitreisende, wir haben doch Trinkhalme!»

Hamstas Nackenhaare stellten sich auf. Es waren *seine* Trinkhalme, mit denen er in seiner Heimat den Stabhochsprung einführen wollte. Doch Vanessa duldete keinen Widerspruch. Sie holte drei Trinkhalme mit Knick und knickte sie. Dann musste Hamsta die Luft anhalten, das Visier seines Helmes öffnen und … Löcher in die Knicke nagen.

«Pfui ba», meckerte er, sobald er den Helm wieder geschlossen hatte und Luft bekam, «das tut aber absolute Ausnahme bleiben. Normalerweise stelle ich mein Werkzeug nicht anderen zur Verfügung.» Und er bleckte seine weißen Zähne.

«Voll süß!», fand Vanessa, die an Hamsta einen Narren gefressen hatte.

«Nicht süß, die tun scharf sein», korrigierte Hamsta und trottete zurück zum Raumschiff.

Metin ging dagegen mit den Wischwesen zum nächsten Wasserloch und zeigte ihnen, wie sie mit Trinkhalmen Wasser pumpen konnten.

Zum Dank reinigten die Wesen anschließend die «Frau Müller», dass es eine Wonne war.

«Das ist doch zehnmal besser als in der Waschstraße», fand Metin, und wir anderen nickten mit dem Kopf bei so viel Sauberkeit. Als wir abhoben, glitzerte und funkelte unser Raumschiff in der Sonne. Es strahlte fast selbst wie ein Stern.

• • •

Jetzt kann es nass werden. Denn der Trinkhalm führt nicht in deinen Mund.

 Dauer: 10 Minuten

Schwierigkeitsgrad:

 Zutaten:
- 1 Trinkhalm mit Knick
- 1 Glas Wasser
- 1 Schere

 **Perfekt vorbereitet**
Knicke den Trinkhalm, bis die geriffelte Stelle einen Halbkreis bildet. Schneide in dem Halbkreis eine Ecke aus dem Trinkhalm raus. Jetzt hat er mittendrin ein Loch. Trinken kannst du mit dem nicht mehr.

Es wird knifflig

Du knickst das kurze Stück so, dass das Loch nach außen zeigt, und hältst den Halm am langen Stück bis über den Knick ins Wasserglas.

Gib alles!

Jetzt drehst du den Trinkhalm zwischen beiden Händen schnell hin und her.

Gut gemacht

Es spritzt! Der Trinkhalm spuckt Wasser. Eine nasse Angelegenheit und im Sommer sehr erfrischend.

Was ist da los?

Eine Trinkhalmpumpe funktioniert äußerst trickreich: Wenn du den Halm drehst, wirbelt das kurze Stück durch die Luft. Dabei strömt die Luft schnell an ihm vorbei. Und diese Luftströmung erzeugt einen Unterdruck: Das Wasser schießt aus dem Trinkhalm heraus, umso mehr, je schneller du ihn drehst.

Zum Heulen

Hast du schon einmal von einem Heulschlauch gehört? Das ist ein einfaches und preiswertes, aber raffiniertes Spielzeug. Es ist ein geriffelter Schlauch, den du durch die Luft wirbelst, eine Art Riesentrinkhalm. Dabei entsteht ein lauter, durchdringender Ton, den Erwachsene nicht gerne haben. Während du ein Schlauchende festhältst, kreist das andere durch die Luft. Die vorbeiströmende Luft erzeugt einen Unterdruck, und es strömt Luft durch das Rohr, von innen nach außen zum herumwirbelnden Ende. Weil das Rohr aber geriffelt ist,

beginnt die Luft darin zu schwingen – umso mehr, je schneller du drehst und je mehr Luft angesaugt wird. Und das gibt ein tolles Heulgeräusch!

Was ist ein Paradoxon?

Ein «Paradoxon» ist das Gegenteil von dem, was wir erwarten. Ein Windhauch kann ein Paradoxon erzeugen. Wenn es bei euch zu Hause zieht, strömt viel Luft schnell durch die geöffnete Zimmertür. Eigentlich sollte die Luft die Zimmertür aufdrücken, damit noch mehr Luft durchströmen kann. Aber es passiert das Gegenteil: Die Zimmertür schlägt krachend zu. Denn der Luftzug erzeugt einen Sog, einen Unterdruck, der die Tür zuzieht. Damit stellt der Luftzug sich selbst ab. Das ist nett von ihm. Aber muss er die Tür deswegen so laut zuschlagen?

Hier ist das «hydrodynamische Paradoxon» am Werk, das überall dort wirkt, wo Gase und Flüssigkeiten strömen. Es erzeugt umso mehr Unterdruck oder Sog, je mehr und schneller etwas strömt. Und es ist enorm stark: Es kann sogar schwere Flugzeuge in den Himmel heben, denn an den Tragflächen wird ein Flugzeug von oben angesaugt und von unten hochgedrückt.

Warum weht Wind Dächer vom Haus?

Ein kräftiger Sturm kann ganze Dächer abdecken. Aber warum deckt er sie ab und drückt sie nicht ein? Schließlich weht er doch gegen die Dächer?

Dächer sind normalerweise schräg. Weht der Wind gegen das schräge Dach, muss er sich über den Dachfirst zwängen. Dabei entsteht ein Luftsog, ein Unterdruck, der Ziegel und Dachstühle hochhebt. Dächer werden regelrecht in die Höhe gesaugt, und der gigantische Staubsauger ist der Wind. Das kannst du ganz einfach ausprobieren: Baue ein Modellhaus mit schrägem Dach. Mach einen Knick in ein Blatt Papier und lege es über das Dach. Dann nimmst du einen Haarföhn und pustest auf eine Dachschräge. Sofort kannst du sehen, wie sich das Blatt Papier auf der abgewandten Seite aufrichtet. Es wird nach oben gesaugt. Zum Glück ist es nur ein Modellhaus!

Übrigens: Auch ein Regenschirm klappt bei starkem Wind nach oben, weil die drüber hinwegströmende Luft ihn hochsaugt.

Der Trick der Präriehunde

Präriehunde sind gar keine Hunde, sondern Hörnchen. Sie leben in Nordamerika, werden bis zu 35 Zentimeter lang, und weil sie ähnlich bellen können wie Hunde und in der Prärie leben, haben sie den Namen «Präriehunde» verpasst bekommen. Interessant sind sie aber aus einem anderen Grund: Sie nutzen den sogenannten «Bernoulli-Effekt», obwohl sie ihn gar nicht kennen.

In der Prärie wird es tagsüber sehr heiß, und im Bau der Präriehunde kann es drückend werden. Deswegen haben Präriehundbauten stets zwei Eingänge. Damit nicht genug: Ein Eingang liegt immer etwa 3 Meter höher als der andere. Warum?

Sobald auch nur ein kleines Lüftchen weht, strömt Luft über die Eingänge. Wenn sie über den höher gelegenen Eingang fließt, wird die Luft schneller. Dabei entsteht ein Sog, und es herrscht jetzt hier ein geringerer Luftdruck als über dem tiefer gelegenen Eingang. Deswegen wird dort Luft angesaugt. Sie strömt durch den Bau und kommt am oberen Eingang wieder heraus. So einfach erzeugen Präriehunde eine frische Brise, und wir Menschen schauen es von ihnen ab: Schlau geplante Gebäude haben oben eine Klappe. Die Luft, die über das Gebäude strömt, erzeugt dort einen Unterdruck, und von unten wird frische Luft eingesogen.

Wie messen Flugzeuge ihr Tempo?

Je schneller sich die Räder drehen, desto mehr Tempo hat das Auto. Flugzeuge aber fliegen. Woher weiß der Pilot das Tempo?

Flugzeuge haben kleine, unscheinbare Röhrchen am Rumpf oder Flügel. Ihr offenes Ende zeigt in die Flugrichtung und ragt damit in den Wind. In diesen sogenannten «Staurohren» entsteht Luftdruck, und der ist ein Maß für die Geschwindigkeit: Je schneller das Flugzeug fliegt, desto größer ist der «Staudruck» im Röhrchen. Das klingt einfach, ist es aber nicht. Bei Transkontinentalflügen, etwa von Europa nach Amerika, fliegen Flugzeuge in sehr großen Höhen. Dort können Eiskristalle in der Luft sein, welche die Staurohre verstopfen. Dann stimmt die Messung nicht mehr, und der Bordcomputer kommt durcheinander.

Wenn Hamster stinken
oder: Die Luftballon-Dusche

Wenn man aufeinander angewiesen ist, muss man Rücksicht nehmen. Das ist nicht immer einfach.

Nach einer Weile an Bord der «Frau Müller» fing es an zu riechen. Ziemlich streng sogar. So wie ein nasser Wischlappen, der zu lange im Spülbecken in der Küche gelegen hat. Meine Strümpfe konnten es nicht sein, die hatte ich erst vor zehn Tagen gewechselt, denn wir mussten ja sparsam sein. Vanessa und Metin waren's auch nicht, wir beschnüffelten uns sicherheitshalber gegenseitig. Hhmm, da blieb nur noch einer übrig.

Gemeinsam zogen wir zum Kapitänssessel. Sofort bemerkten wir den ätzenden Geruch, der durch die Rückenlehne kroch.

«Klopf-klopf-klopf», sagte ich laut. Nichts tat sich. «Feindliche Raumschiffe tun anfliegen!», rief ich.

Sofort drehte sich der Stuhl zu uns um, und Hamsta quiekte: «Wo, wo, wo?»

Plötzlich roch es noch strenger – schlimmer als unter der Dunstabzugshaube von Herrn Stemel, unserem Chemielehrer.

Ich schnüffelte hinter Hamstas linkem Ohr, Vanessa hinter seinem rechten.

«Boah», riefen wir wie aus einem Mund, «was geht denn da ab! Das ist voll der ekelhafte Gestank!»

«Was tut denn hier eurer Meinung nach stinken?», fragte Hamsta scheinheilig.

«Na was wohl!», rief Metin. «Fängt mit ‹H› an und hört mit ‹amsta› auf.»

Ich bildete mir ein, dass der Käpt'n vor uns unter dem Fell rot wurde, aber ich konnte mich auch getäuscht haben.

«Ich tu nix riechen», erwiderte er.

«Das würde ich auch nicht», meinte Metin, «wenn ich es selber wäre. Los, unter die Dusche, du Dreckspatz.»

«Wir haben gar keine Dusche an Bord», entgegnete Hamsta und schien irgendwie erleichtert.

«Dann bauen wir eben eine. Extra für dich, damit du Hamster wenigstens eine Katzenwäsche machen kannst», entgegnete Vanessa in einem Ton, der keinen Widerspruch duldete.

«Och», sagte Hamsta, «ich fühl mich eigentlich pudelwohl.» Er kratzte sich mit der linken Hinterpfote extrem geschickt hinter dem rechten Ohr – und es staubte.

«So geht das nicht», rief ich streng. «Wir müssen alle die Luft im Raumschiff atmen, aber nur einer stinkt sie voll. Das ist unfair.»

«In Ordnung, dann waschen wir uns ab jetzt alle nicht mehr», schlug Hamsta vor, der um eine Antwort nie verlegen war.

«Oder wir machen alle etwas mehr Körperpflege», warf Vanessa ein. «Drei tun's schon. Nur der Käpt'n macht den allergrößten Gestank. DAS ist unfair!»

Dagegen fiel Hamsta nichts mehr ein. Er hing zusammengesunken in seinem Sessel und versuchte sich noch einmal zu jucken, diesmal hinter dem linken Ohr.

Wir begannen sofort, eine Hamsta-Dusche zu bauen. Einen Luftballon fand ich im Lager, Sprudel war sowieso reichlich da, und das Feuerzeug nahm Vanessa in die Hand, weil Metin meinte, dass sie die Vernünftigste von uns sei.

Als die Dusche fertig war, stellte sich Hamsta drunter. Ich nahm das Shampoo zur Hand und rieb es ihm gründlich ins Fell. Hamsta begann zu schnurren. Irdische Hamster würde das umbringen, aber einem echten Space-Hamsta konnte diese Reinigung nichts anhaben. Bald schon roch es am Steuerpult lecker nach Kräutershampoo – und nicht mehr nach nassem Wischlappen. Auch Hamsta schien zufrieden.

Und ich wechselte meine Strümpfe nun alle neun Tage. Ich wollte ja nicht unter die Hamster-Dusche …

● ● ●

Kannst du Löcher in einen Ballon machen, ohne dass er platzt? Yes, you can!

 Dauer: 10 Minuten

Schwierigkeitsgrad:

 **Zutaten:**
- 3 Luftballons
- Wasser
- Sprudelwasser
- 1 Feuerzeug
- 1 feuerfester Erwachsener

Perfekt vorbereitet

Puste einen Luftballon auf und knote ihn zu. Der Erwachsene darf ihn an der Tülle festhalten, während du das Feuerzeug anzündest und die Flamme unter den Ballon hältst. **Kleiner Tipp**: Mit einem Countdown ist das noch spannender. Bei «Null» also zündest du unter dem Luftballon das Feuerzeug an.

Peng! Der Ballon platzt. Kein Wunder, das war zu erwarten ...

Jetzt pustest du den zweiten Ballon halb auf, hältst die Tülle zu und ziehst sie über einen Wasserhahn. Drehe das Wasser auf und lass zwei Finger breit Wasser hinein- laufen. Ziehe den Ballon vom Wasserhahn ab und puste ihn ganz auf, bevor du ihn zuknotest. Jetzt gebt ihr euch wieder einen Countdown, und du zündest das Feuerzeug unter dem Ballon an, dort, wo das Wasser ist.

Kein Peng. Der Ballon bleibt heil. Das ist interessant.

Es wird knifflig

Puste den dritten Ballon halb auf und stülpe die Tülle über die Öffnung einer Flasche mit Sprudelwasser (kein «stilles Was- ser», sondern echtes «Rülpswasser»). Lass zwei Finger breit

Sprudelwasser hineinlaufen und puste den Ballon voll auf, bevor du ihn zuknotest.

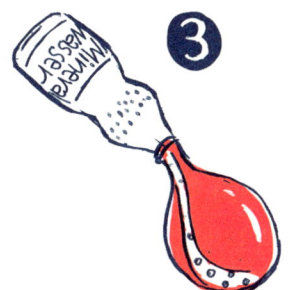

Gib alles!
Dein Erwachsener ist wieder dein Assistent und darf dir den Ballon halten. Nach einem zünftigen Countdown hältst du die Feuerzeugflamme unter dem Luftballon dorthin, wo Wasser ist.

Gut gemacht
Kein Peng, aber … der Luftballon wird undicht. Kleine, feine Wasserstrahlen kommen aus der Hülle heraus, aber er platzt nicht. Der Ballon ist kaputt und heil zugleich. Abgefahren …

Was ist da los?
Ein aufgepusteter Luftballon geht über einer Flamme kaputt, denn durch die Hitze schmilzt die Hülle und reißt.

Ein wassergefüllter Luftballon ist dort feuerfest, wo Wasser ist. Hier kann er gar nicht heiß genug werden, dass die Hülle schmilzt, denn das Wasser bewahrt ihn davor. Es kühlt die dünne Luftballonhaut, indem es die Hitze schluckt. Dort, wo Wasser die Hülle berührt, kann der Ballon höchstens 100 Grad Celsius heiß werden, die Hülle schmilzt allerdings erst bei über 200 °C.

Bei Mineralwasser hast du eine raffinierte Kombination von beidem. Wenn du in den Luftballon hineinschaust, siehst du, dass sich innen an der Haut ganz viele Luftbläschen bilden. An diesen Stellen ist der Luftballon verwundbar, weil er hier nicht gekühlt wird. Zwar schützt ihn das Mineralwasser davor, dass die Haut schmilzt und reißt, aber an den Luftbläschen wird er nicht gekühlt. Hier schmelzen kleine Mikro-Löcher in den Ballon, und es strömt Wasser in Strahlen nach draußen.

Rainer Zufall hat dieses Experiment erfunden

Eigentlich ist dieses Experiment ein Unfall. Beim Versuch, einen Luftballon feuerfest zu machen, indem man ihn mit Wasser füllt, war nur Sprudelwasser zur Hand. Dabei zeigte sich dieser bizarre Effekt, dass der Luftballon auf ganz phantastische Weise kaputtgeht – oder heil bleibt, je nachdem wie man es sehen möchte. Einer der wichtigsten und ältesten Kollegen in der Wissenschaft ist deshalb Rainer Zufall, der immer wieder für unerwartete Wendungen sorgt und uns auf neue Ideen bringt. Ohne ihn würde es dieses Experiment nicht geben. Vielen Dank, Rainer!

Warum es auf der Erde so viele Feuerwehren gibt

Wenn Außerirdische auf unserem Planeten landen würden, dann fiele ihnen auf, wie viele Feuerwehrautos mit Blaulicht herumfahren. Das liegt an der Atmosphäre unserer Erde, der Gashülle. Das zweithäufigste Gas in der Erdatmosphäre ist Sauerstoff. Und Sauerstoff ist wichtig für unser Leben, denn wir atmen ihn ein. Aber er ist auch gefährlich, weil sich dank ihm Stoffe entzünden und brennen können. Feuer ist nichts anderes als eine schnelle und starke chemische

Reaktion, bei der sich Stoffe mit Sauerstoff verbinden. Dabei wird viel Energie in Form von Hitze und Licht frei, deswegen ist Feuer so heiß. Weil Sauerstoff überall auf der Erde vorkommt, kann es überall brennen, und darum gibt es überall Feuerwehren.

Feuerlöscher

Feuer braucht nicht viel zum Brennen, nur drei Dinge: Brennstoff, also Holz, Kohle, Öl, Gas, Papier und so weiter, Sauerstoff aus der Luft und: Hitze! Wird ein Brand gekühlt, geht das Feuer aus. Nichts anderes macht die Feuerwehr, wenn sie mit Wasser löscht: Sie kühlt mit einem der besten Kühlmittel der Welt, denn Wasser kann ganz viel Hitze aufnehmen. Das merkst du, wenn du in einem Topf Wasser kochen möchtest – es dauert unheimlich lange, bis es endlich brodelt. Bis dahin steht es lange Zeit auf der heißen Herdplatte und saugt die Hitze auf.

Wasser hat aber einen großen Nachteil: Es ist sehr flüssig. Deshalb läuft es schnell ab und versickert im Erdboden, wo es zum Löschen nicht mehr zu gebrauchen ist. Wäre das Wasser dickflüssiger, würde es besser haften und länger kühlen, also löschen. Deswegen gibt es «FireSorb», eine Kunststoffflüssigkeit, mit der die Feuerwehr das Wasser eindicken kann. Dann wird es zu einem Gel und läuft nicht so schnell ab.

Wie platzt ein Luftballon?

Sicher sind dir schon etliche Luftballons geplatzt. Jedes Mal gibt es einen lauten Knall, und alle zucken zusammen. Aber was passiert beim Platzen? Wissenschaftler sind oft große Kinder und interessieren sich für einfache Sachen, die sich als ganz schön trickreich herausstellen.

In Paris haben sich zwei Wissenschaftler gewundert, warum oft ein einziges Stück Gummihaut übrig bleibt, wenn ein Luftballon platzt. Mit Hochgeschwindigkeitskameras haben sie gefilmt, was passiert, wenn ein Ballon kaputtgeht. Dabei haben sie herausgefunden, dass Luftballons auf zwei Arten platzen können. Es gibt entweder nur einen großen Riss, und vom Ballon bleibt ein großer Fetzen übrig. Oder der Riss verzweigt sich, und viele kleine Fetzen liegen auf dem Boden. Ist der Luftballon ganz aufgeblasen und die Haut sehr stark gespannt, bleiben viele Fetzen übrig. Ist er nicht so prall und die Haut nicht so gespannt, endet er in einem einzelnen Fetzen. Egal ob ein Riss oder mehrere, sie wandern mit 2000 Kilometern in der Stunde durch die Luftballonhaut, das ist schneller als der Schall. Der Knall beim Luftballon erfolgt also mit Überschall.

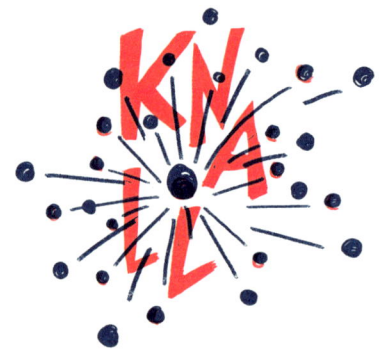

Feuer an Bord!
oder: Die Sache mit dem Kohlenstoffdioxid

Wenn man aufeinander angewiesen ist, muss man Rücksicht nehmen. Sonst kann es brenzlig werden …

Heute war der Käpt'n echt mies drauf. Er lief mit einem fiesen Gesicht herum und schaute niemandem von uns in die Augen. Auweia, das war immer ein schlechtes Zeichen.

«Tust du deine Depressionen haben?», wagte ich vorsichtig zu fragen. Das hätte ich lieber nicht machen sollen. Hamsta flippte förmlich aus.

«Ich soll Depressionen haben tun?!», rief er entrüstet. «Tust du überhaupt wissen, wie man das schreibt? Was es mit einem machen tut? Wie es sich anfühlen tut? Depressionen! Ich tue die Weltraumkrankheit haben, was ja wohl kein Wunder sein tut, wenn man sich um drei Kinder kümmern tun muss.»

«Na, einigen wir uns auf Jugendliche, einverstanden?», meinte Vanessa freundlich.

«Jugendliche? Ihr? Kinder tut ihr sein, Babys! Ich tue 200 Jahre jung sein, was tut ihr dann sein? Gerade erst geboren tut ihr sein!»

«Also, dafür, dass wir gerade erst geboren sind, können wir aber ziemlich gerade Sätze bilden. Tun wir das, Freunde?», warf Metin ein.

Das war zu viel! Hamsta zischte laut, blies wütend seine Hamsterbäckchen auf und lief unter dem Fell rot an – am ganzen Körper wohlgemerkt.

«Wie süß!», rutschte es Vanessa raus. Hamsta musste sich in dem Moment wohl unglaublich zusammenreißen, damit er nicht explodierte wie Rumpelstilzchen. Jedenfalls rauschte er ab – mit erhobener Nase und ohne uns eines Hamsterblickes zu würdigen. Und dann sahen wir ihn eine ganze Weile nicht mehr.

Dafür rochen wir ihn. Hamsta hatte die Eigenart, sich in den unpassendsten Augenblicken ein paar gefriergetrocknete Gänseblümchen aus seinem Futtervorrat ins Maul zu stecken, sie anzuzünden und daran zu saugen. Das tat er auch jetzt tun ... äh, das machte er auch jetzt. Er hatte da so eine Art Weltraumglimmstängel.

Die Brandmeldesensorenwarnanlage ließ nicht lange auf sich warten, und ein ohrenbetäubender Alarmton ertönte. Metin, Vanessa und ich schauten uns an und verdrehten die Augen. Wenn wir in der Schule Brandschutzübungseinheiten hinter uns gebracht hatten, waren wir immer in aller Ruhe das Treppenhaus hinunter nach draußen gewackelt. Aber hier gab's kein Treppenhaus und erst recht kein Draußen. Also, es gab jede Menge Draußen, nur war das nicht geeignet zum Frische-Luft-Schnappen.

Der Rauch wurde immer dichter. Der RAUCH? Oh weh, es brannte tatsächlich!

«Scheibe, scheibe, scheibe!», hörten wir Hamsta zetern, der sich immer bemühte, uns gegenüber die Form zu wahren und nicht Schei...e zu sagen. «Die schönen Gänseblümchen tun futsch sein, ein Raub der Flammen.»

Jetzt verging uns die Laune schlagartig, und der Ernst der Lage war klar: Ein ausgeflippter Space-Hamsta hatte in seiner Übellaunigkeit aus Versehen seinen Gänseblümchenvorrat in Brand gesteckt. Und jeder weiß, dass gefriergetrocknete Gänseblümchen besser brennen als Stroh und Heu zusammen. Nach draußen rennen konnten wir nicht. Wir saßen fest! Mein bisheriges kurzes Leben begann, wie ein Film in meinem Kopf abzulaufen: der Kindergarten, mein erster Schultag, Ostereier suchen im Garten, Weihnachten, Schlitten fahren, Urlaub mit Mama und Papa – fast musste ich heulen. Metin ging es wohl ähnlich, auch er hatte Wasser in den Augen.

«Herrje, ihr Memmen», unterbrach Vanessa meinen Film, «jetzt

bewahrt doch mal einen kühlen Kopf!» Sie wies uns – Hamsta eingeschlossen – an, in gebückter Haltung zu den Raumanzügen zu rennen,
sie überzustreifen, den Helm zu schließen und die Sauerstoffzufuhr
einzuschalten. In null Komma nichts bekamen wir wieder Luft, während wir durchs Visier allerdings kaum noch was sahen. Dann drückte
Vanessa auf einen Knopf, es zischte gewaltig, eine weiße Wolke brei-
tete sich im Raumschiff aus, und dann setzte die Lüftung ein. Der
Brand war gelöscht, Rauch und Feuerlöschnebel verzogen sich, die
Luft wurde wieder klar, und Vanessa war die Heldin des Tages.

Wie neugeboren kletterten wir aus unseren Raumanzügen. Hamsta

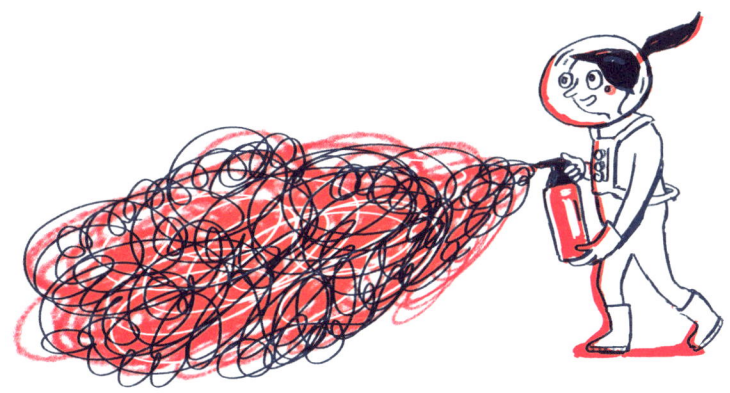

fiel Vanessa als Erstes um den Hals und gab ihr einen fetten Schmatzer auf die Wange.

«Du tust uns gerettet haben! Du alleine!»

Jetzt wurde Vanessa rot. Und noch bevor sie etwas sagen konnte, flötete Metin: «Wie süß!»

Dann bedankten auch wir uns bei ihr. Vanessa hatte als Einzige einen klaren Kopf behalten und gewusst, dass man bei Feuer gebückt laufen muss, um den aufsteigenden Rauchgasen auszuweichen. Und sie hatte als Einzige zwischendurch die Bedienungsanleitung für die Feuerlöschanlage gelesen.

«Die arbeitet mit CO_2, das löscht super, kann aber nicht nur das Feuer ersticken, sondern auch uns. Deswegen der Sprung in die Raumanzüge», erklärte sie uns fachkundig. Den Käpt'n interessierte das nicht. Er kehrte seine verkohlten Gänseblümchen zusammen und hatte dabei feuchte Augen.

• • •

Was passiert, wenn's brennt? Schon drei Kerzen verraten dir eine ganze Menge.

 Dauer: 30 Minuten

Schwierigkeitsgrad:

Zutaten:
- 1 große durchsichtige Glasvase
- 3 Teelichte
- 2 Untersteller deiner Wahl
- 1 feuerfester Deckel für die Vase, z. B. Topfdeckel
- 1 Feuerzeug
- 1 Erwachsener +

Perfekt vorbereitet

Besorge dir eine große Vase, etwa so hoch wie ein Milch-karton und doppelt so breit. Jetzt geht es darum, die drei Teelichte in drei Höhenstufen anzuordnen. Lege ein Teelicht auf den Boden, ein anderes daneben, vielleicht auf einen umgedrehten Eier-becher oder auf zwei weitere aufeinandergestapelte Teelichte, und das dritte Teelicht nochmals höher. Was genau unter die Teelichte kommt, darum kann dein Erwachsener sich kümmern, dann hat er was zu suchen. Sehr gut kannst du dir eine «Kerzentreppe» mit Legosteinen bauen.

Es wird knifflig

Jetzt bittest du deinen Erwachsenen, die Teelichte anzuzün-den, natürlich in der richtigen Reihenfolge. Die wäre? Rich-tig, von unten nach oben und nicht von oben nach unten, weil man sich dabei eher verbrennen kann.

Gib alles!

Ihr wartet, bis die Kerzen gut brennen und etwas Wachs um den Docht herum flüssig geworden ist. Und ihr wettet um etwas Leckeres, was passiert, wenn die Kerzen keine Luft mehr bekommen. Welche geht zuerst aus? Welche zuletzt?

Jetzt kommt dein Auftritt: Du legst eine feuerfeste Abdeckung auf die Vase – das kann etwa der Metalldeckel eines Kochtopfes sein.

Gut gemacht

Und jetzt schaut ihr in die Vase auf eure drei Kerzen.
Zuerst wird die oberste Flamme kleiner ... und verlischt. Dann sagt die mittlere Flamme tschüs, und zu guter Letzt geht
die unterste Kerze aus.

Na, wer von euch lag korrekt?

Was ist da los?

Was mit Kerzen passiert, wenn sie keine Luft mehr bekommen, ist klar: Sie verlöschen. Genau das geschieht in deinem
Experiment. Die Kerzen verbrennen den Sauerstoff in der
Luft, und wenn keiner mehr da ist, ersticken sie. Genau betrachtet,
«verbrennen» sie den Sauerstoff allerdings nicht, sie setzen ihn um.
Das heißt, sie kombinieren ihn mit Kohlenstoff und erzeugen so
unbrennbares Kohlenstoffdioxid (CO_2). Der Sauerstoff ist also nach
wie vor in der Vase, nur in anderer Form – nicht mehr als freier Sauerstoff (O_2), sondern als an Kohlenstoff (C) gebundener Sauerstoff.

Spannend ist, was dabei genau abläuft, und das zeigen dir die drei

Kerzen an: Das Kohlenstoffdioxid sammelt sich ganz oben in der Vase und erstickt die Kerzen von oben nach unten.

Das ist interessant, denn CO_2 ist eigentlich schwerer als (gleich warme) Luft. Weil das Kohlenstoffdioxid aber beim Verbrennen entsteht, ist es heißer als die Luft, steigt deswegen nach oben und sammelt sich unter dem Deckel.

Kerzentreppe reloaded

Wenn du ein großes Gefäß hast – wie etwa ein leeres Aquarium oder Terrarium –, kannst du den Versuch noch weitertreiben. Alles läuft so ab wie in der Vase, nur das Ergebnis ist anders: Zuerst verlischt die obere Kerze wie gehabt, aber dann ... geht die untere Kerze aus und die mittlere brennt am längsten. Wie das?

Das heiße Kohlenstoffdioxid steigt nach oben und verteilt sich. An den Seiten des Gefäßes kühlt es ab, und da kaltes CO_2 schwerer ist als die übrige Luft, sinkt es nach unten und sammelt sich auch auf dem Boden. Nun hast du folgenden Effekt: Kohlenstoffdioxid sammelt sich oben und unten an, und dazwischen ist eine Schicht unverbrauchter Luft, welche die mittlere Kerze am Brennen hält.

Feuer löschen mit Kohlenstoffdioxid

CO_2 ist ein genialer Feuerlöscher, denn das Gas hinterlässt keine Spuren. Nach einem «normalen» Feuerwehreinsatz sind die Schäden durch Löschwasser und -schaum oftmals größer als der Schaden, den die Flammen angerichtet haben. Alles ist nass und mit Löschschaum verklebt – eine riesige Sauerei, doch: Der Schaden ganz ohne Löschen wäre natürlich viel größer gewesen.

Beim Löschen mit CO_2 wird das Feuer mit seinem eigenen Abgas erstickt. Das ist besonders dort gut, wo gar nicht mit Wasser oder Schaum gelöscht

werden kann, also überall dort, wo Strom fließt. In Rechenzentren, wo Kolonnen von Computern untergebracht sind, die rund um die Uhr arbeiten, wird zum Beispiel mit dem farb- und geruchlosen Gas CO_2 gelöscht.

Gefährlich ist das jedoch für uns Menschen, denn genau wie Feuer brauchen wir Sauerstoff zum Leben und geben Kohlenstoffdioxid ab. In einer CO_2-Wolke würden wir ersticken – genau wie das Feuer. Deswegen brauchen Feuerwehrleute überall dort, wo mit CO_2 gelöscht wird, schweres Atemschutzgerät – Sauerstoffflaschen und Atemschutzmasken.

Der gefährliche Bruder des CO_2

Kohlenstoffdioxid ist für uns Menschen nicht giftig, aber es kann die Luft verdrängen und uns dadurch den Sauerstoff zum Atmen nehmen. Deshalb ist es gefährlich.

Viel heimtückischer ist das ebenfalls farb- und geruchlose Kohlenstoffmonoxid (CO), denn es ist giftig. Wenn man es einatmet, gelangt es über die Lunge ins Blut und blockiert dort die Aufnahme von Sauerstoff. Es dockt an den roten Blutkörperchen an, die für den Sauerstofftransport zuständig sind. Dort kann jetzt kein Sauerstoff mehr andocken, weil da schon das Kohlenstoffmonoxid sitzt. Das führt zu lebensgefährlichem Sauerstoffmangel und sehr schnell zum Tod durch Ersticken.

Kohlenstoffmonoxid entsteht bei unvollständiger Verbrennung von etwa Gas, Holz oder Kohle, also wenn beim Verbrennen nicht genügend Luft und damit Sauerstoff vorhanden ist. Und das passiert leider öfter. Deswegen gibt es zum Beispiel in Wohnmobilen spezielle Warngeräte, die Alarm schlagen, wenn die Campingheizung zu viel CO erzeugt. Aber auch durch Fahrlässigkeit – manche sprechen von Dummheit – entsteht Kohlenstoffmonoxid. So kommt es immer wieder vor, dass Menschen in der Wohnung einen Holzkohlegrill aufstellen und Feuer machen. Dabei bildet sich leicht CO – mit tödlichen Folgen.

Warum tropfen Autos?

Wenn in deinem Experiment die Kerzen verlöschen, wird dir auffallen, dass die Wände der Vase beschlagen. Dort setzt sich Wasserdampf aus der Luft ab und kondensiert. Woher kommt der Wasserdampf? War er vorher schon da?

Ganz einfach: Er entsteht beim Verbrennen. Das klingt paradox, also widersprüchlich. Ausgerechnet der größte Feind des Feuers soll beim Verbrennen entstehen?

In der Tat. Kerzenwachs besteht aus Kohlenwasserstoffen. Bei der Verbrennung entsteht neben Energie in Form von Wärme Kohlenstoffdioxid und ... Wasser. Das kannst du auch auf der Straße sehen, besonders im Winter. Wenn ein Auto gerade losgefahren und der Motor noch kalt ist, kommen große Wasserdampfwolken aus dem Auspuff, und später tropft es richtig. Das ist das «Oxidationswasser», das bei der Verbrennung (Oxidation) des Kraftstoffes entsteht.

Auch wir Menschen «verbrennen» unsere Nahrung, also oxidieren sie mit Hilfe des eingeatmeten Sauerstoffes. Dabei entsteht im Körper Oxidationswasser, welches über das Blut abgeleitet und dann mit dem Urin ausgeschieden wird.

Blech-Alarm
oder: Dosen falten

Auch die größten Vorräte gehen mal zu Ende, auch der beste Hamster hat irgendwann alle Verstecke leer gefuttert. Oder sein Futter aus Versehen verbrannt. Dann müssen neue Vorräte her, sonst sinkt die Stimmung.

Heute war Hamsta ausgesprochen unruhig. Schon frühmorgens flitzte er im Raumschiff umher und suchte irgendwas. Er schaute in jede Schublade, blickte hinter jeden Schalter und sah unter jede Konsole. Er stöberte in der Bordküche und filzte die Speisekammer. Dazu schimpfte er wie ein Rohrspatz, sodass wir irgendwann gar nicht anders konnten, als aufzuwachen.

«Mensch Hamsta, du nervst», beschwerte sich Metin laut und ehrlich, Vanessa und ich nickten zustimmend. Dann sahen wir, dass Hamsta echt verzweifelt war: Alle seine gefriergetrockneten Gänseblümchen waren aufgefuttert oder verbrannt.

«Selbst schuld», sagte Vanessa.

Trotzdem tat uns der Käpt'n leid, so ohne Gänseblümchen im Mäulchen und mit knurrendem Magen.

«Können wir nicht beim nächsten Planeten anhalten und nach etwas Gänseblümchenmäßigem schauen?», schlug ich vor. Hamstas Augen fingen an zu glänzen. Oder wurden sie nur feucht?

Gesagt, getan, auf dem nächsten in Frage kommenden Planeten wollten wir landen. Die Auswahl war ja groß genug, denn wir flogen gerade durch das Brenschede-System, eine wilde Mischung verschiedenartigster und -unartigster Planeten.

«Wir nehmen den da», schlug Metin vor und deutete durchs Panoramafenster auf einen kleinen grünen Planeten.

«Der sieht ganz niedlich aus», bemerkte Vanessa.

«Woher willst du wissen, ob der gut für uns ist?», fragte ich. Und Metin erklärte uns, das sei doch der Planet EWDH370851 und ganz bestimmt würden Gänseblümchen auf ihm wachsen. Hamsta nahm also Kurs auf unser Ziel, und bald schwenkten wir in seine Umlaufbahn ein.

Die Landung auf EWDH370851 war weich. Wir kamen auf einer riesigen Wiese runter, auf der tatsächlich jede Menge … Gänseblümchen wuchsen.
Metin hatte ein gutes Gespür und ein scharfes Auge bewiesen. Die Wiese wäre noch schöner gewesen, wenn nicht überall leere Getränkedosen rumgelegen hätten. Es sah aus, als ob jemand gerade einen irdischen Gelben Sack ausgeschüttet hätte.

«Der Müll muss weg», beschloss ich. «Sonst kommen wir gar nicht an die Gänseblümchen ran.»

Dass wir nicht alle Dosen an Bord holen konnten, war uns klar, dafür waren es viel zu viele.

«Wenn wir sie schrumpfen täten, täten sie an Bord passen», sagte Hamsta, der mit einem galaktischen Strauß Gänseblümchen in der Pfote ankam. «Und beim nächsten Schrott-Planeten tun wir das Blech eintauschen gegen …»

«Brausepulver!», unterbrach ich ihn. Das Weltall ist schließlich voller Merkwürdigkeiten, und bestimmt gab es irgendwo einen Planeten mit Brausepulver in rauen Mengen. Und ich hatte große Lust darauf.

Also war es sinnvoll, so viele Dosen mitzunehmen wie möglich. Und ich hatte auch schon eine Idee, wie wir sie alle ins Raumschiff bekommen könnten. Das mit dem Schrumpfen war nämlich mein persönlicher Spezialtrick.

Wir zündeten vor dem Raumschiff eine große Kerze an. Metin und Hamsta sammelten die Dosen ein und brachten sie Vanessa und mir. Wir füllten etwas Wasser in jede Dose und hielten sie über die Kerze. Ganz am Schluss verstauten wir die plattgedrückten Dosen im Heck der «Frau Müller». Nach drei Tagen und siebeneinhalb Stunden sah die Wiese aus, wie eine Wiese aussehen sollte, und wir von dem ganzen Kerzenruß wie die Schornsteinfeger. Und wir hatten 748 Dosen

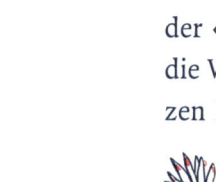

platt gemacht und verstaut. Mal sehen, was sich dafür eintauschen ließe.

Hamsta pflückte wie bekloppt Gänseblümchen und schaffte sie büschelweise an Bord. Im Raumschiff begann es nach Wiese zu riechen, und das verdrängte den Geruch nach Metall, Öl und alten Strümpfen. Der Käpt'n strahlte und hatte dicke Backen.

«Eine Frage noch, Metin», meldete sich da Vanessa, kurz nachdem wir gestartet waren. «Das war ja eine super Wahl mit diesem Planeten. Aber woher wusstest du eigentlich, dass er EWDH370851 heißt?»

«Na ja», grinste Metin, «das bedeutet nix anderes als ‹Egal Wie Der Heißt›. So einfach ist das.»

«Aha, und die 370851?», hakte Vanessa nach.

«Ach das – das ist die Telefonnummer meiner Oma.»

● ● ●

Jetzt wird's heiß. Und es kracht. Aber keine Angst, es explodiert nichts. Es implodiert nur.

 Dauer: 30 Minuten

Schwierigkeitsgrad:

 **Zutaten:**
- 1 Stövchen
- 1 leere Getränkedose
- 1 Grillzange
- 1 Spülbecken
- 1 furchtloser Erwachsener

 **Perfekt vorbereitet**
Gib deinem Erwachsenen den Auftrag, das Teelicht im Stövchen anzuzünden. Dann hat er was zu tun und steht nicht im Weg rum. Du füllst derweil das Spülbecken mit kaltem Wasser.

Es wird knifflig

Gib etwas Wasser in die Getränkedose, etwa fünf Esslöffel voll. Dein Erwachsener darf die Dose aufs Stövchen stellen, damit das Wasser darin heiß wird.

Gib alles!

Wenn das Wasser in der Getränkedose kocht (gut zu erkennen an den Dampfwölkchen, die jetzt daraus aufsteigen), gibst du deinem Erwachsenen die Erlaubnis, sie mit der Grillzange vom Stövchen zu nehmen und damit zum Spülbecken zu gehen. Dort soll er die Dose umdrehen und sofort ins Wasser tauchen.

15-20°

Gut gemacht

Es knirscht laut, und die Getränkedose beult sich ein. Sie wird von irgendwas oder irgendwem mit großer Kraft zusammengedrückt.

Was ist da los?

Die Dose ist implodiert! Bevor ihr die Dose ins kalte Wasser getaucht habt, war innendrin knallheißer Wasserdampf.

Sobald ihr die Dose ins Wasser taucht, wird sie schlagartig stark abgekühlt – und zwar um mehr als 80 Grad: von über 100 Grad auf unter 20 Grad Celsius. Dadurch kondensiert der Wasserdampf im Inneren der Dose, und es entsteht ein starker Unterdruck. Die Dose wird aber nicht von innen zusammengezogen, sondern von außen zusammengedrückt.

Wie wär's mit einem Gedankenexperiment? Angenommen, ein Astronaut macht dieses Experiment im Raumanzug auf dem Mond. Er nimmt die dampfende Getränkedose von einer Kochplatte und taucht sie in ein Wasserbecken. Was würde passieren?

Nichts. Der Mond hat keine Lufthülle, keine Atmosphäre, die auf seiner Oberfläche lastet. Deshalb gibt es auch keine Kraft von außen, welche die Dose zusammendrückt. Das ist ein Grund, warum es auf dem Mond ziemlich langweilig ist (Kerzen brennen dort ja auch nicht).

Die Erdatmosphäre – ein gigantischer Luftozean

Hast du dir schon einmal klargemacht, dass wir Menschen auf der Erde am Grund eines gigantischen Luftozeans leben? Die Lufthülle unseres Planeten reicht viele hundert Kilometer hoch. In 100 Kilometern Höhe beginnt zwar offiziell der Weltraum, aber das ist eine Definition von Menschen, die Lufthülle reicht wesentlich weiter. Und auch wenn Luft als Gas sehr leicht ist, entwickelt sie über diese Höhe einen beachtlichen Druck: Auf jedem Quadratzentimeter auf der Erde lastet sie mit 1 Kilogramm. Das kannst du dir so vorstellen, als ob auf deinem Daumenfingernagel ein Karton mit 1 Liter Milch steht! Das ist ziemlich viel, wir nehmen es aber gar nicht groß wahr, weil wir daran gewöhnt sind. Aber dieses kleine Experiment zeigt uns, welche Kräfte um uns herum wirken und dass Luft große Kraft hat.

Fass statt Dose

Die «Physikanten» machen physikalisches Kabarett. Sie nehmen ein ganzes Ölfass, füllen etwas Wasser ein und bringen es mit einem Gasbrenner unter dem Fass zum Sieden. Dann wird das Fass zugeschraubt und mit Wasser aus Gießkannen abgekühlt. Das sieht spektakulär aus. Und zunächst passiert nichts. Doch irgendwann gibt es einen Riesenknall, und das Ölfass knickt ein: Es implodiert! Das ist spektakulär und das Publikum bekommt einen großen Schreck.
Aber bevor du dich an Ölfässer wagst, solltest du es mit Getränkedosen versuchen.

Leckerer Unterdruck

Den Luftdruck nutzen wir im Alltag häufig. Wir stellen zum Beispiel in Einmachgläsern künstlich einen Unterdruck her und schaffen damit einen Druckunterschied zwischen dem Glas und der Umgebung. Konfitüre, Eingemachtes und Fleischkonserven werden in solchen Gläsern aufbewahrt. Der Vorteil: Der Luftdruck aus der Umgebung presst den Deckel aufs Glas und sorgt damit für eine gute Abdichtung, sodass keine Bakterien oder Pilze eindringen und den Inhalt verderben können.

Über- und Unterdruck

Viele Gebäude sind mit gefährlichem Asbest verseucht. Dieser Mineralstoff wurde früher verbaut, weil er feuerfest ist. Aber die winzigen Fasern lösen Krebs aus, wenn man sie einatmet. Deshalb muss Asbest aufwendig aus Gebäuden entfernt werden. Dabei werden alle Räume mit Folien abgedichtet. Anschließend wird Luft abgepumpt und so ein Unterdruck erzeugt, damit garantiert kein Fitzelchen Asbest aus dem Gebäude herausdringt.
Es geht aber auch genau umgekehrt.
Computerchips werden in sogenannten Reinsträumen hergestellt, wo kein Staubkörnchen, geschweige denn eine Fussel, umherschwe-

ben darf. Damit sicher kein Staub hereinkommt, herrscht in einem Reinstraum Überdruck, denn so gelangt höchstens reine Luft von drinnen nach draußen, aber keine staubige Luft von draußen nach drinnen.

Abriss per Implosion

Wenn große Gebäude wie Hochhäuser abgerissen werden sollen, ist das ein Problem, weil drum herum wenig Platz ist und keine anderen Häuser beschädigt werden dürfen. Deswegen werden solche Gebäude, auch mitten in der Stadt, gesprengt. Die Fachleute sprechen dabei von einer «Implosion», denn das Gebäude soll – ganz ähnlich wie im Experiment die Dose – in sich zusammenfallen. Und das funktioniert erstaunlich gut. Dazu werden in wochenlanger Vorarbeit im ganzen Gebäude verteilt Sprengsätze angebracht, die am Tag der Sprengung in einer bestimmten Reihenfolge gezündet werden, meistens von unten nach oben. So sackt das Gebäude auf seiner Grundfläche in sich zusammen. Drum herum entsteht dann nur reichlich Staub, der von der Feuerwehr mit Wasser besprüht und rasch gebunden wird.

Kuchen an Bord
oder: Viel Mühe für ein Ei

Das Weltall scheint unendlich groß. Und manchmal ist es unendlich langweilig.

Wir waren jetzt schon eine ganze Zeit unterwegs, und irgendwann erschien ein Tag wie der andere. Da tat etwas Abwechslung gut.

«Wisst ihr, wer im Mittelalter die wichtigste Person an Bord eines Segelschiffes war?», fragte Metin.

«Nee, wer denn?», wollten Vanessa und ich wissen.

«Der Koch! Denn der musste die Mannschaft bei Laune halten, nicht der Käpt'n.»

«Das zu hören tut mich sehr erleichtern», warf Hamsta ein und lümmelte sich gemütlich in seinen Sessel.

«Aber wenn wir keinen Koch an Bord haben, wer soll dann für gute Laune sorgen?», konterte Vanessa und hatte recht.

«Hamsta könnte ein paar Kunststücke vorführen. So ein paar akrobatische Nummern, ‹Salto mortale› oder durch einen brennenden Reifen springen», schlug ich vor und war auf Widerstand gefasst.

«Ich tu euch doch nicht den Zirkusclown machen», weigerte sich Hamsta auch prompt. «Dass ich hier den Käpt'n spiele, ist schon mehr als genug.» Das stimmte, und den Käpt'n darf man nicht leichtfertig aufs Spiel setzen, sonst ist niemand mehr da, der Ahnung vom Schiff hat.

«Wir machen etwas ganz Harmloses», meinte ich.

«Laaangweilig», sagte Metin sofort. Dabei wusste er doch gar nicht, was ich vorschlagen wollte.

«Wir backen einen Kuchen!» Jetzt war es raus.

«Noooch langweiliger», rief Metin.

«Super Idee!», jubelte Vanessa und war sofort dabei. «Ich habe

noch nie einen Kuchen im Weltall gebacken. Wie der wohl schmecken wird?»

Schließlich machte sogar Metin mit, immerhin ging es um was zu essen. Nur Hamsta war sauer, als wir uns weigerten, gefriergetrocknete Gänseblümchen in den Teig zu geben.

Schnell hatten wir alle Zutaten zusammen: Mehl, Zucker, Butter, Milchpulver, das mit Wasser angerührt etwas nach Babynahrung schmeckte, und ein Ei. In den Teig sollte allerdings nur das Eigelb, und keiner von uns wusste, wie wir das Eigelb vom Eiklar trennen konnten.

Hamsta hatte die Eierschale mit seinen rasiermesserscharfen Zähnchen bereits einmal rundherum durchgenagt, und nun schwammen Eiklar und Eigelb in einer Schüssel. Es sah aus wie ein See mit einer gelben Insel darin.

«Ganz einfach.» Vanessa hatte eine Idee und holte eine leere Kunststoffflasche. Geschickt wie wir waren, brachten wir gemeinsam das Eigelb in die Flasche, und das Eiklar blieb im Suppenteller. Ein kurzer

Druck nur auf die Flasche, und das Eigelb plumpste in das Mehl. Ich war sprachlos. Und hatte Kuchenhunger.

Doof nur, dass es keinen Mixer an Bord gab, aber dafür hatte Metin einen tollen Einfall. Er holte ein Handrührgerät aus der Bordschublade und mit einem «Ich darf mal?!» nahm er das Hamsterrad von Hamstas Fitnessstudio und montierte beides zusammen.

«Das spart Arbeit und beschleunigt die Sache», meinte er aufmunternd, als Hamsta widerwillig in das Rad kletterte und mindestens einen ganzen Hamster-Halbmarathon lief. Er strampelte sich ab wie ein Weltmeister. Der Teig spritzte, und die Rührstäbe drehten sich mit einem Affenzahn. Endlich war der Teig fertig.

«Danke, Käpt'n», sagte ich und half ihm aus dem Rad. Er keuchte, legte sich auf den Rücken, und ich tupfte ihm die Schweißperlen von der Stirn.

Der Teig sah nicht nur lecker aus, er schmeckte auch großartig. Wir buken ihn draußen im heißen Sonnenlicht in einer ganz speziellen Form: Hamsta hatte nämlich eine autonome interstellare Raumschiffkuchenbackform an Bord, und so sah der fertige Kuchen aus wie eine Mini-Ausgabe von «Frau Müller». Wir nannten ihn «Herr Schneider», nach dem Rektor unserer Schule, der uns bestimmt gerade sehr vermisste (wir ihn dagegen weniger).

«Das erste Raumschiff, das man essen kann», schwärmte Metin und schnitt sich ein großes Stück ab. Vanessa mümmelte das Teil mit dem

Panoramafenster, und ich aß das Heck. Dabei krümelten wir, soviel wir konnten, denn die Krümel waren für Hamsta. Er liebte Krümel über alles, vor allem wenn sie schön durchgetrocknet und knusprig waren. Na, wem's gefällt ...

• • •

Glibberiges Eigelb aus noch glibberigerem Eiklar holen? Das geht ganz einfach und ohne sich die Hände schmutzig zu machen.

 Dauer: 5 Minuten

Schwierigkeitsgrad:

 **Zutaten:**
- 1 Ei
- 1 leere Mineralwasserflasche aus dünnem Kunststoff
- 1 Schale oder Teller

 **Perfekt vorbereitet**

Schlage das Ei am Rand der Schale auf und lasse seinen Inhalt vorsichtig hineinlaufen. Das Eidotter sollte nicht kaputtgehen. Du kannst auch gerne einen Erwachsenen bitten, das für dich zu erledigen. Danke, den Rest schaffst du alleine.

Es wird knifflig

Öffne die Kunststoffflasche und drücke sie etwas zusammen. Nicht loslassen! Halte jetzt die Flaschenöffnung an das Eidotter.

Gib alles!

Während du die Flasche an das Eidotter hältst, nimmst du langsam den Druck weg.

Gut gemacht

Das Eidotter flutscht in die Flasche und ist dabei heil geblieben. Im Flaschenhals hat es sich ganz schmal gemacht. Das Eiklar schwappt nach wie vor in der Schale herum, nur ganz allein, ohne das Dotter.

Was ist da los?

Das Eidotter wurde in die Flasche gesaugt. Falsch! Das Eidotter ist in die Flasche geschoben worden. Wie das?

Die leere Mineralwasserflasche ist gar nicht leer. Sie ist bis zum Rand gefüllt mit – Luft. Wenn du die leere Flasche zusammendrückst, kommt Luft aus ihr heraus. Lässt du sie wieder los, strömt Luft zurück in die Flasche. Wenn allerdings das Eidotter die Flaschenöffnung versperrt, drückt die zurückströmende Luft es in die Flasche hinein, und zwar von allen Seiten. Deshalb bleibt das Eidotter ganz und geht nicht kaputt. Außerdem besitzt es eine ziemlich feste Dotterhaut, die es zusammenhält.

Auch ein Staubsauger saugt nicht

Genau wie in diesem Experiment die Flasche das Eidotter nicht eingesaugt hat, saugt der Staubsauger den Staub nicht ein: Der Staub wird hineingeweht. Ähnlich wie bei einem Stromkreis der Strom im Kreis fließt, erzeugt der Staubsauger einen Luftkreislauf. Er pustet Luft heraus, und gleichzeitig strömt durch seinen Saugrüssel neue Luft herein. Diese Luft reißt dabei Wollmäuse und Staubkörnchen mit. Der Staubsaugerbeutel lässt aber (fast) nur Luft durch seine Wände, alles andere bleibt im Bauch des Staubsaugers hängen.

Was ist Flüssigei?

Die Lebensmittelindustrie stellt für uns Nudeln, Kuchen und Soßen in riesigen Mengen her. Dabei werden viele Eier verbraucht. Die Eier dafür alle in der Fabrik selbst aufzuschlagen wäre viel zu umständlich. Deshalb wird nur der Eier-Inhalt bestellt und geliefert. Der kommt in Getränkekartons, großen Kanistern oder ganzen Tankwagenladungen als sogenanntes Flüssigei an. Eidotter und Eiklar zusammen sind das Vollei. Auf Wunsch wird auch reines Eiklar oder nur Eidotter geliefert.

Eier aufschlagen am Fließband

Einige Firmen haben sich darauf spezialisiert, Eier zu waschen und aufzuschlagen. Das geschieht nicht per Hand, sondern mit Maschinen, die bis zu 145 000 Eier in der Stunde aufschlagen können. Das sind an einem Tag 3,5 Millionen Eier! Die Eier kommen in zwölf Reihen in die Maschinen, werden gewaschen, reihenweise aufgeschlagen und ausgeleert. Eiklar und Eigelb plumpsen dabei in eine Rinne und fließen ab.

Übrig bleiben viele, viele Eierschalen. Die kommen in eine Zentrifuge, wo sie ganz schnell im Kreis gedreht werden. Dabei fließt der letzte Rest Eiklar ab. Die Eierschalen werden nun getrocknet und gemahlen. Das Eierschalenmehl besteht fast nur aus Kalk und wird entweder wieder an Legehennen verfüttert, die viel Kalk für viele Eier brauchen. Oder es wird als Dünger auf den Acker gestreut.

Wozu kommen Eier in den Kuchen?

In jedem Kuchenteig landen Eier. Erst Eiklar und Eidotter machen beim Backen aus Kuchenteig einen Kuchen. Sie sind der Klebstoff. Ganz wichtig dafür ist das Eidotter. Es strotzt nur so vor Lecithin, einem Stoff, der Wasser, z. B. aus der Milch, und Fett wie Butter oder Margarine im Teig verbinden kann, denn normalerweise mischen sich die beiden nicht. Beim Backen passiert dann mit Eiklar und Eidotter dasselbe wie beim Kochen oder Braten: Sie werden fest. Dadurch halten sie den Kuchen zusammen.

Das Eiklar kann Gebäck dazu noch besonders locker machen. Schlägst du es mit dem Rührbesen auf, wird es zu Eischnee, luftigem Schaum. Hebt man Eischnee vorsichtig unter den Teig, entsteht ganz lockeres Gebäck.

Das Hühnerei ist eine Meisterleistung

Hühner sind klasse Baumeister. Sie bauen ihre Eier nämlich von innen nach außen. Deshalb beginnen sie mit dem Eidotter. 2 Stunden brauchen sie dafür. Für das Eiklar drum herum brauchen sie 3 Stunden. Die Hülle, die sogenannte Eihaut, ist nach einer weiteren Stunde fertig. Am kompliziertesten ist die Eierschale, für sie braucht das Huhn 18 Stunden. Und sie ist ein technisches Wunderwerk. Sie ist nicht einmal einen halben Millimeter dick, denn das Küken muss sich ja durch sie hindurchpicken können, wenn es schlüpft. Ein durchschnittliches Ei wiegt übrigens 67 Gramm. Die Schale macht davon 7 Gramm aus.

Was ist der Unterschied zwischen Eiklar und Eiweiß?

Wir sagen zum Eiklar oft Eiweiß, weil es beim Kochen oder Braten tatsächlich weiß wird. Aber genau genommen sind Eiweiße etwas anderes, nämlich ganz wichtige Bausteine des Lebens auf der Erde. Sie kommen im Hühnerei vor, aber sie sind nicht das Hühnerei, schon gar nicht das Eiklar. Eiweiße, auch Proteine genannt (sprich: Pro-te-ihne), bestimmen, wie der Körper eines Lebewesens aufgebaut ist, und sie regeln den Stoffwechsel, also alles, was ein Lebewesen isst und trinkt und wieder ausscheidet. Eiweiße sind die Voraussetzung für Leben, wie wir es auf der Erde kennen.

Hamster als Notbremse
oder: Salto mortale

Wenn man etwas besonders gut machen will, geht es oft erst recht daneben. Und so kann aus einer eleganten, perfekt geplanten Landung eine unelegante Bruchlandung werden.

Hamsta war heute extrem gut drauf. Den ganzen Tag schon saß er im Kapitänssessel und laberte ins Logbuch, also das Raumschiff-Tagebuch, das aber kein Buch mehr war, sondern ein Diktiergerät.

«Raumschiff tut einwandfrei funktionieren, doch jetzt Sicherheitstests.» Das sagte er immer, wenn er eigentlich nur etwas herumspielen wollte. Aber es klang wichtig und ernst und war Grund genug, um alles Mögliche und Unmögliche auszuprobieren.

Als das Raumschiff plötzlich einen Schlenker machte, wurden wir heftig nach Backbord gedrückt. Vanessa stolperte gegen die Wand und konnte sich gerade noch mit den Händen abfangen. Metin gelang es im letzten Moment, sich mit dem Rücken zur Wand zu drehen, nur ich knallte voll mit dem Kopf dagegen.

«Pass doch auf, Hamsta, was machst du?», rief ich, aber Hamsta war zu beschäftigt, um mich zu hören und erst recht um mir zu antworten.

«Triebwerkstest Backbord», kommandierte er, und wir stolperten quer durchs Raumschiff auf die andere Seite. Diesmal tat sich Vanessa weh und schimpfte wie ein Rohrspatz. Hamsta blieb unbeeindruckt.

«Voller Schub voraus auf Sorpe-Geschwindigkeit!» Nun drückte es uns hinten ins Raumschiff, aber diesmal gab es zum Glück keine Verletzten. Ich konnte sehen, wie Hamsta den Steuerhebel streichelte wie ein Kind seinen Teddybären.

Kein Wunder, dass er den Planeten nicht rechtzeitig bemerkte. Auf einmal war das gesamte Panoramafenster voller Planet, denn wir

befanden uns genau auf Kollisionskurs! Jetzt sah auch Hamsta die Katastrophe und schrie, als ob er keine Leckerli mehr hätte.

Wir rasten mit einem Affentempo auf den Planeten zu.

«Ich tu uns retten», brüllte Hamsta und machte einen auf heldisch.

«Das ist ja auch wohl das Allermindeste», rief Vanessa und klang dabei etwas wie meine Mutter, wenn sie verlangte, dass ich mein Zimmer aufräumte.

Dann tat es einen fürchterlichen Schlag, der uns alle von den Füßen riss, und vor mir tropfte Blut auf den Fußboden. Es war mein Blut und es kam zum Glück nur aus meiner Nase, die ich mir kräftig gestoßen hatte. Metin hatte eine dicke Lippe davongetragen und Vanessa eine Prellung an der Wange. Hamsta war in seinem Sessel zusammengesunken, hing im Gurt und atmete schwer.

«Bruchlandung auf Marsberg387», diktierte er mit zitternder Stimme ins Logbuch. «Die Besatzung tut es dank der fabelhaften Fahrkünste des großen Space-Hamsta unbeschadet überlebt haben.»

«So ein Quatsch», rief Metin. «Sofort löschst du den Logbucheintrag und sagst die Wahrheit: dass du uns eine Bruchlandung der Kategorie ‹Holla die Hühner› beschert hast!» Doch dazu kam es nicht mehr.

Es gab einen mächtigen Ruck, es knirschte und knarrte, und der Boden und alles andere waren auf einmal ganz schräg. Als wir aus dem Fenster schauten, sahen wir in einen wunderbaren, tiefen, gähnenden, klaffenden Abgrund.

«Ich glaube, mir wird übel», sagte Metin. Auch mir war nicht ganz wohl, und uns allen war klar, dass wir die «Frau Müller» sofort verlassen sollten, wenn uns unser Leben lieb war. Auf Zehenspitzen schlichen wir zu unseren Raumanzügen, quetschten uns, so schnell es ging, hinein und versammelten uns am hinteren Notausgang.

Hamsta war plötzlich so klein mit Hut. «Ihr tut was gut bei mir haben», murmelte er und vermied unsere Blicke.

Draußen sahen wir die Bescherung: Unser Raumschiff hing halb über einem Abgrund, und um uns herum war nur Wüste, Einöde und jede Menge Steine. Und ein riesiger, kahler Baum.

«Ein Baum? Großartig! Ich tu die Sache sofort wieder in Ordnung bringen!», hörte ich Hamsta sagen. Er ging vorsichtig zum Heck des Raumschiffes, das gefährlich am Rand des Abgrunds schwankte, und öffnete eine Luke, hinter der wir eine Seilwinde sehen konnten.

Hamsta nahm das Ende des Seiles, und während es sich abwickelte, ging er Richtung Baum, warf das Seil über einen Ast und entfernte sich weiter, das Seilende locker ums Pfotengelenk geschlungen. «Häm, häm, häm», murmelte er. Das machte er immer, wenn er überlegte. Wahrscheinlich, wie er das Seil am besten befestigen könnte.

Da knirschte es wieder, und das Raumschiff wackelte bedrohlich, als ob es uns zuwinken wollte, bevor es in den Abgrund fiel. Dann neigte es sich langsam in Richtung Tiefe. Wir schrien laut auf. Am lautesten schrie Hamsta, und als ich mich zu ihm umdrehte, sah ich, wie er am Seil über den Boden geschleift und dann mit Schwung um den Ast gewickelt wurde. Dann gab es einen kräftigen Ruck, und das Raumschiff baumelte am Seil – aber es hing fest. Wir rannten zum Käpt'n und befreiten ihn aus seiner Lage. Das Seil wickelten wir mehrmals um den Ast.

Hamsta war grün und blau im Gesicht. «Ich glaube, mir tut übel werden», stöhnte er.

«Kein Wunder, so wie du eben im Kreis geflogen bist», sagte Vanessa und haute Hamsta anerkennend auf die Schulter. Der zuckte zusammen. Ich sah zu Metin und wir mussten beide lachen. Vanessa fing auch noch an zu kichern, nur Hamsta blieb ganz still.

«Logbucheintrag 1-2-3», flachste ich, «Käpt'n nach zehn Umdre-

hungen gerettet. Ist grün und blau im Gesicht.
Zustand: gut, aber recht kleinlaut.»

Nachdem Hamsta sich wieder erholt hatte, kletterte er supergeschickt am Seil zum Raumschiff hinunter, öffnete die Heckklappe und verschwand drinnen. Dann zündeten die Triebwerke, und die «Frau Müller» schwebte über dem Abgrund, als sei nichts gewesen. Wir holten noch das Seil ein, dann stiegen auch Metin, Vanessa und ich ins Schiff, und los ging's.

Hamsta sagte den ganzen Weltraumtag nichts mehr. Er behandelte den Steuerknüppel wie ein rohes Ei. Nur an seinen gesträubten Nackenhaaren sahen wir, wie aufgeregt er noch immer war.

«Wie süüüß!», quiekte Vanessa und hätte ihn am liebsten hinter den Ohren gekrault.

«Ich tu nicht süß sein. Ich bin schließlich euer Käpt'n», stellte Hamsta klar und gab etwas Schub. Aber nur ein bisschen.

• • •

Kochlöffel sind viel zu schade, um nur mit ihnen die Suppe umzurühren. Als Beweis kommt hier das erste offizielle Experiment mit Kochlöffel.

 **Dauer:** 10 Minuten

Schwierigkeitsgrad:

 **Zutaten:**
- 1 Kochlöffel
- 1 Tasse mit Henkel
- 1 Meter Schnur
- 1 Zimmerschlüssel

Perfekt vorbereitet

Du knotest ein Ende der Schnur an den Tassenhenkel. An das andere Ende knotest du den Schlüssel. Diese Kombination hast du bestimmt noch nie gehabt: ein Schlüssel und eine Tasse. Das ist fast so selten wie ein Hamster und ein Raumschiff ...

Es wird knifflig

Du nimmst den Kochlöffel in die Hand und hältst ihn waagerecht und in Augenhöhe vor dich hin. Mit der anderen Hand nimmst du den Schlüssel mit der Schnur und der Tasse dran. Die Tasse baumelt an der Schnur, und du hältst beides von dir aus gesehen hinter den Löffel. Dann ziehst du den Schlüssel zu dir hin, sodass die Schnur über dem Löffelstiel liegt. Wenn du ziehst, steigt die Tasse nach oben.

Gib alles!

Wenn der Becher unter dem Löffelstiel angekommen ist, lässt du einfach den Schlüssel los. – Bist du WAHNSINNIG?

Gut gemacht

Die Tasse saust zu Boden und – stoppt plötzlich. Denn der Schlüssel hat sich in derselben Zeit von ganz alleine mit der Schnur um den Löffelstiel gewickelt und verhindert, dass die Tasse auf dem Boden zerschmettert. Danke, o Schlüssel!

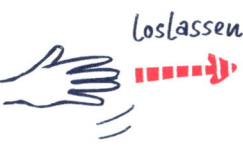

loslassen

Was ist da los?

Ein wunderbarer Trick, bei dem vor allem Erwachsenen das Blut in den Adern gefriert (Erwachsene hassen kaputte Tassen). Und es ist pure Wissenschaft, nämlich Physik!

In dem Moment, wo du loslässt, fällt die Tasse nach unten und zieht die Schnur hinter sich her. Zur gleichen Zeit fällt auch der Schlüssel an der Schnur nach unten. Aber er fällt nicht gerade, sondern schräg wie ein Pendel. Weil die schwerere Tasse die Schnur mitzieht, wird der Teil, an dem der Schlüssel hängt, immer kürzer. Dadurch bekommt der Schlüssel schnell so viel Schwung, dass er sich mehrere Male um den Löffelstiel dreht und ihn dabei mit Schnur umwickelt. Schließlich ist so viel Schnur um den Löffelstiel gewickelt, dass sie nicht weitergleiten kann und die abstürzende Tasse bremst. Das ist gerade noch mal gutgegangen!

Alles Reibung oder was?

Dieses Experiment funktioniert nur, weil es so etwas wie «Reibung» gibt. Sie stoppt die Tasse und stellt sicher, dass du keinen Ärger mit deinen Erziehungsberechtigten bekommst (das ist nett von der Reibung, und sie macht es extra für dich).

Hängt die Schnur über dem Löffelstiel, berührt sie ihn nur auf einem Viertel seines Umfangs. Wenn die Tasse fällt, gleitet die Schnur über den Stiel und reibt dabei etwas. Die Tasse ist aber schwer genug, diese Gleitreibung locker zu überwinden.

Doch wenn sich die Schnur um den Löffelstiel herumwickelt, vervielfacht sich die Reibung und wird so groß, dass der Becher die Schnur nicht weiter runterziehen kann. Das passiert ganz plötzlich, und der Becher bleibt mit einem Ruck hängen. Jetzt hat die Haftreibung zugeschlagen, welche die Schnur blockiert und die Tasse stoppt.

Knoten dank Reibung

Wenn du dir die Schuhe zubindest, machst du zum Schluss einen Knoten in die Schnürsenkel. Warum hält der Knoten? Dank Reibung. Je besser ein Knoten ist, desto mehr Schnur ist ineinander verzwirbelt und reibt aneinander. Je fester er zugezogen ist, desto stärker drückt die Oberfläche der Schnurschlaufen aufeinander.

Schleuderkugeln

Dasselbe Prinzip wie im Experiment wird zum Fangen von Tieren verwendet. Die «Bola» ist ein Seil mit Gewichten dran. Meist sind es Eisen- oder Steinkugeln, denn *bola* ist Spanisch und heißt ‹Kugel›. In Südamerika, aber auch in Grönland oder Sibirien verwenden Jäger diese Schleuderkugeln, um Tiere zu fangen. Dazu lässt man die Kugeln an den Seilen über dem Kopf kreisen wie ein Lasso. Im richtigen Moment losgelassen, fliegen sie zu dem gejagten Tier und wickeln sich etwa um dessen Hinterbeine. Das Tier kann nicht mehr laufen, fällt um und ist eine leichte Beute.

Gefahr im Verzug
oder: Ein Tornado aus Feuer

Auf fernen Planeten weiß man nie, was auf einen zukommt. Und manchmal ist es wirklich besser, wenn sie ganz weit weg sind.

Es müffelte mal wieder im Raumschiff. Ganz gewaltig. Und das nervt, wenn man auf kleinstem Raum zusammenlebt. Hamsta war ungewohnt still, fast unsichtbar, und wenn er aus seinem Käfig auftauchte, drückte er sich an den Wänden entlang.

Der Geruch wurde immer stärker, und nach ein paar Tagen war es ein echter Gestank.

«Boah», Vanessa hielt sich die Nase zu, «das ist ja nicht mehr auszuhalten.»

Auch ich bekam kaum noch Luft. Es roch wie aus hundert Toiletten gleichzeitig. Metin nahm sich schließlich ein Herz und klopfte an Hamstas Häuschen hinten im Raumschiff. Drinnen raschelte es. Metin klopfte noch mal. Von drinnen kam ein Grummeln, das wie «Jkjjosduiuöjökljvdkfshjhjk» klang. Metin drückte gegen die Tür und fiel fast in Hamstas Arme. Sofort sprang er wieder zurück.

«Hamsterdreck und Entenscheiß», rief er entsetzt. «Was hast du hier angestellt?»

Mit hochroten Hamsteröhrchen trat Hamsta aus dem Häuschen. Der Gestank war ihm offensichtlich voll peinlich. «Ich tue ... ich, also ... Was ich sagen will, ist, dass ...» Hamsta druckste herum, und ich bekam keine Luft mehr.

«Du Stinkerich», platzte es aus mir heraus, «jetzt sag einfach, was los ist.»

«Ich habe keine ... Hamsterstreu mehr», gab der Käpt'n zu und seine Backen hingen herab bis zu den Knien.

«Aber Schatz», sagte Vanessa, weil sie wusste, dass Hamsta es hasste, wenn sie ihn so nannte, «das ist doch kein Problem. Dann landen wir auf dem nächsten erdähnlichen Planeten und kaufen welche.» Sie sagte das in so einem zuckersüßen Ton, dass Hamsta einen dicken Hals kriegte.

«Ich tue nicht euer Schatz sein, nicht euer Knuddel und schon gar nicht euer Haustier. Ihr tut mich alle mal können!», motzte er. Und verschwand wieder in seinem Häuschen.

Wir mussten handeln. Für uns, weil wir den Gestank nicht länger ertrugen, und für Hamsta, weil er dringend neue Einstreu brauchte.

Wir landeten auf dem nächsten Planeten, der entfernt an etwas wie «Erde» erinnerte, streiften unsere Raumanzüge über und ... atmeten endlich wieder frische Luft ohne Hamstergeruch.

Der Planet war ganz passabel, nicht allzu groß, in vier Tagen wäre man drum herumgewandert. Und es gab so was wie Wiesen mit Pflanzen, die aussahen wie mannsgroße Trinkhalme.

«Besser als nix», hörte ich Hamsta brummeln, und er schnitt sich grüne Halme ab und füllte seine Schubkarre damit. Wir taten es ihm nach, denn der Vorrat sollte und musste lange reichen.

Was uns wunderte, waren die langen schwarzen Gassen, die kreuz und quer durch diese außerirdische Wiese führten. Dort war kein Fetzen Grünes zu sehen, als wäre es verbrannt. Und in der Ferne hörte man ein seltsames Rauschen. Ich schaute zu Hamsta. Er sah immer wieder drollig aus in seinem Raumanzug mit den Ausstülpungen für die Öhrchen. Doch jetzt war sein Körper gespannt wie ein Flitzebogen. Er hatte das Visier des Helmes nach oben geschoben und schnupperte angestrengt. Dann klappte er den Helm wieder zu.

«Tut ihr das auch riechen? Und tut ihr das hören?»

«Entspann dich», flachste Metin, doch da wurde das Rauschen lauter ... und es wurde auf einmal heißer. Wir drehten uns um und sahen eine gigantische, fauchende Feuersäule, die in Windeseile auf uns zutoste. In Schockstarre blieben wir stehen.

«Was – ist – das?», stammelte Metin.

«Das tut ein sogenannter Feuertornado sein. Er tut entstehen, wenn Feuer und heiße, aufstrebende Luftwirbel zusammenkommen … Ach, was tue ich erzählen: Tue sich retten, wer kann!», rief Hamsta, nahm seine Schubkarre, und nie wieder habe ich einen Hamster so galoppieren sehen. Wir anderen hinterdrein, und die höllische Feuersäule folgte uns. Wir schmissen die Schubkarre ins Raumschiff, sprangen hinterher wie die Antilopen und schlugen die Türe zu. Nur Hamsta fehlte.

Hamsta fehlte? Zum Glück nicht, er war nur direkt ans Schaltpult geeilt.

«Tut alles überziehen, was ihr habt», rief er, «ich aktiviere jetzt den Kälteschild!» Das Licht flackerte, und wir atmeten auf einmal Wölkchen. Am Panoramafenster klebten Eisblumen – und wir blickten in ein Flammenmeer. Dann zog der Feuertornado ab, und es wurde wieder ruhiger.

«D-du s-s-siehst a-a-ber w-w-wirklich s-s-süß a-aus», sagte Metin bibbernd, denn der Käpt'n hatte sich gegen die Kälte aufgeplustert und war nun eine Fellkugel, aus der zwei blau gefrorene Öhrchen herausragten.

«D-du d-d-darfst d-den K-k-kälteschild j-jetzt w-w-wieder a-ausschalten», bat Vanessa, und Hamstas Pfote kam aus der Kugel heraus und legte den Schalter um. Schlagartig wurde es wärmer.

Der Käpt'n sammelte die außerirdischen Grashalme ein, die überall herumlagen. Dann ging er in sein Häuschen und raschelte dort den restlichen Tag herum. Bald wurde die Luft besser, und mit frischen Einstreuvorräten ging die Reise weiter. Aber wie ein Feuertornado funktioniert, interessierte uns doch. Dich auch?

● ● ●

Jetzt wird's heiß. Und es geht rund. Vorhang auf für den «Feuertornado».

 Dauer: 30 Minuten

Schwierigkeitsgrad:

 **Zutaten:**
- 1 Papierkorb aus Drahtgeflecht
- 1 Behälter mit Brennpaste
- 1 Drehteller (2 normale Teller mit einer Lage Murmeln dazwischen gehen auch)
- ein paar doppelseitige Klebepads
- 1 Feuerzeug
- 1 feuerfester Erwachsener

Perfekt vorbereitet

Es beginnt ganz harmlos: Stelle den Drehteller auf den Tisch und den Papierkorb drauf. Er soll exakt in der Mitte des Drehtellers stehen. **Tipp:** Befestige ihn mit ein paar doppelseitigen Klebepads, damit er nicht verrutscht.

Achte bitte darauf, dass obendrüber viel Luft ist und dort keine Lampe oder so herumhängt.

Es wird knifflig

Dein erwachsener Assistent darf nun den Behälter mit der Brennpaste in den Papierkorb stellen, ebenfalls exakt in die Mitte, und ihn auch mit Klebepads festkleben. Bitte gut kontrollieren!

Gib alles!

Dann wird die Brennpaste angezündet. Bitte gib acht, dass dein Erwachsener sich nicht am Arm oder Ärmel verbrennt (Erwachsene denken zu oft, sie hätten alles im Griff, aber es ist immer besser, wenn man gut auf sie aufpasst).

Wenn die Brennpaste brennt, wird's brenzlig. Du drehst jetzt den

Drehteller mit Papierkorb drauf und brennender Brennpaste drin. Dabei bitte darauf achten, dass nichts vom Drehteller rutscht (eventuell noch einige Extraklebepads spendieren) – deshalb müssen Papierkorb und der Behälter mit der Brennpaste exakt in der Mitte stehen. Und auch bitte nicht von oben in den Papierkorb schauen, wenn er sich dreht, sondern immer von der Seite (Versprochen? Danke!).

Gut gemacht

Sobald sich der Papierkorb dreht, ändert sich schlagartig die Flamme. Sie dreht sich mit, schraubt sich ineinan- der und ... in die Höhe. Sie kann sogar oben aus dem Papierkorb herausragen wie eine Schlange.

Dreht sich der Papierkorb wieder langsamer, wird auch die Flamme kleiner. Sie sackt in sich zusammen, bis sie wieder so klein ist wie zu Beginn, als der Papierkorb sich nicht drehte.

Was ist da los?

Die Flamme im Papierkorb erhitzt die Luft. Und heiße Luft – wem sage ich das – ist leichter als kalte Luft, also die Luft drum herum. Deswegen steigt die Luft im Papierkorb über der Flamme nach oben. Beim Aufsteigen kühlt sie ab, kippt zur Seite und sinkt wieder nach unten. Unten bei der Flamme strömt von der Seite kältere Luft aus der Umgebung nach. So entsteht eine Luftzirkulation, ein Kreislauf aus Luft. Die Flamme ist der Motor des Ganzen, und solange sie brennt, kreist die Luft im und um den Papierkorb.

Dreht sich der Papierkorb dabei, wird der Effekt verstärkt. Die unten herbeiströmende Luft dreht sich natürlich mit, und je näher sie zur Flamme und damit zur Mitte kommt, umso schneller rotiert sie. Das ist der gleiche Effekt wie bei einer Eistänzerin, die sich mit ausgestreckten Armen dreht: Wenn sie die Arme zum Körper und damit zur Mitte zieht, dreht sie sich schneller. Genauso ist es hier. Durch die Drehung wird der Kreislauf im wahrsten Sinne des Wortes angeheizt. Und wenn es still ist, kannst du sogar hören, wie der Feuertornado faucht wie ein wütender Tiger.

Die Flamme ist dabei ein guter Indikator, also ein guter Anzeiger, für die Stärke des Luftwirbels im Papierkorb, den wir sonst nicht sehen könnten und der sich übrigens über der Flamme noch ein Stück fortsetzt. Was du hier mit Erwachsenen-Unterstützung gebaut hast, ist eine Windhose für den Hausgebrauch, die du nach Lust und Laune anwerfen oder abstellen kannst. Das ist praktisch.

Wenn der Wind Hosen trägt

Die Windhosen draußen unter freiem Himmel sind größer und gefährlicher. Sie entstehen, wenn es im Sommer an manchen Orten sehr heiß wird. Dann kann es passieren, dass sich an einem Ort ein Stück heiße Luft vom Boden löst und in der kälteren Luft drum herum nach oben steigt, ganz ähnlich wie eine Dampfblase im Wasser, wenn es im Kochtopf siedet. Beim Aufsteigen beginnt die Luftblase sich zu drehen und wird dabei immer schneller, bis ein Luftschlauch entsteht, der wie ein Rüssel von hoch in der Luft bis auf Erdboden reicht. Windhosen können stark genug werden, um Häuser abzudecken, obwohl Meteorologen, also die Wetterkundler, sie zu den «Kleintromben» rechnen.

«Großtromben» sind richtig übel, und dazu zählen Hurrikane und Taifune. Sie entstehen in den Tropen über dem aufgeheizten Meerwasser. Tornados entstehen dagegen auf dem Festland.

Der Name «Trombe» für große und kleine Luftwirbel kommt übrigens aus dem Italienischen und bedeutet so viel wie «Trompete» – und das ist auch ein schöner Vergleich für den Luftrüssel.

Die größeren Geschwister deines Feuertornados

Der Feuertornado sieht wunderschön aus, ist sehr spektakulär – na ja, und er ist nicht ganz ungefährlich. Im Kleinen wie im Großen. Deine Flamme im Papierkorb kann immerhin über einen halben Meter hoch wachsen. Die «Physikanten» aus Dortmund, die wissenschaftlichen Schabernack machen, haben sich sogar einen Feuertornado gebaut, der über 3 Meter hoch ist!

Nicht zu toppen ist allerdings die Natur, denn Feuertornados gibt's auch in freier Wildbahn. Wenn ein Großbrand und ein Luftwirbel zusammenkommen, entsteht genau das, was du im Papierkorb erzeugt hast. Und das geschieht überall auf der Welt. In Brasilien etwa, wenn trockene Winde auf ein Buschfeuer treffen. Wenn der brennende Luftwirbel dann durch Zuckerrohrfelder stromert, bleibt nur Asche übrig. Erst recht kommen Feuertornados in Australien vor, wo es extrem heiß und trocken ist.

Ein Feuertornado ist nicht kleinlaut. Ohrenzeugen berichten, dass er so viel Lärm macht wie ein Düsenflieger.

Warum gibt es Wind und Stürme?

Manchmal steht die Luft still, und dann wieder weht ein Wind, der dich fast umpustet. Warum ist das so? Warum steht die Luft nicht still? Was treibt sie an?

Stell dir vor, du schaust vom Mond auf die Erde. Dann siehst du eine blaue Kugel, die auf einer Hälfte dunkel ist und auf der anderen Hälfte von der Sonne beschienen wird. Unser Planet hat also stets eine helle Seite, wo er warm ist, und eine dunkle Seite, wo er Wärme ins Weltall abstrahlt. Dort, wo die Luft erwärmt wird, steigt sie nach oben und kältere Luft strömt nach. Schon deshalb ist Luft ständig in Bewegung. Aber selbst auf der hellen Seite der Erde gibt es Temperaturunterschiede: am Bauch, um den Äquator herum, wird die Erde viel stärker von der Sonne aufgeheizt als an Kopf und Fuß, den beiden Polen. Also entstehen auch hier Winde.

Dazu kommt, dass sich das Meerwasser langsamer erwärmt als das Land. Deshalb herrscht an der Küste tagsüber meist ein Seewind: Warme Luft steigt über dem Land nach oben, kältere Seeluft strömt nach. Nachts ist es genau umgekehrt. Das Wasser hält seine Temperatur besser als das Land und ist nun wärmer. Die Luft steigt über dem Meer nach oben, und kalte Luft vom Land strömt nach.

Ein sehr spezielles Gastgeschenk
oder: Die einfachste Lok der Welt

Wer zu Besuch kommt, sollte ein Gastgeschenk dabeihaben. Das gehört sich so. Anders ist nämlich schlecht.

Unsere Vorräte gingen zur Neige, und wir brauchten dringend Kakao, Cornflakes, Süßigkeiten und … na ja, gefriergetrocknete Gänseblümchen für Hamsta halt. Schon wieder. Aber unser Käpt'n hatte alles im Griff und «Arpe 573» in den Bordcomputer eingegeben.

«Der Autopilot tut uns nun vollautomatisch dahin bringen.»

«Vielleicht hättest du besser den Raumschiffpiloten genommen, denn wir sind hier ja nicht mit dem Auto unterwegs», kritisierte Metin. Vanessa verdrehte die Augen.

«Mensch!», rief sie genervt. «Hier handelt es sich um einen AUTOmaten, der uns steuert, deswegen heißt es AUTOpilot, du außerirdisch Ahnungsloser.» Metin blieb merkwürdig still.

Wie auch immer, bald landeten wir, und das lief glatt. Keine Staubwolke, keine quietschenden Triebwerke, kein umgeknicktes Fahrwerk. Eine Bilderbuchlandung. Wir klatschten Beifall. Der Bordcomputer antwortete mit einem Smiley auf dem Monitor.

Arpe 573 war ein sogenannter erdähnlicher Planet, sodass wir keine Raumanzüge brauchten und auch bedenkenlos Nachschub einladen konnten, ohne Angst vor Weltraumviren oder sonstigem Weltraumschrott zu haben.

Aber irgendetwas war anders. Wir merkten es an Hamstas Verhalten. Sobald er aus dem Schiff trat, wurde sein Körper ganz steif vor Anspannung. Er reckte seine Nase in die Luft und schnupperte, dass seine Barthaare wackelten.

«Irgendetwas tut hier faul sein. Aber ich tue noch nicht wissen, was es sein tut.»

Wir gingen die Gangway runter, und es war totenstill und total leer. Nix los auf diesem Planeten. Hier sollten wir unsere Vorräte auffüllen können?

Wir wurden einfach überrumpelt. Quasi aus dem Nichts tauchten von allen Seiten diese dicken Kugeln auf. Sie hatten so etwas Ähnliches wie Arme und Beine, aber eigentlich kullerten sie nur herum und schubsten und stupsten uns vorwärts. Wir gelangten zu einer Art

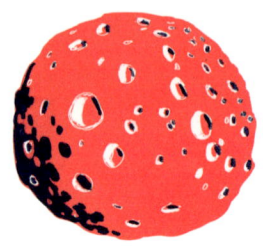

Palast, wurden die Stufen hinaufgetrieben, durch überhamstergroße Flügeltüren gezwängt, bis wir in einem gigantischen Saal ankamen mit hohen Decken, üppigen Wandgemälden und einem goldenen Fußboden.

«Das tut das Arbeitszimmer von Dorlar dem Zweiten sein», raunte Hamsta uns zu, «aber ich tue ihn nirgendwo sehen.» Der Käpt'n wirkte völlig verstört. Die Kugeln drückten uns weiter nach vorne. Dort saß, nein, kugelte auf einer Art Thron eine Kugel, die größer war als alle anderen.

«Auweia», teilte Hamsta uns mit, «das tut Grimminghausen sein, der Sprecher von Dorlar dem Zweiten.» Er kannte echt das halbe Universum. Sogar diese Kugeln.

Die große Kugel sagte irgendetwas zu den anderen Kugeln, und eine relativ kleine Kugel kam zu uns hinübergerollt.

«Äh, darf ich mich vorstellen, ich heiße Dolm Etscher und soll für euch übersetzen.» Die Grimminghausen-Kugel salbaderte weiter. «Grimminghausen meint, dass man nicht ohne Gastgeschenk zu uns kommen dürfen können sollte. Unser König Dorlar der Zweite ist sehr verärgert. Er ist nämlich ganz wild auf Geschenke», fuhr die kleine Kugel fort.

Hamsta schlug sich mit der Pfote vor die Stirn. «Wie konnte ich nur eure Geschenke vergessen tun!»

Das ging eine ganze Weile so, und irgendwann war gut. Fand Metin. Er rief, nein, er schrie in den ganzen Tumult hinein: «Aber wir haben doch ein verdammtes Geschenk!»

Es wurde mucksmäuschenstill. Der Dolmetscher übersetzte, und die dicke große Kugel drehte sich zu uns und starrte uns ausdruckslos an.

«Scheibe, hoffentlich habe ich nicht zu viel versprochen ...», raunte Metin. Er griff in seine Hosentaschen. Er wühlte und kramte. Schließlich steckten seine Arme bis zu den Ellenbogen in den Hosentaschen, und das sah schon wieder lustig aus. Aber uns war nicht zum Lachen zumute. Metin schwitzte und keuchte, seine Stirn hatte sich in tiefe Falten gelegt.

Doch plötzlich entspannte sich sein Gesicht, und seine Hände kamen wieder aus den Hosentaschen zum Vorschein. «Hab ich's doch gewusst. Es geht nichts über geräumige Hosentaschen!» In den Händen hielt er lauter Draht.

«Ich glaub's nicht», ächzte Vanessa. «Was für ein tolles Geschenk. Jetzt sperren die uns ein bis an das Ende unserer Tage.»

«Oder mästen uns kugelrund, bis wir so aussehen wie sie», konnte ich nur beipflichten.

Metin hörte uns gar nicht zu. Er war bereits dabei, wie ein Besessener den Draht um seinen Finger zu wickeln, immer mehr, sodass ein langer Drahtschlauch entstand. In der Zwischenzeit hatten die Kugeln einen großen Kreis um uns gebildet, und auch die dicke Kugel war interessiert herübergerollt. Gebannt verfolgte sie jede von Metins Bewegungen.

Irgendwann hatte Metin keinen Draht mehr, dafür aber einen meterlangen Drahtschlauch, eine Drahtspule. Nun nahm er eine Batterie zur Hand, klickte auf beide Seiten je einen Magneten und setzte die Batterie in die Drahtspule.

«Wuuuuusch» machte es, und die Batterie flutschte mit einem Affenzahn hindurch. Die Kugeln waren begeistert, am meisten Grimminghausen. Sie versuchten zu klatschen, aber bekamen die Hände nicht zusammen, so dick waren sie.

Was soll ich sagen? Auf einmal wurden wir behandelt wie die Könige und bekamen sogar eine Privataudienz bei König Dorlar dem Zweiten, der ganz begeistert war von seinem neuen Spielzeug. Bis zum Abend wickelten wir noch etliche Drahtschläuche, und Metin hatte als Erster Blasen an den Händen. Aber wir bekamen auch jede Menge Proviant, und das sogar kostenlos.

Am nächsten Tag starteten wir wieder von Arpe 573, nicht ohne noch das ein oder andere Spielzeug für den Hofstaat von Dorlar dem Zweiten angefertigt zu haben.

«Puh», sagte Hamsta und wischte sich den Schweiß aus dem Stirnfell, «das tut gerade noch einmal gutgegangen sein. Äh, übrigens: Ihr tut ja auch Gäste bei mir an Bord sein, tut mir aber noch kein Gastgeschenk gegeben haben ...»

«Na, Metin, dann frisch ans Werk», meinte Vanessa munter.

Am Schluss wickelten wir allerdings alle zusammen noch einmal Draht und machten den Trick ein letztes Mal. Es war aber auch zu schön, wie die kleine Batterie durch die Drahtwindungen flitzte. Nur essen taten wir die nächsten Tage recht sparsam. Niemand wollte auch nur ansatzweise eine Kugel werden.

«Dann könnten wir ja nicht mehr klatschen», schlussfolgerte Vanessa.

«Du hast ja so recht», stimmte ich zu.

● ● ●

Eine Eisenbahn braucht keine geraden Schienen. Ein Drahttunnel tut es auch. Hier kommt die einfachste Lokomotive der Welt.

 **Dauer:** 2 Stunden

Schwierigkeitsgrad:

Zutaten:

- 1 Rolle Kupfer- oder Silberdraht (nicht isoliert!)
- 1 dicker Filzstift (dicker als 15 Millimeter)
- 2 Neodym-Scheibenmagnete mit 15 Millimetern Durchmesser (gibt's im Baumarkt oder im Internet)
- 1 Mignon-Batterie 1,5 V («AA»)

Perfekt vorbereitet

Dieses Experiment braucht ein paar Spezialzutaten. Da ist zum einen der Draht. Er darf nicht magnetisch sein (!) und keine Isolation besitzen. Er darf also keinen Kunststoffmantel haben und – vor allem bei Kupferdraht – nicht mit unsicht- barem Lack isoliert sein, sonst funktioniert das Experiment nicht.

Die beiden starken, runden Neodym-Magnete sollten denselben Durchmesser haben wie die Mignon-Batterie, also etwa 15 Millimeter. Das war's schon. Jetzt kann's losgehen.

Zuerst baust du das «Gleis»: Nimm dir einen dicken Filzstift oder eine Holzstange mit einem Durchmesser von etwas mehr als 15 Milli- metern und wickele den Draht sorgfältig und ganz eng drum herum. Das ist mühsam, aber es lohnt sich. Wie das bei Arbeit so ist ☺.

Wenn die Drahtspule fertig gewickelt ist, sollte sie mindestens so lang wie ein großes Lineal sein (etwa 30 Zentimeter). Schiebe die Spule vorsichtig von dem Filzstift oder der Holzstange und lege sie vor dir auf den Tisch.

Es wird knifflig

Jetzt baust du die Lok. Es ist die einfachste Lokomotive der Welt: Sie besteht nur aus einer Batterie und zwei Magneten. Magnete habe zwei Pole, Nord- und Südpol. Es müssen entweder die Nord- oder die Südpole der beiden Scheibenmagnete zur Batterie zeigen, sonst funktioniert das Experiment nicht, und das wäre schade. Nimm die beiden Magnete und halte ein Lineal aus Holz oder Plastik dazwischen, damit die Magnete nicht aus Versehen aneinandergeraten. Wenn sie sich abstoßen, ist es perfekt. Wenn sie am Lineal hängen bleiben, ziehst du sie auseinander (oder im Notfall ein Erwachsener, denn die Magnete sind sehr stark), drehst einen um, sodass sie sich abstoßen, und hängst die Batterie dazwischen.

Gib alles!

Jetzt kannst du deine Lokomotive in das Gleis setzen. Dafür schiebst du sie mit dem ersten Magneten voran in die Drahtspule. Sobald der zweite Magnet die Drahtspule berührt, geht die Post ab.

Gut gemacht

Die Batterie-Lok flutscht mit einem Affenzahn durch die Spule!

Tipp für Schlaue

Mit mehr Draht kannst du eine längere Drahtspule wickeln. Dabei gilt: Selber wickeln ist gut, wickeln lassen ist besser. Suche dir einen Erwachsenen, der dir eine supermegaultralange Drahtspule wickeln kann. Dafür darf er auch gerne ein paarmal die Batterie-Lok sausen lassen.

Wenn du die beiden Enden der langen Spule zusammenhältst, rast die Batterie-Lok im Kreis, bis sie leer ist.

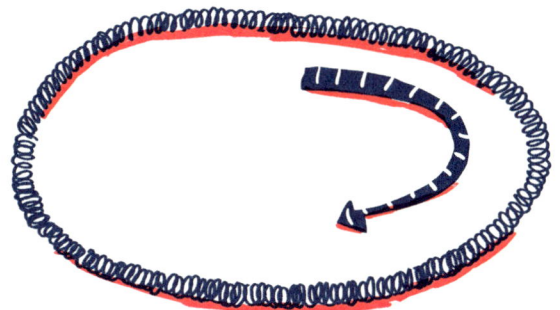

Profis bauen sich sogar eine Kreuzung, indem sie die Drahtspule zu einer Schlaufe legen. Zur Isolierung kommt ein Blatt Papier dazwischen.

Was ist da los?

Das Prinzip deiner Batterie-Lok ist so einfach wie genial: Die beiden Magnete an den Seiten der Batterie sind nicht nur – logo – magnetisch, sie leiten auch noch Strom, und sie verbinden die beiden Pole der Batterie mit der Drahtspule. Sobald die Batterie so weit in der Drahtspule sitzt, dass der zweite Magnet den Draht berührt, fließt Strom. Und zwar ordentlich. Der Strom fließt aus der Batterie durch ein Stück der Drahtspule von einem Pol zum anderen. Und dadurch entsteht in der Spule ein Magnetfeld um die Batterie herum. So treffen jetzt drei Magnetfelder aufeinander: nämlich das Feld in der Spule auf die beiden Felder der Magnete an der Batterie. Das ist für die Batterie anstrengend, aber es bringt enormen Schub. Das Magnetfeld in der Drahtspule stupst den vorderen Magneten weiter und zieht den hinteren Magneten hinter sich her. Deshalb flutscht die Batterie mit Hilfe der beiden Magnete an ihren Enden durch den Drahtschlauch.

Gleichzeitig stabilisiert das Magnetfeld der Drahtspule die Batterie-Lok, indem es sie in der Mitte der Spule hält und fast schweben lässt.

Schweben mit Magneten

Alle Motoren funktionieren mit Strom, also Elektrizität, und mit Magnetkraft. Ein ganz besonderer Motor ist der sogenannte «Linearmotor». Er ist die Basis für die sogenannte Magnetschwebetechnik. Das Prinzip  ist ganz einfach: Im Boden sind Drahtspulen verborgen, die Magnetfelder erzeugen, wenn Strom in ihnen fließt. Über den Spulen fährt das Fahrzeug. Durch das Magnetfeld der Spulen wird das Fahrzeug hochgehoben, sodass es knapp über dem Boden schwebt. Gleichzeitig wird vor dem Fahrzeug eine Spule nach der anderen eingeschaltet (und dahinter eine nach der anderen abgeschaltet). So wandert das Magnetfeld und zieht das Fahrzeug mit. Weil das Fahrzeug schwebt, kann es sehr schnell werden. Es muss ja nicht über eine Straße oder über Schienen rollen, sondern nur gegen den Widerstand der Luft ankämpfen.

Eine sehr bekannte Magnetschwebebahn heißt «Transrapid» und kommt aus Deutschland. Theoretisch kann sie über 500 km/h schnell werden. Sie wird seit 1969 entwickelt, ist aber über den Testbetrieb nie hinausgekommen. Einzig in Shanghai gibt es einen Transrapid-Zug für den Nahverkehr auf einer 30 Kilometer langen Strecke.

In die Höhe schweben

Aufzüge hängen längst nicht mehr an einem Seil. Es gibt welche, die mit Magnetschwebetechnik berührungslos im Aufzugsschacht nach oben und unten schweben – und zur Seite. Denn der Aufzug der Zukunft ist eine Art Nahverkehrssystem für die immer größer werdenden Hochhäuser. Und nicht nur das: Beim «Multi-Aufzug» fahren mehrere Kabinen unabhängig voneinander in einem Schacht hoch und in einem Schacht daneben nach unten. Wenn eine Aufzugskabine eine andere überholen will, weicht diese zur Seite aus, sodass der Aufzugsschacht für kurze Zeit frei ist. Oben oder unten machen die Kabinen einen Schritt zur Seite und wechseln den Schacht. So können mehr Leute schneller transportiert werden.

Transport unter der Erde

U-Bahn-Fahren ist nicht besonders schön, weil es unter der Erde öde und dunkel ist. Aber Gütern ist das egal. Was liegt also näher, als Waren unterirdisch zu transportieren, damit keine Lastwagen mehr die Straßen verstopfen? Vor allem in dichtbesiedelten Regionen würde sich das lohnen.

Der größte Ballungsraum in Europa ist das Ruhrgebiet – es liegt zwischen Düsseldorf und Dortmund und hat 5,5 Millionen Einwohner. Einen Plan für unterirdischen Transport haben Wissenschaftler an der Ruhr-Universität in Bochum entwickelt. «CargoCap» heißt ihre Idee, und sie besteht aus einem Netz von kilometerlangen Röhren, in denen in Kapseln – einer Art runde Container – alle möglichen Dinge hin und her geschickt werden können.

Post im Rohr

Vergleichsweise uralt ist die «Rohrpost», die 1853 in London erfunden wurde. Hier reisen Kapseln, so groß  wie Wasserflaschen, durch ein System aus Rohren. Angetrieben werden sie nicht elektrisch, sondern pneumatisch, also mit Luftdruck. Die Kapseln werden sozusagen durch die Rohre gepustet. Dabei gibt es, wie bei der Eisenbahn, sogar Weichen, mit deren Hilfe sie unterwegs abbiegen können, um ihren Empfänger zu erreichen. Die Rohrpost hat sich bis heute gehalten, weil sie einfach, preiswert und robust ist, also nicht so leicht kaputtgeht. In Krankenhäusern können so z. B. Blutproben ruckzuck ins Labor transportiert werden, sodass sich niemand die Füße wundlaufen muss. Das ist bequem und geht schnell.

Heißer Maulwurf für eisige Welten

Deine Batterie kann richtig heiß werden, wenn sie durch den Drahtschlauch flitzt. Wenn du sie dann zum Abkühlen etwa ins Eisfach
legst, schmilzt sie das Eis an und versinkt darin.

Wie eine heiße Batterie im Eisfach funktioniert der «Ice Mole» – der
«Eis-Maulwurf» – in der Antarktis. Er ist eine Art große heiße Batterie,
und deutsche Forscher bohren mit ihm Löcher in das Eis am Südpol,
um zu schauen, wie es ganz tief drinnen, unter dem Eis, aussieht.

Später einmal soll der Eis-Maulwurf sogar in den Weltraum starten.
Auf dem Enceladus, einem Mond des Planeten Saturn, soll er sich in
den Eispanzer bohren und nach Leben suchen. Denn wo es Wasser
gibt, so die Hoffnung der Wissenschaftler, ist Leben nicht weit.

Hänselundgretel erschrecken
oder: Origami mit Teufel

Gäste sind immer willkommen. Wenn sie nicht ungebeten sind. Besondere Vorsicht gilt bei krawalligen Besuchern.

Als wir an diesem Morgen aufwachten, schneite es draußen. Vor dem Panoramafenster schwebten ganz viele Schneeflocken. Moment – Schnee im Weltall? Das gibt's doch gar nicht!

Vanessa schnallte es als Erste. «Schaut mal genau hin, das sind alles Raumschiffe, noch viel, viel kleiner als unseres.»

Und wirklich, ein richtiger Schwarm von Raumschiffen umkreiste unser Schiff wie Insekten die Lampe. Durch die Wände konnten wir es brummen hören. Und dann hörten wir es knuspern und knabbern.

Hamsta wurde sofort unruhig. «Weia», sagte er, «das sind sogenannte Hänselundgretels. Die tun alles anknabbern, was ihnen in den Weg kommt.»

«Dann weg mit ihnen!», rief Metin und schnappte sich seinen Raumanzug. «Ich steige aus und jage sie fort.»

«Das lässt du besser bleiben, sonst knabbern sie dich an», wandte ich ein und Hamsta pflichtete mir bei:

«Da tut Kim recht haben. Das täte saudumm und saugefährlich sein.»

«Aber was machen wir denn dann?», rief Vanessa. «Irgendwie müssen wir uns doch wehren!»

Da fiel mir ein, was mir mein Onkel Siggi aus Hamburg beim letzten Familientreffen gezeigt hatte. Siggi ist cool. Er ist immer gut drauf und hat immer etwas für uns Kinder dabei – was zum Basteln, zum Spielen und Ausprobieren. Letztes Mal hatte er allerdings nur ein paar Blätter Papier mitgebracht und sie an uns Kinder verteilt. Ich war total enttäuscht gewesen. Das war alles? So ein Geizkragen.

«Wir machen jetzt etwas Origami», hatte Onkel Siggi gesagt und sofort drauflosgefaltet. Wir hatten zwar erst keine Böcke, machten aber trotzdem mal mit. Es war total langweilig – war ja auch nicht anders zu erwarten gewesen. Schlussendlich hatten wir so 'n olles Ding in den Händen, das ein bisschen aussah wie ein Fuchskopf aus Papier. Aber dann hatte Onkel Siggi seinen Fuchskopf in die Hand genommen und uns gebeten, es ihm nachzumachen. Dann sollten wir in die Papiergebilde hineinpusten. Hatten wir auch alle gemacht, wir wollten ihn ja nicht enttäuschen. Und dann, voll krass, war der Fuchskopf geradezu explodiert, und ein Teufel war erschienen, mit Hörnern, Mund und, na ja, das Gesicht mussten wir noch draufmalen. Ab da waren wir begeistert bei der Sache und malten wie die Weltmeister. Den ganzen Nachmittag hatten wir noch Teufel aus Papier hergestellt, und alle Erwachsenen waren froh gewesen, dass Siggi uns so schön beschäftigte. Anschließend waren wir durch die Räume gezogen und hatten die Erwachsenen erschreckt – und das sollte mit Außerirdischen doch auch möglich sein!

Ich erzählte allen von meiner Idee, und wir suchten ein Blatt Papier, das wir im Raumschiff auf den Boden legten. Gemeinsam falteten wir wie die Besessenen. Das Blatt war zwar nur so groß wie ein Schulheft, aber mit unserer Größe war das echt ein Problem. Zum Schluss musste noch ein Loch ins Teufelchen, damit wir es auch aufpusten konnten.

«Das ist deine Aufgabe, Hamsta», sagte ich.

«Immer ich», möpperte der Käpt'n und nagte unwillig am Papier rum. «Weizengrieß und Entenspeck, das tut aber fade schmecken.»

Vanessa, die von uns allen am besten malen konnte (besser als Hamsta sowieso), übernahm die Aufgabe, eine fürchterliche Teufelsfratze aufs Papier zu zeichnen. Es gelang ihr so gut, dass uns allen das Blut in den Adern gefror, wenn wir hinschauten.

Metin erklärte sich bereit, mit dem riesigen Fuchskopf das Raumschiff zu verlassen. Den Luftschlauch, der im Papier steckte, zog er vorsichtig hinter sich her. Einmal ziehen hieß «Luft einfüllen!», zweimal ziehen war das Signal für «Holt mich sofort wieder rein!». Er kletterte nach draußen, und für eine kurze Zeit hörten wir nur das Nagen am Raumschiff. Dann ruckte der Schlauch, und ich drehte das Luftventil auf. Es zischte, draußen machte es «Wuschhhhh», und die Hänselundgretels stoben in alle Richtungen davon.

Plötzlich war es wieder ganz dunkel vorm Fenster, wir waren wieder allein mit uns im Weltraum. Dann zuckte der Schlauch zweimal, und wir holten Metin zurück. Er war kreidebleich, weil er sich selbst so vor dem Teufel erschreckt hatte.

«Au Backe, das Ding sieht ja echt fürchterlich aus. Noch schrecklicher als gedacht.»

Wir schnitten den Schlauch durch und gaben das Papierteufelchen frei. Es schwebte davon, und wir hielten uns die Augen zu, bis es nur ein winziger Punkt im riesigen Universum war.

Später habe ich mal gehört, dass sich Astronauten auf der Internationalen Raumstation erschrocken haben, als plötzlich ein Teufelsgesicht vor den Luken vorbeizog. Ich denke, ich weiß, was es war. Und auch wer es gemacht hat ☺.

• • •

Du kannst es aufpusten, aber es ist kein Luftballon. Es ist aus Papier, aber es lässt sich mit Luft füllen. Lass dich überraschen!

 Dauer: 30 Minuten

Schwierigkeitsgrad:

 **Zutaten:**

- 1 Blatt normales A4-Papier
- 1 Schere
- Filzmaler
- Fingerspitzengefühl

 **Perfekt vorbereitet**

Das ist etwas für geschickte Hände. Aber die hast du ja ☺.

Nimm das Blatt Papier und falte es zu einem Dreieck. Den schmalen Streifen, der jetzt übersteht, kannst du abschneiden, denn du brauchst ein quadratisches Blatt Papier.

Falte das Blatt dann wieder auseinander und knicke es so zu einem Dreieck, dass ein «X» auf dem Blatt Papier entsteht. Falte nun das Blatt

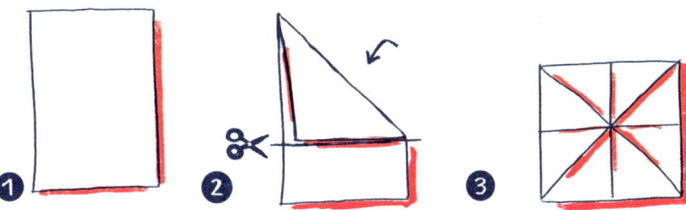

gerade in der Hälfte, einmal von links nach rechts und einmal von oben nach unten. Dann hast du ein «+» hinzugefügt und einen Stern in das Papier gefaltet.

Es wird knifflig

Forme das Papier zu zwei Dreiecken, die aufeinanderliegen, wie in der Zeichnung. Dazu faltest du es noch einmal in der Hälfte, an einem der geraden Knicke, und drückst es dann an den schrägen Falten seitlich ein. Das ist ein bisschen kompliziert, aber du kriegst es schon hin.

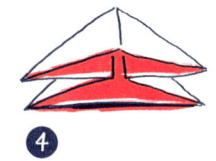

Vom oberen Papierdreieck nimmst du die Ecke unten rechts und führst sie zur Spitze. Halte die Ecke dort fest und knicke das Papier. Mit der linken Ecke machst du es genauso. Nun hast du eine Raute aus dem oberen Dreieck gemacht.

Nimm von der Raute die Kante unten rechts und führe sie zur Mitte. Streiche das Stück glatt, sodass ein Knick ins Papier kommt. Die Kante legst du aber wieder zurück. Dann machst du das Gleiche mit der linken Kante.

Danach wiederholst du das Ganze mit den oberen Kanten der Raute.

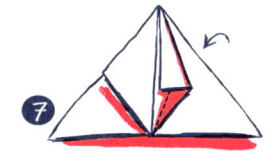

Mit Hilfe dieser Knicke kannst du nun zwei Griffe in deine Papierkonstruktion falten, so wie auf dem Bild. Diese Griffe knickst du zur langen Seite des Dreiecks hin um.

Und jetzt machst du noch einmal genau dasselbe mit dem Dreieck auf der Rückseite.

Fertig? Fast fertig.

Gib alles!

Nun hast du eine Art Fuchskopf mit spitzen Öhrchen gefaltet. Schneide ihm an einer Seite die Nase ab (ca. einen halben Zentimeter).

Nimm den Fuchskopf in die Hand und fasse ihn von unten an zwei Ohren, mit jeder Hand ein Ohr. Puste beherzt und kräftig in das spitze Ende hinein …

Gut gemacht

… und die Konstruktion bläht sich auf (vielleicht musst du beim ersten Mal ein ganz klein bisschen an den Ohren ziehen). Zwei Papierspitzen gehen nach oben und ragen in die Luft, der Kopf ist etwas dreieckig, und du kannst einen Mund erkennen. Ganz klar, das ist ein Teufelchen, ein Papierteufelchen, und ihr werdet gute Freunde werden, denn dieses Teufelchen lässt sich viele Male verwenden (wenn man nicht hineinsabbert), und platzsparend transportieren lässt es sich auch.

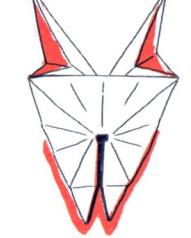

Aber es fehlt ein Gesicht. Das verpasst du ihm am besten in aufgepustetem Zustand vorsichtig mit einem Filzschreiber: Augen, Nase, ein paar Haare und rote, glühende Hörner. Zeichne am besten auf die Seite, auf der kein Puste-Loch ist. So kann man die schreckliche Teufelsfratze sofort sehen!

Zum Zusammenfalten musst du vorsichtig von oben aufs Gesicht drücken und seitlich die Backen eindrücken. Zum Schluss wieder die Griffe falten. Fertig ist der Teufel zum nächsten Gebrauch.

Was ist da los?

Bei dieser Bastelei hast du aus etwas Flachem etwas Räumliches geschaffen. Experten würden sagen, du hast aus etwas Zweidimensionalem wie dem Blatt Papier etwas Dreidimensionales wie das Teufelchen geschaffen. Du hast eine ganz neue Dimension hinzugefügt!

Was ist eine Dimension?

Eine Dimension ist die Ausdehnung eines Körpers. Ein Punkt hat keine Dimension (sonst wäre er kein Punkt). Ein Strich hat immerhin schon eine Dimension: die Länge.

Ein Blatt Papier besitzt schon zwei Dimensionen: Länge und Breite. Ein Würfel hat drei Dimensionen: Länge, Breite und Höhe. Und genau genommen besitzt auch ein Blatt Papier drei Dimensionen, denn es ist nicht unendlich dünn. Alle Gegenstände haben drei Dimensionen.

Gibt es noch mehr Dimensionen? Die Zeit kann man als vierte Dimension sehen. Wissenschaftler rechnen sogar mit tausend und mehr Dimensionen, aber das können wir uns als Menschen gar nicht mehr vorstellen.

Falten, überall wird gefaltet

Wenn du dir ein Papierteufelchen faltest, ist das mehr als Spielerei. Denn im Leben wird viel gefaltet. Nimm den Regenschirm. Aus einem dünnen Stab lässt sich ein großer Schirm aufspannen, der dich trocken hält. Der Osterhase oder der Weihnachtsmann aus Schokolade sind in Stanniolpapier eingepackt. Wenn du es vorsichtig abmachst und glatt streichst, kannst du zwar die Figur erkennen, aber sie ist ganz verzerrt. Bei der Produktion wird das Stanniol so geschickt um die Schokolade gefaltet, dass eine echte dreidimensionale Figur zu sehen ist.

Der Airbag im Auto soll wenig Platz verbrauchen, aber sich ganz groß aufblähen, wenn er gebraucht wird. Dazu steckt der Stoff trickreich zusammengefaltet mit dem Sprengstoff, der ihn herausschleudert und aufpustet, in einer Röhre.

Aus Porzellanfolie gibt es faltbares Geschirr, das im Küchenschrank wenig Platz braucht, auf dem Tisch aber seine Aufgabe erfüllt.

Und natürlich können Stadtpläne raffiniert gefaltet werden. Beim Öffnen klappen sie dann auf wie eine Blüte, und beim Zuklappen verschwinden sie wieder von alleine im Umschlag.

Die Natur macht's vor, wir machen's nach

 Niemand kann kunstvoller falten als die Natur. Hast du mal betrachtet, wie raffiniert eine Blüte gefaltet ist und wie sie sich entfaltet? Ein schönes Beispiel ist die Hibiskusblüte, die sich aus den Schutzblättern herausschraubt.

Im Puppenstadium haben Schmetterlinge ihre Flügel kunstvoll gefaltet, damit sie wenig Platz einnehmen. Nach dem Schlüpfen breitet das Insekt die frischen Flügel aus und kann sie danach nie mehr so zusammenfalten wie vorher. Ganz im Gegensatz zum Marienkäfer. Seine zarten Hautflügel sind viel größer als die schützenden Deckflügel. Trotzdem passen sie darunter, weil er sie geschickt zusammenfaltet.

Solche Ideen schauen wir Menschen uns gerne von der Natur ab und übertragen sie in unsere technische Welt. Dieses Prinzip heißt «Bionik» – eine Mischung aus «BIOlogie» und «TechNIK».

Die Kunst vom Falten

In Japan ist Papierfalten eine hohe Kunst. Sie heißt «Origami». Man braucht nur ein einziges Blatt Papier dazu, das – wie bei deinem Papierteufelchen – meist quadratisch ist. Oft ist es mit schönen Mustern bedruckt. Schere und Klebstoff sind ein «No Go», und alles muss durch Falten halten. Wenn man's echt draufhat, kann man ziemlich alles falten – etwa einen ganzen Zoo mit Tieren, von der Maus bis zum Elefanten. Dabei hat jeder Kniff einen Namen. Die Griffe beim Papierteufelchen heißen in der Fachsprache «Hasenohren». Und irgendwie passt das.

Und auch Stoff lässt sich falten, das kennst du bestimmt von den schick gefalteten Servietten bei Familienfesten.

Falten, bis der Arzt kommt

Falten haben es bis in die Medizin geschafft. Und damit sind nicht die im Gesicht von Oma oder Opa gemeint.

Ein «Stent» ist ein Röhrchen, das Adern, aber auch die Luft- oder Speiseröhre offen hält und aus Draht besteht. Es muss möglichst klein sein, wenn es einfach in den Körper gelangen soll. Im Körper soll es sich aufklappen und größer werden. Dazu wird der Draht so geschickt gebogen oder besser: gefaltet, dass der Stent erst klein genug ist, um problemlos in das verstopfte Organ geschoben zu werden, und dann groß genug ist, um es offen zu halten, sodass Blut, Luft oder Nahrung wieder hindurchströmen können.

Origami im Weltraum

Wenn Satelliten oder Raumsonden ins All geschickt werden sollen, muss man sie an Bord einer Rakete dorthin transportieren. Dabei dürfen sie nicht viel Platz verbrauchen, denn in einer Rakete ist es eng. Im All sollen sie jedoch ihre Sonnensegel mit den Solarzellen ausklappen, die sie mit Energie versorgen. Und je größer die Sonnensegel sind, desto mehr Licht können sie einfangen, und desto mehr Energie bekommt der Satellit oder die Sonde. Satelliten und Raumsonden sollen also gleichzeitig besonders klein und besonders groß sein. Wie kann das gehen?

Ganz einfach: Die Sonnensegel werden so geschickt gefaltet wie die Blütenblätter einer Pflanze. Denn auch riesige Blüten sind am Anfang in einer klitzekleinen Knospe verpackt. Das geht besonders gut bei den neuartigen Sonnensegeln, die nur aus einer hauchdünnen Folie bestehen, so ähnlich wie die Rettungsfolie aus dem Verbandskasten im Auto. Auf die Folie prasseln winzige Lichtteilchen und schubsen so die Raumsonde an. Dank dieses «Sonnenwindes» segelt die Sonde richtig durch das All, fast wie ein Boot.

Unfreiwilliges Bällebad
oder: Popcorn ist alles

Fremde Planeten sind echt interessant. Und sie sind auch für manche Überraschung gut.

Wir waren lange genug geflogen und fingen gerade an, uns wieder zu langweilen. Langeweile ist immer ein gutes Zeichen dafür, dass mal wieder was passieren muss. Da kam uns dieser Planet gerade recht: ein großer roter Ball, der von innen zu glühen schien.

«Cool!», schwärmte Vanessa sofort. «Der sieht ja heiß aus.»

«Genau das wird er auch sein», meinte Metin.

«Wir gehen hier nicht ohne Schutzkleidung raus», sagte ich bestimmt. Wir schlüpften also in unsere Raumanzüge und machten uns auf in die Schleuse. Wir mussten etwas auf Metin warten, der noch irgendwo herumtrödelte, aber dann ging es los.

Der Planet war sauheiß. Wir schwitzten und nannten ihn «Backofen 180», weil es bestimmt 180 Grad heiß war wie in einem Backofen. Zum Glück waren unsere Raumfahreranzugschuhsohlenbeschichtungen feuerfest und hielten die Hitze ab, sonst hätten wir bestimmt das Gefühl gehabt, über glühende Kohlen zu laufen.

«Wer auf so einem Planeten leben tut, tut selbst schuld sein», hörte ich Hamsta über die Helmeinbaufreisprechanlageneinrichtung murmeln. Ich konnte mir nicht vorstellen, dass hier Leben existierte.

«Ein paar Backerbsen vielleicht?», flachste Metin.

Leider hatte Metin recht. Auf Backofen 180 gab es tatsächlich Backerbsen. Zumindest sahen die Dinger so aus. Sie rollten aus allen Richtungen auf uns zu und umspülten uns wie Meerwasser. Schnell standen wir knöcheltief in den kleinen Kugeln.

«Das ist ja wie im Bällebad», freute sich Vanessa.

«Die kleine Vanessa möchte aus dem Kinderparadies abgeholt werden», witzelte ich und Vanessa zeigte mir etwas, was ich hier nicht schreiben darf.

Leider war's kein Bällebad. Oder ein ganz unheimliches, gefährliches, denn die Kugeln wurden immer mehr. Dann bemerkten wir, dass sie so heiß waren wie der ganze Planet. Und nun reichten sie uns schon bis zu den Knien, und wir kamen nur noch langsam voran.

«Leute, langsam wird's ungemütlich», funkte Metin, und Hamsta ergänzte: «Das tut jetzt nicht mehr lustig sein.»

Bis zu den Oberschenkeln wateten wir durch das Meer aus kleinen heißen Kugeln, und unsere Raumanzüge konnten kaum noch die Temperatur halten. Die Innenraumtemperaturkontrollanzeige spielte verrückt – noch etwas länger, und wir würden gebraten werden.

«Gebratene Hamster tun gaaanz schlecht schmecken», jammerte Hamsta, der sein Fell schon nassgeschwitzt hatte.

Allein Metin behielt die Fassung. «Dreht euch bitte ganz vorsichtig um», murmelte er, «und schaut zum Raumschiff.» Das Umdrehen ging ja noch, aber ein Weitergehen war jetzt unmöglich. Die backerbsenartigen Außerirdischen standen uns bis zur Hüfte. Sie waren nun so nah, dass ich sie mir genauer anschauen konnte. Und ich sah funkelnde Augen und kleine, sabbernde Mäuler mit spitzen Zähnen. Hungrige Backerbsen!

Backerbsen, die allerdings nicht mit uns, die nicht mit Metin rechneten. Er griff in seine Taschen und hatte plötzlich die Hände voller Maiskörner. Ich fasste es nicht. Deswegen hatte er so herumgetrödelt! Wieso hatte er ausgerechnet Mais eingesteckt?! Er warf ihn in die Luft, und es regnete kleine gelbe Körner. Dann war es wieder still.

«Toll, Metin!», rief ich. «Hast du nichts Besseres zu tun? Wir kämpfen um unser Leben, und du willst hier lieber Popcorn machen, oder wie?»

«Genau das», erwiderte Metin fröhlich und zwinkerte mir geheim-

nisvoll zu. Dann verstand ich. Plötzlich begann es überall zu knallen, zu krachen, zu poppen. Weißes Popcorn quoll zwischen den außerirdischen Backerbsen hervor, und sie stoben auseinander und kullerten in alle Richtungen davon. Schwuppdiwupp war keine einzige Backerbse mehr zu sehen, dafür liefen wir über einen weißen Teppich aus friedlichem Popcorn. Zum Genießen war leider keine Zeit, denn in der Ferne rollten die Backerbsen schon wieder heran.

«Auf zum Schiff!», rief Hamsta, und wir rannten zurück zur «Frau Müller». Die Leiter hoch, reinfallen lassen und Luke zu. Wir waren gerettet. Draußen sahen wir eine Armada von Backerbsen herumkullern, doch sie konnten uns nicht mehr erreichen. Beim Popcorn machten sie halt, und wir konnten das Knuspern bis ins Raumschiff hören, aber da hoben wir schon ab.

«Wie um alles in der Welt tust du auf Popcorn kommen, Metin?», wollte Hamsta wissen.

«Ihr kennt mich eben schlecht», antwortete Metin geheimnisvoll. «Wenn ich nachts vor Heimweh nicht schlafen kann, mache ich mir etwas Popcorn und setze mich damit vors Panoramafenster. Das ist wie Kino zu Hause.»

«Irgendwann sind wir auch wieder zu Hause», tröstete ich ihn.

Hamsta drückte sich ganz eng an uns. «Ja, das tu ich euch versprechen», sagte er.

• • •

Lust auf Popcorn? Nicht zu viel. Ein einziges reicht. Dafür ist es ein besonders großes.

 Dauer: 20 Minuten

Schwierigkeitsgrad:

 **Zutaten:**
- Feine Speisestärke (Maisstärke)
- Etwas Wasser
- 1 Ü-Ei («Kinder-Überraschung»)
- 1 Mikrowellengerät
- 1 kleine Schüssel
- 1 Teelöffel
- 1 unerschrockener Erwachsener +

Perfekt vorbereitet

Fülle etwa 2 gehäufte Teelöffel Speisestärke in die Schüssel. Gib etwas Wasser dazu und verrühre beides zu einem zähen Brei.

Es wird knifflig

Jetzt kommt das Schwierigste. Du nimmst ganz vorsichtig das Ü-Ei aus der Folie und öffnest es. Eine Hälfte der Schokolade gibst du deinem Erwachsenen, die andere Hälfte ist für dich. Gemeinsam legt ihr einen Countdown hin, also ihr zählt von zehn rückwärts bis null. Bei «null» stopft ihr euch so schnell wie es geht die Schokolade in den Mund. Guten Appetit!

Was du für dein Experiment brauchst, ist «das Gelbe vom Ei», also das Plastik-Ei im Inneren. Öffne es und leere es aus. Während dein Erwachsener schwer damit beschäftigt ist, das Spielzeug daraus zusammenzubauen, füllst du die größere Hälfte des Ü-Eies mit der Stärke-Pampe. Dann klappst du das Ei zu. Achte darauf, dass die Ränder sauber sind, damit es auch dicht schließt.

Gib alles!

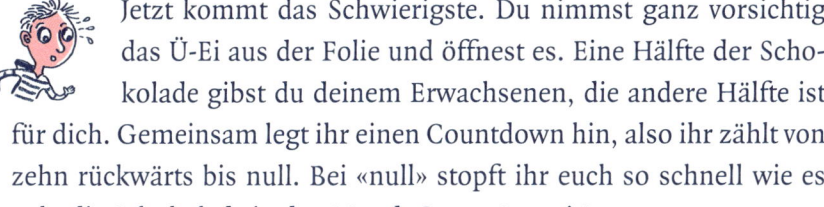

Wenn dein Erwachsener das Spielzeug aus dem Ü-Ei erfolgreich zusammengesetzt hat und du kontrolliert hast, ob er das auch korrekt gemacht hat, legst du das gefüllte Ü-Ei in die Mikrowelle und klappst die Tür zu. Dein Erwachsener darf jetzt die höchste Stufe einstellen, und du schaltest das Gerät an. Jetzt wird's kriminell ...

Das Ü-Ei fährt Karussell oder döst vor sich hin.

Gut gemacht

Plötzlich knallt es! Dann stellst du
die Mikrowelle aus. Ihr öffnet das
Gerät und schaut hinein: Das Ü-Ei
ist regelrecht explodiert und weiß-
liche Pampe quillt heraus.

Was ist da los?

Es ist genau das Gleiche passiert wie beim Popcornmachen.
Nur dass hier ein einziges, großes Popcorn poppt. Was du
gebaut hast, ist ein Modell-Popcorn. Damit kannst du nach-
vollziehen, was in einem kleinen Maiskorn beim Poppen passiert.

Maiskörner für Popcorn haben eine besonders feste, harte Schale –
genau wie dein Ü-Ei. In ihrem Inneren befindet sich Maisstärke und
... Feuchtigkeit, also Wasser. Beim Erhitzen beginnt
das Wasser in den Maiskörnern zu sieden. Heißes
Wasser wird zu Wasserdampf und braucht viel mehr
Platz als vorher. Dabei baut sich enormer Druck im

Maiskorn auf. Irgendwann wird der Innendruck so groß, dass die
Schale nicht mehr hält und mit einem lauten Knall platzt – wie dein
Modell-Popcorn. Der Wasserdampf kann entweichen, und auch die
heiße Stärke, die durch den Wasserdampf aufgeschäumt wurde, quillt
heraus. Draußen erkaltet die Stärkemasse schnell und wird fest. Pro-
biere einmal von deinem Modell-Popcorn. Schmeckt es so ähnlich wie
echtes Popcorn?

Starke Stärke

Stärke ist echt stark. In ihr ist sehr viel Energie in chemischer Form
gespeichert. Pflanzen legen sich Stärkevorräte an wie wir Menschen
Fettpolster. Die Stärke ist aber nur zum Speichern geeignet – damit

Pflanzen die gespeicherte Energie verzehren können, muss sie in Dextrose, Traubenzucker, umgewandelt werden.

Alle Pflanzen, die große Stärkevorräte bilden, sind auch wichtige Nahrungsmittel: Kartoffeln, Mais, Maniok, Reis und Weizen. Sie versorgen uns mit Kohlehydraten, die wir zum Leben brauchen, sind also Energie zum Essen.

Krach – Bumm – Peng

So wie dein Modell-Popcorn funktioniert jeder Knallkörper. Chinakracher, Kanonenschlag oder Knallfrosch – immer wird etwas gesprengt. Im Feuerwerkskörper befindet sich dick eingepackt etwas Schwarzpulver, das von außen mit der Lunte entzündet wird. Es verbrennt unglaublich schnell, nämlich sofort. Dabei entsteht eine große Menge Abgase, die viel Platz brauchen. Sie bringen mit gewaltiger Kraft die Hülle des Böllers zum Bersten, und es knallt! Ohne die dicke Hülle gäbe es nur ein schnelles Feuer wie bei einem Streichholz.

Für andere Sprengungen, etwa im Bergbau, nimmt man Sprengstoffe wie Dynamit oder TNT, die schon in kleinen Mengen sehr viele Gase erzeugen und etwa Gestein sprengen können.

Gute und böse Explosionen

Explosionen nutzen wir auch beim Autofahren, deswegen heißen Motoren, die mit Kraftstoff fahren, Explosionsmotoren. Bei jeder Explosion werden einige Tropfen Treibstoff verbrannt. Die Explosion drückt im Motor einen Kolben nach oben, der wiederum eine Welle antreibt, die sich dreht. Wenn Motoren also knattern, sind das viele Explosionen schnell hintereinander.

Feuerwaffen funktionieren ebenfalls immer mit Explosionen, die etwa ein Projektil durch einen Gewehrlauf drücken. Auch Massenvernichtungswaffen wie Atombomben entfalten ihre verheerende Wirkung vor allem durch eine riesige Druckwelle, die sie erzeugen.

Mit Explosionen zeichnen

Vielleicht hast du schon einmal eine «Explosionszeichnung» gesehen. Sie sieht aus, als ob innen in einem Gerät ein Böller explodiert ist und gerade alle Bauteile nach allen Richtungen davonfliegen. So eine Zeichnung zeigt prima, wie das Gerät, z. B. ein Computerdrucker, aufgebaut ist, wie die einzelnen Gehäuseteile ineinandergreifen und wo die Schrauben sitzen.

Ein ungebetener Gast
oder: Die Staubsauger-Kanone

Besuch kann nett sein. Wenn er nicht ungebeten kommt. Und sich benehmen kann.

Nein, es war kein Stern und keine Sternschnuppe, was vor unserem Panoramafenster herumflog. Es war auch kein Komet, Asteroid oder Meteorit. Es war nur ein einfaches Raumschiff.

«Achtung, fremder Besuch tut näher kommen», trötete Hamsta in sein Mikrophon. Wenn der Käpt'n sich wichtigmachen wollte, sprach er nie direkt mit uns, sondern benutzte die Lautsprecheranlage im Raumschiff. Dabei drehte er die Lautstärke voll auf, sodass uns fast die Ohren wegflogen. Kaum hatte er seine Durchsage gemacht, klopfte es an der Schleuse. Vanessa ging hin, um nachzusehen, wer uns besuchen wollte. Doch kaum hatte sie einen Blick durch das Bullauge geworfen, sprang sie zurück.

«Igittigittigitt», rief sie.

Es klopfte noch einmal. Jetzt ging Metin hin und schaute durch die Luke. «Ich glaub, ich steh im Wald, und alle Rehlein sagen ‹Du› zu mir!», rief er und kam schleunigst zurück.

Und noch einmal klopfte es. Ich ging zur Schleuse und sah durch die Luke. Es verschlug mir die Sprache.

Da dröhnte Hamsta durch die Lautsprecher: «Das tut ja wohl nicht wahr sein. Nicht alle Lebensformen tun so knuffig aussehen wie ich. Mach schon auf!»

Ich öffnete zaghaft die Schleuse und das Ding kam rein.

Es war so groß wie wir, aber ganz grün. Es hatte vier Beine, drei Arme und zwei Antennen mit roten, leuchtenden Kullern dran. Irgendwie niedlich.

«Irgendwie unheimlich», sagte Metin, der neben mich getreten war. «Das ist bestimmt ein Alien.»

«Das tut ein außerirdisches Alien sein», plärrte Hamsta in die Anlage. Logisch.

Das außerirdische Alien war von uns nicht so beeindruckt wie wir von ihm. Es latschte durch das Raumschiff, fasste überall an und hinterließ rote Tapsen mit seinen grünen Pfoten. Es zog jede Schublade auf, schmiss alles durcheinander und knallte die Schubladen zu.

«Darf ich fragen, wie du heißen tust?», fragte Hamsta immer noch über die blöde Anlage. Das Alien-Ding zuckte zusammen und nuschelte etwas, das sich wie «Jgfhhlk», anhörte.

«Ähm», räusperte sich Hamsta lautstark, «mit 200 Jahren tu ich zwar nicht mehr der Jüngste sein, aber ich tu immer noch fein hören. Wie heißt du?»

«Bjnhklmöl», murmelte das Alien-Dingens, das jetzt auf dem Weg in die Bordküche war.

Das war keine gute Idee, denn die Küche war Hamstas und Metins Heiligtum.

«Wenn das irgendwas anfasst, dann gnade ihm Dingsbums», zischte Metin und knirschte mit den Zähnen.

Das war dem Alien so was von egal. Es durchwühlte die Besteckschublade. Es nahm die Schneidemesser aus dem Messerblock und warf sie geschickt aufs Schneidebrett, wo sie zitternd stecken blieben. Es öffnete die Kühlschranktür und griff nach ... Da war Hamsta bei ihm und langte ihm eine. Aber kaum dass Hamstas Pfote das Alien berührte, jaulte der Käpt'n auf und wurde rückwärts durch die Luft katapultiert.

Das konnte Vanessa nicht mit ansehen, die Hamster liebte und Gewalt hasste. Sie packte das Ding und ... flog ebenfalls schreiend durch die Luft.

«Das sah richtig cool aus», meinte Metin anerkennend, und er meinte es ernst. Vanessa hielt sich die Hand.

«Das war, als ob ich an einen Weidezaun gefasst hätte, so elektrisch», jammerte sie. Anscheinend hatte das Alien einen Abwehrmechanismus, gegen den wir machtlos waren. Vielleicht waren wir machtlos ... Na ja, nicht ganz. – Nein, auf gar keinen Fall!

Während das Alien-Biest im Kühlschrank verschwand, holte ich schnell zwei große Rohrstücke von einer stillgelegten Leitung und zerrte den Staubsauger hervor. Dann steckte ich die Rohre zusammen und verband sie mit dem Staubsaugerrüssel.

«Das tut ja jetzt nicht wahr sein», entrüstete sich Hamsta, «wir tun hier kämpfen, und Kim denkt nur ans Saubermachen.»

«Nein», sagte ich, «das hier ist Selbstverteidigung in Vollendung.»

«Hä?» Vanessa tippte sich an die Stirn. Na ja, sie würden schon sehen.

Ich schaltete den Staubsauger auf höchste Stufe, und ein Heulen erfüllte das Raumschiff. Hamsta hielt sich seine empfindlichen Ohren zu. Ich richtete ein Ende des Rohres in Richtung Schleuse, das andere Ende hielt ich dicht vor den Kühlschrank. Da ging die Tür auf, und das außerirdische Alien latschte heraus. Ich hielt das Rohr dicht über seinen Kopf und – *wuuusch* – wurde es eingesogen und – *schlonk* – flog es auf der anderen Seite in hohem Bogen raus, direkt in die Schleuse. Hamsta schloss geistesgegenwärtig die Innen- und öffnete die Außentür. *Zack* war das Dingens draußen und mümmelte mit dicken Backen im All schwebend vor sich hin.

Wir putzten den ganzen Tag die außerirdischen Tatscher weg und räumten die Schubladen ordentlich ein. Nur die Muffins aus dem Kühlschrank blieben verschwunden.

• • •

Ein Staubsauger als Kanone? Wie soll der etwas wegschießen, wo er doch alles ansaugt? Lass dich überraschen!

 Dauer: 30 Minuten

Schwierigkeitsgrad:

Zutaten:

- 1 HT-Rohr DN 40, 100 Zentimeter (aus dem Baumarkt)
- 1 HT-Abzweig DN 40/40, 45° (aus dem Baumarkt)
- 1 Ü-Ei («Kinder-Überraschung»)
- 1 Staubsauger (mit Saugrüssel)
- 1 Postkarte
- 1 Erwachsener, der noch nicht weiß,  was da auf ihn zukommt

Perfekt vorbereitet

Gehst du auch so gerne in den Baumarkt? Dort gibt es die ausgefallensten Sachen. Von den meisten Dingen weiß man gar nicht, wofür sie gut sein sollen. Man kann aber auch was ganz anderes mit ihnen anstellen. So wie du!

Gehe im Baumarkt in die Sanitär-Abteilung, wo es alles rund ums Wasser gibt: Waschbecken, Kloschüsseln, Wasserrohre. Die Rohre für Trinkwasser sind dünne Kupferrohre, die Abwasserrohre sind viel dickere, graue Plastikrohre, durch die auch der Schmutz im Wasser passt. Dort holst du ein sogenanntes HT-Rohr DN 40 mit 40 Millimetern Durchmesser und 1 Meter Länge. Außerdem noch ein Spezialbauteil, eine Art «Wasser-Weiche», einen HT-Abzweig DN 40/40, 45°. Das ist ein Rohr, das aussieht wie ein Y.

Es wird knifflig

Das Geniale an den grauen Abwasserrohren ist, dass sie sich ganz einfach zusammenstecken lassen. Du steckst nun den dicken Knubbel des Abzweigs, die sogenannte «Muffe», auf das dünne Ende des 1-Meter-Rohres. Mit etwas Drehen bekommst du ihn gut drauf. Das war's fast auch schon. Doch jetzt kommt das Schwierigste.

Du nimmst das Ü-Ei aus der Hülle, brichst es vorsichtig in seine beiden Hälften und reichst deinem Erwachsenen eine Hälfte. Stopft euch die Schokolade auf einmal in den Mund (das ist wichtig)! Du brauchst das Gelbe vom Ei – ohne Spielzeug drin. Leere es also aus und verschließe es wieder.

Dein Erwachsener darf den Staubsauger holen und schon mal den Stecker einstöpseln, aber noch nicht einschalten (Erwachsene sind manchmal etwas voreilig). Du brauchst nur den Saugrüssel, den du in den Seitenanschluss des HT-Abzweiges drückst, das darf aber auch gerne der Erwachsene übernehmen, dann hat er was zu tun.

Das war's auch schon, es kann losgehen!

Gib alles!

Lege das Ü-Ei auf den Boden und halte das Rohr senkrecht, mit dem Abzweig und dem Staubsaugerrüssel dran nach oben. Schaltet den Staubsauger auf höchster Stufe an. Sofort zischt die Luft durch das Rohr, und der Staubsauger heult dabei. Welch ein Lärm – herrlich. Jetzt legst du die Postkarte obendrauf. Sie wird sofort festgesaugt, weil der Staubsauger ja die Luft ansaugt. Jetzt strömt nur noch von dem einzigen offenen Ende unten Luft in das Rohr. Und dieses Ende hältst du gleich dicht über das Ü-Ei. Dann legt ihr gemeinsam einen Countdown hin: Zehn – neun – acht ... null!

Postkarte

Gut gemacht

Schwups, schon kommt das Ei oben herausgeflogen,
und die Postkarte wirbelt durch den Raum. Du hast eine
echte «Ü-Ei-Abschussrampe» gebaut. Glückwunsch!

GANZ WICHTIG: Ziele mit dem Rohr NIE auf Menschen oder Tiere.
Erstens ist es gefährlich, und zweitens zielt man nicht auf Lebewesen,
das gehört sich so.

Was ist da los?

Deine Konstruktion ist eine «Vakuum-Kanone» und so einfach wie trickreich. Der Staubsauger macht ja nichts anderes
als Luft ansaugen, aber das kräftig. Nun, das ist Sinn und
Zweck eines Staubsaugers. Zunächst wird an beiden Enden des Rohres Luft angesogen. Verschließt du ein Ende mit der Postkarte, kann
die Luft nur noch durch das andere Ende einströmen. Das macht dem
Staubsauger Mühe, er wird sofort lauter. Die einströmende Luft reißt
alles mit sich. So passiert es auch mit dem Ü-Ei, das du ins Rohr ein-
saugst. Im Rohr wird das Ü-Ei beschleunigt, und es wird so schnell,

dass es oben nicht mehr abbiegen kann, um im Staubsauger zu verschwinden. Stattdessen saust es mit Schmackes am anderen Ende heraus und kann – je nach Länge des Rohres und Saugstärke des Staubsaugers – mehr als 10 Meter weit fliegen.

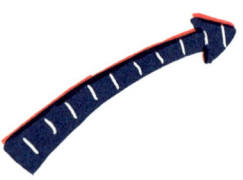

Vakuum macht schnell

Nach einem ganz ähnlichen Prinzip wie bei der Vakuum-Kanone kannst du vielleicht in einigen Jahrzehnten durch die Gegend reisen. Chinesische Wissenschaftler arbeiten am «Super Maglev», einem Zug, der 2900 Kilometer in der Stunde schnell werden soll. Damit wäre er fast 60-mal schneller als unsere Autos in der Stadt! Zum Vergleich: Die Schallgeschwindigkeit, die nur Düsenjäger knacken, beträgt gut 1200 km/h. Der chinesische Superzug wäre also knapp zweieinhalbmal so schnell unterwegs wie der Schall ...

Dazu verwenden die Forscher an der chinesischen «Southwest Jiaotong University» in Chengdu die Magnetschwebebahntechnik, wie wir sie in Deutschland vom «Transrapid» kennen. Dieser Zug hat keine Räder, sondern schwebt wenige Zentimeter über einer Betonpiste. Der Transrapid könnte aber nie 2900 km/h erreichen, weil er an der frischen Luft fährt. Über vier Fünftel seiner Energie braucht er nur, um gegen den Luftwiderstand anzukommen.

In China setzt man den Zug in eine Röhre, aus der die Luft abgepumpt wird. Dann gibt es dort drin ein Vakuum, einen luftleeren Raum, fast wie im Weltraum. Und da, wo es keine Luft gibt, kann auch kein Luftwiderstand sein. Im Moment fahren die Forscher in ihrer Versuchsröhre im Labor aber nur bescheidene 50 km/h, sie haben also noch ein ganz klein wenig Arbeit vor sich ☺.

Noch kühnere Pläne hat das Unternehmen «ET3» aus Colorado in den USA. Hier reisen die Menschen in Transportkapseln. Satte 6500 km/h schnell sollen die Kapseln in einer Vakuum-Röhre mit Magnetschwebetechnik durch den Atlantischen Ozean unterwegs sein. Damit wäre man über fünfmal schneller unterwegs als der Schall. Und die Reise von London nach New York würde nur noch eine Stunde dauern. Einmal in Schwung gesetzt, soll die Kapsel im Vakuum fast von alleine dahingleiten. Das klingt verlockend. Aber eine so lange Röhre dicht zu bekommen wird nicht einfach sein. Und es wird sehr lange dauern, bis alle Luft herausgepumpt und ein halbwegs gutes Vakuum entstanden ist.

Vakuum für Teilchen

Wissenschaftler nutzen das Vakuum auch, um Teilchen rasen zu lassen. Sie nehmen dafür allerdings keine leckeren «Teilchen» aus der Bäckerei, sondern Elementarteilchen, die Bausteine der Materie, also Atomkerne und Elektronen. Denn wenn Forscher in die Materie blicken, um herauszubekommen, woraus wir und der ganze Weltraum bestehen, reichen gewöhnliche Mikroskope nicht mehr aus. Die «Mikroskope» für Teilchen sind gewaltige Rennbahnen. In kilometerlangen, armdicken Röhren werden die Bausteine unserer Materie bis nahe an die Lichtgeschwindigkeit beschleunigt, also auf fast 300 000 Kilometer pro Sekunde.

Und was machen die Forscher mit den schnellen Teilchen? Sie lassen sie irgendwo gegenkrachen. Dabei passiert mit den Elementarteilchen das Gleiche, was mit einem Apfel passiert, den man feste gegen eine Wand schmeißt: Sie zerplatzen, und ihre Splitter fliegen durch die Gegend. Die Splitter sind für die Forscher total spannend. Mit haushohen Detektoren fangen sie sie auf. Aus der Größe der Splitter und ihrer Flugrichtung können die Forscher darauf schließen, was beim Aufprall passiert ist und um welche Splitter es sich handelt. Das verrät viel über den Aufbau unserer Materie. Und so findet man völlig abgefahrene Teilchen wie Positronen, eine Art Anti-Elektronen, oder Quarks.

Notration
oder: Der Schoko-Trick

Hunger tut weh. Und Hunger kann Menschen und Hamster zu Raubtieren machen. Hoffen wir, dass es nie so weit kommen möge.

Irgendwie hatten wir uns völlig vergaloppiert. Vanessa war fest davon ausgegangen, dass hinter der Türe in der Speisekammer noch ein Abteil mit Notvorräten kam. Pusteblume. Es war der Notausgang, und wer diese Tür benutzte, landete direkt im Weltraum. Also war überhaupt nichts mehr zu essen da, als wir die Speisekammer leer gefuttert hatten. Zuerst ging es noch. Ich hatte gehört, dass Wassertrinken das

Hungergefühl unterdrücken kann. Also tranken wir alle fleißig Wasser, und tatsächlich, es half. Aber nur für ein paar Stunden.

Dann hörten wir ein Maunzen, wie von einer Katze. «Oh, das tut mir leid. Entschuldigung. Das soll nicht wieder vorkommen tun. Verzeihung. Kann ja mal passieren tun. Ihr habt nichts gehört, ja. War da was? Ich hab nichts gehört!», murmelte Hamsta.

Dann hörten wir einen Löwen knurren. «Wie peinlich», entschuldigte sich Vanessa und hielt sich den Bauch.

Als das Geräusch eines aufheulenden Motors zu hören war, stand Metin auf und sagte, er müsse mal frische Luft schnappen, nur wüsste er nicht, wo.

Mir gelang es im letzten Moment, meinen Magen unter Kontrolle zu halten, denn ein heftiges Gewitter war das Letzte, was wir an Bord gebrauchen konnten.

Auf einmal stand Hamsta auf und lief zu seinem Käfig. Er kramte lange unter seinem Hamsterhäuschen und kam schließlich mit einer Tafel Schokolade zurück. Sie war riesig! Das heißt, sie war noch so groß, wie sie auf der Erde gewesen war.

«Da, ich tue noch einen Notvorrat haben. Ich kann eine ganze Woche davon leben, aber ihr tut euch jetzt wenigstens ein paar leckere Minuten damit machen.» Das Angebot fand ich zwar nett von Hamsta, aber ich weigerte mich, an seine allerletzte Notration zu gehen. Doch davon wollte er nichts wissen.

«Ich bin hier der Käpt'n. Und der Käpt'n tut nicht nur als Letzter von Bord gehen, er tut sich auch für seine Mannschaft aufopfern.» In Notfällen war Hamsta immer eine echte Führungspersönlichkeit und nahm sich völlig zurück.

Mir lief das Wasser im Mund zusammen. Vor meinen Augen wurde die Tafel Schokolade so groß wie ein Fußballfeld. Am liebsten wäre ich wie ein Monster drüber hergefallen, konnte mich aber gerade noch beherrschen.

Vanessa, Metin und ich packten die Schokolade behutsam aus. Sie war ebenso kostbar wie lecker.

«Es kann nicht sein, dass Hamsta für uns verhungert», warf ich ein, und Vanessa und Metin nickten. In diesem Moment hätte ich sie umarmen mögen.

«Na gut», gab Hamsta nach, «ich nehme auch ein Stück, aber ohne euch etwas wegzunehmen.» Es klang wie ein blöder Scherz, doch Hamsta meinte es ernst. Mit seinen Krallen zerteilte er geschickt die Tafel Schokolade, schob sie auseinander, schob Teile umeinander und fügte die Tafel wieder zusammen. Am Schluss lag vor uns wieder eine ganze Tafel Schokolade. Und ein einzelnes Stück.

«Hä, wie hast du das gemacht?», wunderte sich Metin.

«Ganz einfach: damit», erwiderte Hamsta und deutete auf seinen Kopf, «mit der Gehirn-App.»

Während Hamsta an seinem Stück Schokolade nagte (und dabei unglaublich schmatzte), teilten wir die Tafel durch drei und schliefen nach dem Essen glücklich ein. War ich jemals so satt gewesen? Hatte Schokolade schon einmal sooo gut geschmeckt? Dieser Tag war trotz aller Not doch noch ein schöner Tag geworden.

So stecken in Notlagen auch ganz große Gefühle. Mit einem Finger kraulte ich Hamsta am Kinn. Er war bestimmt der großzügigste, klügste und flauschigste Käpt'n im ganzen Universum.

· · ·

Die Schokolade ist immer viel zu schnell aufgegessen. Lege dir ein Stück zurück!

 **Dauer:** 20 Minuten

Schwierigkeitsgrad:

Zutaten:
- 1 klassische Tafel Schokolade, jedoch keine harte Sorte (z. B. Zartbitter, mit Nüssen drin, frisch aus dem Kühlschrank oder so)
- 1 Küchenmesser
- 1 Schneidebrett

Perfekt vorbereitet

Die Schokolade sollte Zimmertemperatur haben, und mit weicheren Sorten wie Nougat funktioniert das Experiment am besten. Packe die Tafel aus, ohne sie zu zerbrechen. Und ohne sie aufzuessen – logo …

Es wird lecker

Eine klassische Tafel Schokolade besteht aus sechs Reihen mit jeweils vier Stücken. Schneide eine Reihe vorsichtig schräg durch: von links unten bis rechts oben. Sie sollte nicht splittern. **Tipp:** Lasse das im Zweifel einen Erwachsenen machen, der die Tafel ersetzen muss, wenn sie ihm beim Durchschneiden zerspringt (die kaputte Tafel Schokolade könnt ihr euch dann teilen). Anschließend brecht oder schneidet ihr vom größeren Stück die linke Spalte ab.

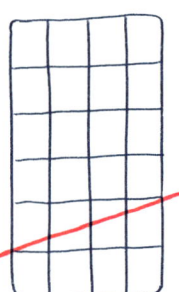

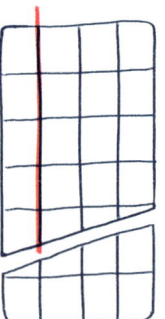

Gib alles!

Das größere Stück Schokolade bewegst du eine Spalte nach links, jetzt ist die linke Seite wieder komplett. Die abge-

schnittene Spalte legst du rechts in die Lücke.
Jetzt ist auch die rechte Seite wieder komplett
und die Schokotafel wieder repariert.

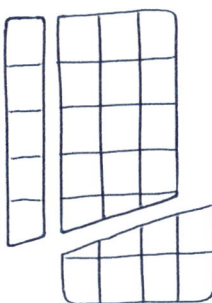

Gut gemacht

Aber halt: Rechts oben ist ein Stück übrig, es ragt aus der
Tafel heraus. Brich es ab und lege es zur Seite. Dieses
Stückchen hast du dir mit der ganzen Arbeit verdient. Heb es dir für
später auf: Wenn du die Schokoladentafel aus dem Experiment verspeist hast, kannst du dich auf ein Extrastückchen freuen. Oder du
gibst es dem erwachsenen Helfer als Anerkennung für seine Leistungen (aber bitte nicht mehr, Erwachsene nehmen sehr leicht zu).

Was ist da los?

Ist es Zauberei? Es ist Wissenschaft! Natürlich kann man aus
keiner Tafel Schokolade ein Extrastück herausholen, und
wenn man noch so gut zaubern kann. Um genau zu verstehen, was da abgeht, bastelst du dir eine Modell-Schokolade.

Nimm ein Blatt Rechenpapier und zeichne eine Tafel Schokolade
auf. Vorschlag: sechs Reihen mit vier Spalten, jedes Stück ist drei Kästchen breit und vier Kästchen lang. Schneide die Papier-Schokoladen-
tafel aus, zeichne einen Strich schräg durch eine Reihe und schneide
die Modell-Schoki hier durch. Schneide vom oberen, größeren, Teil
die linke Spalte ab, setze sie rechts wieder an und schneide das über-

stehende Papierstück ab. Nun ist deine Tafel wieder komplett, und du hast trotzdem ein Stück übrig!

Tatsächlich? Schau dir mal die Reihe an, die du schräg durchgeschnitten hast. Die Schokoladenstücke sind hier nur noch drei Kästchen hoch, in allen anderen Reihen sind es aber vier Kästchen. Die Stücke sind in der zerschnittenen Reihe also ein Viertel kürzer. Bei vier Stücken macht das: $4 \cdot \frac{1}{4} = 1$ Stück! Du hast das «Stück zu viel» aus dieser Reihe weggenommen. Es ist also nicht über, sondern fehlt. Der Trick ist, dass man dies nicht so leicht sieht.

Das Modell

In der Mode gibt es Models, die uns die Mode vom nächsten Frühjahr am eigenen Körper vorführen. Architekten bauen Modelle von ihren Häusern, damit man sich besser vorstellen kann, wie die später aussehen, wenn sie fertig gebaut sind. Und Wissenschaftler haben Modelle, mit denen sie sich ein Bild von der Welt machen. Ein berühmtes Modell ist das Atommodell. Es zeigt den Atomkern mit seinen Kernbausteinen, den Neutronen und Protonen, und die winzigen Elektronen, die um diesen Kern kreisen wie Planeten um die Sonne. Auch die Relativitätstheorie ist «nur» ein Modell, um begreiflich zu machen, wie sich Raum und Zeit in unserem Universum verhalten.

Die Schokoladentafel aus Papier schmeckt zwar nicht so gut wie eine echte, dafür kann man an ihr super sehen, was bei diesem Experiment geschieht.

Kleine Schwankung, großer Gewinn

An der Börse geht es um Geld. Um viel Geld. Und auch um ganz wenig. Winzige Kursschwankungen machen sich oft nur hinter dem Komma bemerkbar, und der Unterschied zwischen 1,2345 und 1,2346 fällt kaum auf. Aber wenn es sich um große Summen handelt, können Milliarden Dollar oder Euro gewonnen – oder verloren – werden. Beim Devisenhandel, also dem Kauf und Verkauf verschiedener Währungen wie Dollar, Euro oder Yen, wird mit hohen Summen in Billionenhöhe gehandelt (also mehr als 1 000 000 000 000). Schon kleinste Schwankungen der Kurse können bei so großen Summen Milliarden ausmachen.

Kleine Ursache, große Wirkung

Die «Chaos-Theorie» sagt, dass kleinste Ursachen große Wirkungen haben können. Ein beliebtes Beispiel ist das des Schmetterlings, der flattert und dessen Flügelschläge auf der anderen Seite der Welt einen Sturm auslösen können. Das soll gehen? In der Theorie ja. Und bei einer Lawine funktioniert es in echt so: Ein Skifahrer kommt von der Piste ab, gerät in Tiefschnee und schiebt etwas Schnee beiseite. Der purzelt den Hang hinunter und nimmt weiteren Schnee mit sich, bis eine gigantische Lawine den Berg hinunterrutscht.

Die Zwei-Grad-Grenze

Weltweit ändert sich das Klima dramatisch. Lange Zeit waren die sogenannten «fossilen Rohstoffe» wie Kohle und Erdöl in der Erde gespeichert. Sie stammen aus der Urzeit unseres Planeten und sind nichts anderes als die Überreste längst vergangener Urwälder. Wir Menschen holen sie nach oben und verbrennen sie, um daraus Energie zu gewinnen. Dabei reichert sich Kohlenstoffdioxid in der Erdatmosphäre, der Lufthülle der Erde, an, und es wird wärmer – wie im Treibhaus. Deswegen heißt dieser Effekt «Treibhauseffekt». Politiker bemühen sich mehr oder weniger, die Erderwärmung auf 2 °C mehr zu begrenzen. Das klingt nach nicht viel. Aber was ist mit dir, wenn du 1 Grad wärmer bist? Dann hast du erhöhte Temperatur, bei 2 Grad mehr sogar richtig Fieber. Was nach wenig klingt, kann erhebliche Auswirkungen haben. Setzen wir alles daran, dass die Erde kein Fieber bekommt.

Fest und /oder flüssig

Das langweiligste Experiment der Welt ist unglaublich lang-sam. Aber der Reihe nach: Im Jahre 1927 starte der australische Professor Thomas Parnell das sogenannte «Pechtropfenexperi-ment». Es läuft bis heute und wird wohl noch lange weiterlau-fen. Parnel nahm einen Glastrichter und füllte ihn mit Pech, um zu beweisen, dass Pech nicht fest, sondern flüssig ist. Pech ist ein Abfallstoff aus der Teerproduktion und so zäh, dass man gar nicht glauben kann, dass es fließt. Doch das tut es, wenn auch seeehr langsam. Und so bilden sich tatsächlich Pechtropfen. Der erste fiel 1938, der zweite 1947, der bislang letzte 2014.

Dabei sind die Betreuer dieses Langzeitexperiments vom Pech verfolgt. Über ein halbes Jahrhundert betreute John Mainstone (1935–2013) diesen Versuch und sah nie einen Tropfen fallen. 1988 ging er sich gerade schnell einen Kaffee holen und ver-passte das Ablösen des Tropfens, im Jahr 2000 fiel die Webcam aus, und vor dem nächsten Tropfen 2014 starb Mainstone mit 78 Jahren an einem Schlaganfall. Trotzdem wird das Experiment fortgeführt, und alle hoffen, dass der nächste fallende Tropfen gefilmt werden kann.

Das Pechtropfenexperiment sagt auch viel über unsere Wahr-nehmung aus. Wir nehmen nämlich nur Veränderungen wahr, bei denen in kurzer Zeit viel geschieht. Das Pechtropfenexperi-ment scheint fast die ganze Zeit stillzustehen, obwohl sich vor unseren Augen ein Tropfen bildet. Nur wenn ein Tropfen sich löst und nach unten fällt, bemerken wir eine Veränderung.

Aua!
oder: Einmal Fakir sein

Noch heute erinnere ich gerne daran, dass ich gesagt habe, wir sollten besser nicht auf diesem Planeten landen. Aber alle anderen hatten ja den Weltraum-koller und wollten unbedingt irgendwo runtergehen.

Dieser Planet hatte nichts Auffälliges. Und die Sensoren zeigten kein biologisches Leben an.

«Was soll dann schon schiefgehen?», war Metin sich sicher.

Vanessa war ausnahmsweise seiner Meinung, und sogar Hamsta pflichtete ihm bei. «Das tun wir jetzt einfach mal machen.»

Gesagt, getan, gelandet. Der Käpt'n legte eine Bilderbuchlandung hin, und als wir in unseren Raumanzügen ausstiegen, tauchten zwei Sonnen den Himmel in wunderschönes grünes Licht.

«Fast wie zu Hause, nur ganz anders», schwärmte Hamsta und stolperte über eine Maus. Zumindest sah das Ding aus wie eine Maus, nur glänzte ihr Fell unglaublich im Sonnenlicht – sie war aus Metall. Und der Adler, der sich plötzlich vom Himmel stürzte und die Maus schnappte, auch. Die Wiese bestand aus dünnen, biegsamen Metall-halmen und die Eingeborenen ebenfalls. Eingeborene?

Plötzlich waren wir umzingelt von lauter Metallwesen, die aussahen wie eine Mischung aus Cowboy und Indianer. Wilde Masken, dicke Gewehre und edle Metallrösser, die um die Mäuler herum Maschinen-ölschaum hatten.

«Wir tun jetzt besser zusammenbleiben», funkte uns Hamsta zu. «Tut euch bitte an den Händen fassen.»

Da wir ja immer taten, was der Käpt'n sagte (hahaha!), klammerten wir uns aneinander. Die Horde wilder Metallwesen umzingelte uns enger und enger, dann nahmen sie uns einfach auf die Hände und trugen uns mit ausgestreckten Armen über ihren Köpfen von unserem Raumschiff fort.

«Freunde, ich glaube, Hamsta hat drinnen den Zündschlüssel stecken gelassen», murmelte uns Metin zu.

«Keine Sorge», zischte Vanessa. «Als wir alle draußen waren, habe ich unser Raumschiff abgeschlossen. Den Zahlencode habe ich mir gut gemerkt, er lautet nämlich … äh … mmhh …»

«Das tut irgendwas sein, aber kein Zahlencode», quäkte Hamsta, dem es langsam unbequem wurde.

Schließlich kamen wir beim Anführer der Maschinenwesen an. Er schaute grimmig drein und hatte so etwas wie dicke Lupen vor den Augen.

«Ihr kennt mich nicht, aber ich kenne euch», hörte ich ihn sagen und wunderte mich, dass er unsere Sprache konnte. «Vor vielen Jahren habt ihr Menschen einmal einen Satelliten ins Weltall geschossen und dort ganz alleine gelassen. Das war ich! Nach langer Zeit bin ich auf diesem Planeten gelandet und habe aus dem, was noch an Technik übrig war, die ersten Wesen geschaffen. Wir konnten uns vermehren und bevölkern nun diesen Planeten in Frieden. Aber wir dulden nur Maschinen unter uns.»

Das hieß also nichts anderes, als dass wir es hier mit einem Herrscher zu tun hatten, der irgendwie ständig schlecht drauf war und was gegen Ausländer hatte, die nicht aus Metall bestanden.

Um zu zeigen, wie überlegen die Maschinenwesen allen anderen Arten im Universum waren, hatten sie sich einen fiesen Test einfallen lassen. Jeder Neuankömmling musste sich auf einen Stuhl mit einem langen, spitzen Dorn setzen, um die sogenannte «Nagelprobe» zu bestehen. Denn das hält man nur aus mit einer Haut aus Metall. Die meisten Besucher hatten deshalb dankend abgelehnt und waren wieder abgedüst. Aber so leicht wollten wir nicht aufgeben.

Ich flüsterte Metin, Vanessa und Hamsta zu, sie sollten sich bitte zurückhalten, egal was ich sagte. Dann teilte ich dem Anführer mit, dass ich die Nagelprobe machen würde, aber ein einziger Nagel sei ja wohl Pipikram.

«Ich will auf hundert solcher Nägel Platz nehmen!», gab ich an.

Sofort hörte ich Metin mit den Zähnen knirschen, Vanessa wurde bleich, und Hamsta blies die Bäckchen auf. Die Maschinenwesen fingen vor Aufregung an, mit den Blechen zu scheppern. Doch ich wusste, was ich tat. Als Einziger von allen in- und ausländischen Kreaturen auf diesem Stern. Und das gab mir Kraft.

Es dauerte etwas, dann wurde eigens ein Stuhl herbeigeschafft, der mit Spitzen nur so gespickt war. Er sah echt furchterregend aus. Metin fiel fast in Ohnmacht, und Vanessa klapperte mit den Zähnen. Hamstas Schnurrbarthaare zitterten, und er kaute auf Holzwolle, um die Anspannung in den Griff zu bekommen, und die Maschinenwesen waren völlig aus dem Häuschen. Auch ihr Anführer war ganz aufgeregt und konnte es gar nicht fassen, dass sich das jemand freiwillig – na ja, nicht ganz – antat.

Ich richtete mich auf und schritt gemessenen Schrittes zu dem doofen Nagelstuhl hinüber, ohne jemanden eines Blickes zu würdigen. Dann stützte ich mich an den Armlehnen ab und ließ mich langsam, ganz langsam, fast schon gemächlich, nieder. Als ich schließlich saß, sagte ich nur: «Echt gemütlich bei euch, Leute. Habt ihr etwas Maschinenöl für uns?»

Dem Anführer fiel das Metallkinn runter, und die Metallwesen raunten etwas von «Der ist ja noch härter im Nehmen als wir».

Da erhob sich der Anführer, gab mir die Hand und bedeutete mir aufzustehen. «Chapeau, mein Freund», krächzte er, «du bist wahrlich kein Weichling. Das verdient unsere maschinelle Hochachtung. Es ist uns eine Freude, euch zu geben, was ihr wünscht. Aber dann verlasst unseren Planeten, sonst könnte unser Selbstbewusstsein ob eurer Härte Schaden nehmen.»

Metin, Vanessa, Hamsta und ich klemmten uns so viele Kanister Gratis-Maschinenöl für unser Raumschiff unter die Arme, wie wir nur tragen konnten, und waren heilfroh, als wir wieder an Bord unserer «Frau Müller» waren.

«Bist du wahnsinnig?», raunzte mich Metin an.

«Was hätte da alles passieren können», schimpfte Vanessa.

Nur Hamsta patschte mir auf den Rücken und sagte: «Kim, das hast du toll getan!»

Und dann war es aber auch an der Zeit, allen Anwesenden zu erklären, wie der Streich funktioniert.

• • •

Auweia, das ist noch mal gutgegangen. So viele spitze Spitzen auf einmal. Das probieren wir gleich aus!

 Dauer: 10 Minuten

Schwierigkeitsgrad:

 **Zutaten:**
- Dicke Pappe (etwa die Rückseite vom Zeichenblock)
- Etwa 20 Reißzwecken
- 1 Luftballon

 **Perfekt vorbereitet**
Schnappe dir die dicke Pappe von der Rückseite eines Schreib- oder Zeichenblocks. Pikse vorsichtig eine Reißzwecke nach der anderen hinein, sodass die Spitzen auf der anderen Seite wieder herauskommen. Befestige alle Reißzwecken dicht nebeneinander auf der Pappe. Auf der einen Seite hast du nun lauter Scheiben, auf der anderen lauter Spitzen. Piks dich nicht!

Es wird knifflig
 Lege die Pappe mit den Reißzwecken auf den Tisch, die Spitzen ragen nach oben. Nimm einen Luftballon, puste ihn auf und knote ihn zu. Er ahnt noch nichts von seinem Schicksal!

Gib alles!

Halte den aufgepusteten Luftballon über die Reißzwecken und drücke ihn auf die vielen Spitzen. Du darfst ruhig etwas stärker drücken.

Gut gemacht

Der Luftballon liegt auf den Spitzen und wird sogar etwas flacher, wenn du drückst. Aber er platzt nicht.

Was ist da los?

Auf einer einzelnen Reißzwecke würde der Luftballon sofort platzen, weil sie mit ihrer Spitze gegen eine winzige Stelle des Ballons drückt. Das hält die Luftballonhaut dort nicht aus und reißt. Bei 20 Reißzwecken verteilt sich aber der Druck, jede Reißzwecke drückt nur noch mit einem Bruchteil davon gegen den Ballon, nämlich nur mit dem zwanzigsten Teil. Das ist viel weniger, und das hält die Luftballonhaut an allen 20 Spitzen aus.

Tipp für Mutige

Bastele dir eine zweite Pappe mit Reißzwecken und drücke sie oben auf den Luftballon. Dann liegt der Luftballon zwischen zwei Reißzweckenfeldern ... und bleibt heil. Oder?

Gute Nacht im Nagelbett

Es gibt Menschen, die schlafen auf Nägeln. Es sieht imposant aus, wenn sich ein Fakir auf ein Brett mit spitzen Nägeln legt. Fakire sind nicht dumm, aber sehr geübt. Sie können sich mit ihrem Körper geschickt auf dem Nagelbrett abrollen, bis sie liegen. Das ist reine

Technik. Dem Fakir geht es dabei genau wie deinem Luftballon: Auf vielen Nägeln lässt es sich gut aushalten, vielleicht sogar schlafen. Bei einem einzigen Nagel hätte auch der beste Fakir der Welt keine Chance. Oft steckt hinter Zauberei harte Wissenschaft. Und eine Portion Spitz-Findigkeit.

Über glühende Kohlen laufen

Auch das sieht unglaublich aus: Menschen laufen mit nackten Füßen über rot glühende Kohlen, ohne sich zu verletzen. Angeblich sind sie in Trance, und dafür wird drum herum jede Menge Hokuspokus veranstaltet. In Wirklichkeit ist es Wissenschaft. Wer's ganz genau wissen will: Physik.

Die glühende Kohle ist zwar 700 °C heiß, aber es ist Holzkohle. Und Holzkohle ist nicht sehr «dicht», sie enthält ziemlich viel Luft. Und Luft leitet Wärme nur schlecht. Also gibt Holzkohle nicht sehr schnell Wärme ab. Der Trick ist aber, dass man über die glühende Kohle läuft und nicht stehen bleibt. So sind die Füße nur kurz in Kontakt mit der heißen Kohle, gehen dann aber sofort wieder hoch. Dabei entsteht ein Luftzug, der die Füße immer wieder äußerlich kühlt. Gleichzeitig werden die Füße auch von innen gekühlt, durch das Blut, das mit 37 Grad Celsius vergleichsweise kalt ist.

ABER ACHTUNG! Sollte ein Nagel in der Kohle sein, können sich auch geübte Feuerläufer verletzen. Nicht, weil sich der heiße Nagel in den Fuß bohren könnte, sondern weil er viel mehr Hitze übertragen kann als Holzkohle. Und das tut richtig weh.

Immer sauber

Hast du schon einmal ein Kohlblatt gesehen? Von Kohlrabi oder Wirsing? Oder die Blätter der Kapuzinerkresse? Sie sehen auf den ersten Blick unscheinbar aus. Aber sobald Wasser draufkommt ... perlt es ab und rollt als Tropfen herunter. Dabei sammelt der Tropfen allen Schmutz von der Blattoberfläche ein und nimmt ihn mit. Wasser kann diese Blätter nicht benetzen. Wie kommt das?

Wenn du dir die Blätter anschaust, siehst du, dass sie matt sind, sie glänzen nicht. Denn ihre Oberfläche ist nicht glatt, sondern hat viele winzige Täler und Berge. Sie sieht in etwa so aus wie dein Reißzwecken-Feld, auf das du den Ballon drückst. Der Ballon berührt nur die Spitzen, aber nicht die Pappe weiter unten. Genauso geht es dem Wassertropfen auf dem Blatt. Hier sind es winzige Täler und Berge aus Wachs: Der Wassertropfen berührt nur die Bergspitzen, findet deshalb keinen Halt und rollt herunter. Das nennt man «Lotus-Effekt».

Mittlerweile gibt es Autos mit einem Lack mit Lotus-Effekt. Diese Karosserien glänzen nicht so schön, dafür reicht ein Regenguss, um allen Dreck abzuspülen. Woher der Name «Lotus-Effekt» kommt? Von der Lotus-Blume! Auf deren Blättern kann sich ebenfalls kein Tröpfchen halten. Sie ist immer sauber und gilt als heilig.

Übers Wasser laufen

Bestimmt sind dir an einem Teich schon mal die Wasserläufer aufgefallen: kleine Insekten, die über das Wasser flitzen. Sie nutzen die Oberflächenspannung des Wassers, also die Haut, die sich an der Grenze vom Wasser zur Luft bildet und die so stabil ist, dass leichte Insekten darauf laufen können. Doch leicht zu sein ist nicht genug. Die Wasserläufer verteilen ihr Gewicht auch auf eine möglichst große Fläche, damit sie nicht einsinken. Dazu haben sie lange Beine, die schräg am Körper herausragen und das Körpergewicht weit weg tragen.

Skifahrer machen es ähnlich. Sie verteilen ihr Körpergewicht auf lange Bretter. Während man mit Schuhen im Schnee einsinkt, kann man mit Skiern auf dem Schnee gleiten – ganz ähnlich wie der Wasser-läufer übers Wasser.

Eiskalte Rettung

Ein kalter Winter ist herrlich, wenn reichlich Schnee liegt und die Was-serflächen zugefroren sind. Ein See mit Eisdecke sieht super aus – und ist supergefährlich. Wer sich zu früh aufs Eis wagt und meint, dass es schon stabil genug sei, kann einbrechen und im kalten Wasser landen.

Die sogenannte Eisrettung ist auch für die Helfer sehr gefährlich. Sie nähern sich mit speziellen Eisrettungs-schlitten, die ihr Gewicht auf eine möglichst große Fläche verteilen. Wenn man keinen solchen Eisret-tungsschlitten hat, hilft schon eine einfache Leiter, die man flach aufs Eis legt und auf die sich der Retter drauflegt, um unbeschadet übers Eis zu kommen.

Metin hält seinen Kopf hin
oder: Die «Todeskugel»

Wer mehr weiß, ist klar im Vorteil. Und kann sich Sachen leisten, die sich niemand anders traut.

Es war wieder so ein langweiliger Tag an Bord der «Frau Müller». Morgens hatten wir uns aus den Kojen gequält, die Zähne geputzt und die Strümpfe gewechselt. Alle zehn Tage war «Strümpfe-Tag», damit es an Bord nicht zu streng roch. Wir mussten unsere Vorräte ja einteilen, und Energie und Wasser waren kostbar. Dieses Mal war Metin dran mit Strümpfewaschen, und wir konnten ihm ansehen, dass er sich darauf freute wie eine Gans auf Weihnachten.

Dann kontrollierte ich routinemäßig alle Lichtschalter, während Vanessa die Vorräte auf Weltraummäuse überprüfte und Hamsta an allen Knöpfen, Schaltern und Hebeln im Cockpit herumspielte wie ein Kind.

Mit anderen Worten: Wir waren alle abgelenkt und bemerkten zu spät, was da auf uns zukam. Hamsta sah es zuerst.

«Ojeojeojeojeojeojeojeoje», jaulte er lauthals, und wir schauten alle in seine Richtung. In dem großen Panoramafenster sahen wir ein übelst schauriges Raumschiff näher kommen und immer größer werden. Es war völlig verrostet und verbeult dazu. Ja, richtig runtergekommen sah es aus. An der Seite war ganz verwaschen die niederländische Fahne zu sehen.

«Scheibenkleister, das tut der Fliegende Holländer sein!», quiekte Hamsta.

Mittlerweile waren wir ja so erfahren, dass wir im offenen Weltraum mit allem rechneten. Aber ausgerechnet ein Geisterschiff? Die gab's normalerweise doch nur auf der Erde, oder? An manchen Tagen lief aber auch alles schief.

Ruckzuck kam das Schrottschiff näher. Es öffnete seinen Bug und ... verschlang uns einfach. Plötzlich war es draußen nur noch schwarz und duster und dunkel, und es waren gar keine Sterne mehr zu sehen. Hamsta schaltete die Triebwerke ab, jetzt hatte eh alles keinen Sinn mehr. Wir saßen so was von fest.

An der Schleuse klopfte es. «Alle Mann aussteigen! Kommt einzeln und mit erhobenen Pfoten heraus», schmetterte eine grässliche Stimme, sodass sich bei uns die Nackenhaare aufstellten.

«Ojeojeojeoje», jammerte Hamsta wieder, «das tut sich böse nach dem Fliegenden Holländer anhören, meinem uralten Erzfeind.»

Der Käpt'n war auf einmal nur noch ein Häufchen Elend mit Fell drum herum. Wir gingen zur Schleuse, und Hamsta trat artig mit erhobenen Pfoten als Erster heraus, dann folgten wir.

«Tut mir Leid, dass wir keine Pfoten haben, dann nehmen wir eben unsere Hände», meinte Vanessa schnippisch, während Hamsta entschuldigend mit den Schultern zuckte.

Der Fliegende Holländer war ein übler Typ, noch übler als Isolde aus unserer Parallelklasse, die immer meinte, dass sie was Besseres sei. Er hatte eine Opernstimme, einen Umhang aus gelbem Ostfriesennerz umgeworfen und die Mütze aus Ölzeug tief ins Gesicht gezogen. Er sang die ganze Zeit und gestikulierte, als ob er im Opernhaus auf der Bühne stünde.

«Sind wir hier im Theater, oder was soll der Mumpitz?», polterte Metin los. Der Fliegende Holländer war fassungslos. So etwas hatte er in seinem dreitausendjährigen Leben noch nie gehört.

«Du-hu-hu bekoooommst eine su-hu-per Spezial-Behandluuuung», sang er Metin ins Gesicht und legte rasch eine Arie nach, dass uns die Ohren wackelten. Und dann entfaltete der Gesang eine ganz erstaunliche Wirkung: Wie hypnotisiert folgten wir dem Geistersinger in die Tiefen seines extremst heruntergekommenen Schiffes, bis wir schließlich in einem großen Raum landeten, in dem eine rostige Kette von der Decke baumelte. Wir wollten uns gar nicht vorstellen, wer hier schon mal wann und warum angekettet gewesen war. Natürlich hätten wir fliehen müssen, aber wir waren immer noch alle wie in Trance. Da schüttelte sich Metin auf einmal.

«Ich schlage dir einen Pakt vor, du fliegender singender Dingsbums», sagte er mit schwacher Stimme und stellte sich dem Geist in den Weg. Der war so perplex, dass er augenblicklich zu singen aufhörte. Schlagartig wurden unsere Sinne wieder klar. Und in die Stille hinein hörten wir Metins Vorschlag, der uns schaudern ließ: «Hängt das dickste, schwerste Rumfass aus eurem maroden Schiff an die Kette und lasst es direkt auf mich zuschwingen. Wenn ich das überlebe, kommen wir allesamt frei, und ihr gebt uns freies Geleit für die ‹Frau

Müller›. Wenn nicht, kann's mir auch egal sein, denn dann bekomme ich gar nicht mehr mit, was ihr mit meinen Kollegen anstellt.»

War Metin verrückt geworden? Hatte der Fliegende Holländer ihn mit seinem Wahnsinn angesteckt? Atemlos sahen Hamsta, Vanessa und ich zu, was die beiden da anrichteten. Der Raum wurde zur Folterkammer …

Der Fliegende Holländer hängte ein riesenschweres Holzfass an die Kette und ließ es prüfend hin und her baumeln. Träge pendelte es durch den Raum. Das Folgende konnte ich kaum mit ansehen: Metin stellte sich in eine Ecke und bekam die Augen verbunden. Er murmelte dem Fliegenden Holländer letzte Anweisungen zu. Der Geist hatte ein breites Grinsen aufgesetzt, und seine Augen unter dem Hut glühten wie zwei Kohlestücke vom Würstchengrill. Dann nahm er das Fass und stemmte es an der Kette bis in Metins Ecke, wo es seinen Kopf berührte. Wie gut, dass Metin das nicht sehen konnte! Dann sprang der Fliegende Holländer behände zur Seite und ließ das Fass los. Mit Schwung pendelte es quer durch den Raum, und wir mussten uns ducken, sonst hätten wir es an den Kopf bekommen. Dann machte es halt und kehrte um. Mit einem lauten Zischen sauste es zurück, direkt auf Metin zu. Es würde ihm genau gegen den Kopf knallen! Doch Metin stand ungerührt in seiner Ecke und lächelte sogar. Hamsta warf sich auf den Boden und hielt sich die Hände über den Kopf. Jetzt war das Fass bei Metin angekommen.

Adieu, lieber Freund, es war schön mit dir, wollte ich rufen, da machte das Fass eine Handbreit vor Metins Kopf halt und kehrte um. Ein Wunder?

Metin riss sich die Augenbinde vom Kopf. «Das ist Wissenschaft», strahlte er und blieb regungslos stehen, während das Fass wieder auf ihn zukam und diesmal eine Armlänge vor ihm haltmachte.

Der Fliegende Holländer war außer sich vor Zorn! Er sprang auf das Holzfass, verbiss sich darin und pendelte mit ihm durch den Raum wie ein tollwütiger Geist.

Wir sahen zu, dass wir wegkamen, und rannten den Gang zurück zu unserem Schiff. Da war die «Frau Müller»! Wir sprangen hinein, schlossen die Schleuse, und mit einem Hopser nahm Hamsta auf seinem Kapitäns-sessel Platz. Zielsicher steuerte er uns durch die knapp geöffnete Luke nach draußen in die Freiheit, in den Weltraum.

Wir atmeten erleichtert auf. Und Metin war der Held des Tages. Er hatte – im wahrsten Sinne des Wortes – seinen Kopf hingehalten. Erst nachdem er uns alles erklärt hatte, wurde uns klar, dass die Aktion absolut ungefährlich gewesen war, obwohl sie saugefährlich ausgesehen hatte.

Den Rest des Tages sprachen wir nicht mehr, sondern sangen nur noch. Und machten den Fliegenden Holländer nach, dass es eine Freude war. Wie gut, dass Geister von Wissenschaft keine Ahnung haben!

● ● ●

Puh, es sieht viel gefährlicher aus, als es ist. Aber das ist ja der Trick bei der Sache.

 Dauer: 20 Minuten

Schwierigkeitsgrad:

Zutaten:

- 1 Ball (Fuß-, Hand-, Volley-, Basketball …)
- 1 Ballnetz oder Einkaufsbeutel
- 1 lange Schnur
- 1 Hocker
- 1 Buch

Perfekt vorbereitet

Stecke den Ball in das Ballnetz oder den Einkaufsbeutel. Befestige das Netz an einem Ende der Schnur.

Nun geht es darum, den Ball irgendwo so aufzuhängen, dass er dicht über dem Boden hin- und herschwingen kann. Draußen kann das am Ast eines Baumes sein oder am Balkongeländer. Drinnen tut ein Haken an der Decke gute Dienste oder eine Konstruktion aus zwei Stühlen, über deren Lehnen du einen Besenstiel legst, an dem du die Schnur befestigst.

Es wird knifflig

Jetzt stellst du in einiger Entfernung den Hocker auf und darauf ein aufgeklapptes Buch. Und zwar so, dass der Ball das Buch umkippen würde, wenn er hin- und herschwingt.

Gib alles!

Nun hältst du den Ball am gespannten Seil so hoch, dass er das Buch berührt. Dann … lässt du ihn los. Der Ball schwingt weg und pendelt zurück. Schade ums Buch!

Gut gemacht

Der Ball stößt das Buch nicht um. Kurz davor kommt er zum Stillstand und pendelt wieder zurück.

Was ist da los?

Zugegeben: Es sieht dramatisch aus, aber es kann überhaupt nichts passieren. Der Ball kann das Buch gar nicht umwerfen, weil er nicht weiter schwingen kann als zu dem Punkt, an dem du ihn losgelassen hast. Das ist ein Naturgesetz. Dahinter steckt der sogenannte «Energieerhaltungssatz», einer der wichtigsten Sätze in der Wissenschaft.

Wenn du den Ball auslenkst, gibst du ihm eine gewisse Energie, denn du hast ihn mit deiner Kraft hochgehoben. Wenn du ihn loslässt, verwandelt der Ball diese Energie in Bewegungsenergie und pendelt mit seinem Schwung auf der anderen Seite nach oben und dann wieder zurück. Bei jedem Pendeln geht etwas Energie verloren, und zwar durch den Luftwiderstand, denn der Ball muss sich einen Weg durch die Luft bahnen. Etwas Energie kostet auch das Seil, weil es beim Hin-und-Her-Pendeln am Haken oder Besenstiel reibt. Deswegen schlägt der Ball jedes Mal etwas weniger aus, und irgendwann steht er sogar still, weil seine Energie verbraucht ist.

Tipp für Mutige

Du kannst außen am Ball Reizwecken befestigen und einen aufgepusteten Luftballon auf dem Hocker festhalten. Wird er platzen? Du weißt es schon!

Zauberhafte Todeskugel

Magier sind heimliche Wissenschaftler. Ohne Wissenschaft gäbe es die spektakulärsten Tricks gar nicht, etwa die «Todeskugel». Die gibt es in echt und in 3D. Dabei wird eine schwere Steinkugel an ein Seil gehängt und so weit ausgelenkt, bis sie den Kopf des Zauberkünstlers berührt. Dann wird sie losgelassen und saust durch den Raum. Erst vom Magier weg und dann auf den Magier zu. Auch wenn Menschen wie du wissen, dass dabei überhaupt nichts passieren kann: Es ist ein eindrucksvolles Bild, und die Kugel schwingt bis dicht vor den Kopf des Zauberkünstlers – ohne ihm ein Haar zu krümmen. Im Publikum kann man merken, wie erleichtert alle sind, wenn alles gutgegangen ist. Dabei ist bei diesem Kunststück noch niemals irgendjemandem irgendetwas passiert.

Ein Satz zur Energie

Wissenschaftler packen ihre Erkenntnisse gerne in Sätze. Diese Sätze sind unsere Naturgesetze. Einer der wichtigsten Sätze ist der Energieerhaltungssatz. Er sagt uns, dass Energie nie verloren geht, sondern immer nur von einer Form in eine andere umgewandelt wird. Wenn du eine Kugel aus Knete hochhebst und loslässt, fällt sie nach unten. Die Energie, die du beim Hochheben in die Kugel «reingesteckt» hast, wird dabei in Bewegungsenergie umgewandelt. Wenn sie unten aufprallt, wird Bewegungsenergie in Verformungsenergie umgewandelt, und die Kugel kriegt eine richtige Delle.

Der Energieerhaltungssatz sagt auch, dass nicht einfach Energie dazukommen kann. Deshalb gibt es kein «Perpetuum mobile». Das ist eine Maschine, die Energie erzeugt, ohne welche zu verbrauchen.

Das sagenhafte «Perpetuum mobile»

Viele Dichter und Denker haben versucht, ein Perpetuum mobile (das ist lateinisch und heißt so viel wie «das sich ständig Bewegende») zu bauen, das läuft und läuft und läuft ... Es waren schlaue Köpfe darunter, doch es ist keinem gelungen. Und es wird auch keinem gelingen, denn es ist unmöglich. Überall, wo sich etwas bewegt, gibt es Reibung, auch wenn man noch so viel Öl drübergießt. Diese Reibung ist schuld, dass dein Fahrrad irgendwann stehen bleibt, wenn du nicht in die Pedale trittst oder zufällig gerade bergab rollst. Deshalb bleibt ein Perpetuum mobile ein schöner Traum. Und träumen dürfen Menschen immer!

Das «Foucault'sche Pendel»

Eines der berühmtesten Pendel ist das Pendel des französischen Physikers Jean Bernard Léon Foucault (1819–1868). Es funktioniert genau wie die berüchtigte «Todeskugel».

Im Jahre 1850 hängte Foucault in der Pariser Sternwarte ein Pendel auf – ein schweres Gewicht an einem langen Seil. Er stieß es an, und weil das Seil so lang und das Gewicht recht schwer war, pendelte es den lieben langen Tag lang hin und her. Das wäre eigentlich langweilig. War es aber nicht! Denn am Abend pendelte es in eine völlig andere Richtung als am Vormittag. Und zwar nicht, weil jemand es heimlich angefasst hätte, sondern weil sich die Erde im Laufe des Tages unter dem Pendel gedreht hatte. Das Pendel hatte einfach brav seine Pendelrichtung eingehalten.

Der Foucault'sche Pendelversuch ist deshalb so genial, weil er mit ganz einfachen Mitteln etwas zeigt, was wir Menschen oft anders sehen: Nicht die Sonne wandert über die Erde, sondern die Erde dreht sich unter der Sonne.

«Xfs ebt mjftu jtu eppg»
oder: Verschlüssle dir was

Gibt es Geheimnisse? Ja, solange sie geheim bleiben. Dafür darf niemand drankommen. Und wenn doch, darf niemand sie verstehen.

Hamsta war am Durchdrehen. «Endlich tut mal jemand ‹SOS› funken, wir tun einen Notruf empfangen haben!»

«Soso, du freust dich also, wenn andere Lebensformen in Not sind», sagte Vanessa und schüttelte den Kopf.

Der Notruf stellte sich schnell als ziemlich vertrackt heraus. *Xfs ebt mjftu jtu eppg* stand da auf dem Monitor.

«Wie, das ist alles?», rief Metin enttäuscht.

«Besser als nix», entgegnete ich, «aber welche Sprache ist das denn?»

«Das ist Kauderwelsch», schlug Vanessa vor.

«Haha», sagte Metin.

«Das ist codiert», gab ich meinen Senf dazu.

«Was ist denn das für eine Sprache: Codiert?» Metin tippte sich an die Stirn.

«Na, codiert eben, verschlüsselt, chiffriert, damit's keiner lesen kann», versuchte ich zu erklären, aber viel mehr fiel mir dazu auch nicht ein.

«Kim, dann will ich ‹Keiner› sein, denn ich will diese Botschaft lesen. Und zwar heute noch.» Metin wirkte entschlossen. Und niemand widersprach, nicht einmal Keiner.

«Ich werde den Text als Erster entschlüsseln», sagte ich.

«Nein, den werde ich als Erste dechiffrieren», tönte Vanessa.

«Nix da, ich werde ihn als Allererster decodieren», verkündete Metin. Nur Hamsta blieb still. Das hätte uns auffallen müssen. Der Käpt'n rekelte sich auf dem Stuhl, knabberte gefriergetrocknete

Gänseblümchen, kratzte sich ab und an mit einer Hinterpfote hinter den Öhrchen und polierte die Lämpchen und Schalter auf dem Schaltpult mit Hamsterspucke und einem Lappen auf Hochglanz.

Währenddessen machten wir uns also ans Werk, die geheimnisvollste Botschaft im Universum zu entschlüsseln, zu dechiffrieren und zu decodieren – und das alles gleichzeitig und auf einmal.

Es war ein hartes Stück Arbeit. Ich war tatsächlich als Erster fertig, und während ich den Text in Klarschrift Buchstabe für Buchstabe hinschrieb, stieg mir die Zornesröte ins Gesicht.

Als Nächstes hatte es wohl Vanessa geschafft, denn sie stöhnte laut auf und klatschte sich die Hand an die Stirn. «Au weia!»

Dann war Metin an der Reihe. «Das ist doch wohl … Ich glaub es nicht! Unverschämt!»

Und das stand nach der Entschlüsselung auf unseren Zetteln: *Wer das liest, ist doof.* Haha. Wie lustig!

Hamsta saß derweil im Cockpit und tat betont so, als ob ihn das alles nichts anginge. Das war extremst verdächtig.

Wir drei Menschen steckten also unsere Köpfe zusammen und hatten schnell einen Plan und eine eigene Geheimbotschaft entworfen.

Vanessa holte noch ein paar Blatt Papier, während Metin erfolgreich nach einer Schere Ausschau hielt. Unter Vanessas Anleitung bauten wir uns eine hochkomplizierte und übel komplexe Codiermaschine, mit deren Hilfe wir unseren kleinen Text gleichzeitig verschlüsselten, chiffrierten und codierten.

Jetzt merkten wir, dass der Käpt'n auffällig unauffällig über seine Schulter nach hinten schaute, was wir denn so anstellten. Er war auch überhaupt nicht neugierig! Schließlich hatten wir unsere Botschaft fertig und gingen mit ihr zu ... Hamsta. Der tat überrascht.

«Das ist aber schön, dass ihr auch mal mit mir sprechen tut», sagte er ironisch.

«Ja, da kannst du von Glück sagen», bemerkte Vanessa mit eisiger Stimme. «Hier haben wir eine Botschaft für dich, die wir dir gerne zum Entschlüsseln, Dechiffrieren und Decodieren übergeben.»

An diesem Weltraumabend legten wir uns etwas früher in unsere Kojen. Nur Hamsta saß am Steuerpult, unseren Zettel vor sich, und rätselte, wie die Botschaft wohl im Klartext hieß. Als ich nachts auf die Toilette ging, sah ich ihn immer noch am Pult sitzen und grübeln. Der Bleistift in seiner Hand war zur Hälfte abgenagt, und unter seinem Sessel lag ein Häufchen Sägespäne.

Am nächsten Morgen trauten wir unseren Augen nicht. Hamsta stand am Waschbecken und ... wusch unsere Socken. Er hatte Ringe unter den Augen, weil er die ganze Nacht hindurch geknobelt und getüftelt hatte. Schließlich hatte er den Code geknackt. Und auf einem weißen Zettel stand in niedlicher Hamsterhandschrift: Wer das liest, waescht gefaelligst alle Socken. Deine Mannschaft

●●●

Bmmft lmbs? Jetzt wird verschlüsselt, chiffriert und codiert, was das Zeug hält. Hier ist die Bauanleitung für deine hochkomplexe Codiermaschine.

Dauer: 30 Minuten

Schwierigkeitsgrad:

Zutaten:
- Druckvorlage als PDF zum Download
- 1 Schere
- 1 Musterklammer
- 1 Stift
- 1 Partner

Perfekt vorbereitet

Lade dir auf der Seite *rowohlt.de/raumschiff* die PDF-Datei «Krypto-Scheibe» herunter und drucke sie dir aus – am besten auf Karton, also etwas dickeres Papier. Schneide die beiden Scheiben aus und bohre mit einem spitzen Bleistift jeweils ein Loch in die Mitte. Nun legst du die kleine auf die große Scheibe, steckst die Musterklammer durch die beiden Löcher in der Mitte und biegst die zwei Enden auf der Rückseite auseinander.

Es wird knifflig

Jetzt geht es ans «Verschlüsseln», also das Unleserlichmachen von Texten. Dazu ordnest du jedem der 26 Buchstaben im Alphabet einen anderen Buchstaben zu. Auf der oberen, kleinen Scheibe ist das komplette Alphabet abgedruckt, auf der unteren, größeren Scheibe notierst du Buchstaben oder Zeichen, welche die Buchstaben ersetzen sollen. Das Einfachste ist, jedem Buchstaben einen anderen Buchstaben zuzuordnen. Du kannst aber jedem Buchstaben auch eine Zahl zuordnen oder ein Zeichen wie !, = oder §. Du hast die Wahl!

Gib alles!

Jetzt schreibst du dir eine geheime Botschaft im Klartext auf oder nimmst einen kurzen Text, etwa eine Zeitungsmeldung. Dann «übersetzt» du jeden Buchstaben mit Hilfe deiner Krypto-Scheibe in einen anderen Buchstaben, eine Zahl oder ein Zeichen. Den verschlüsselten Text gibst du deinem Partner zusammen mit deiner Krypto-Scheibe und der Bitte, den codierten Text zu decodieren. Ist dein Partner schlau genug dafür?

Gut gemacht

Wer nicht ganz auf den Kopf gefallen ist oder sich absichtlich dumm stellt (Eltern machen so was von Zeit zu Zeit), wird deinen Text rasch entschlüsseln und sich über deine Botschaft (oder die Zeitungsmeldung) freuen.

Was ist da los?

Ihr könnt sofort als Geheimagenten anfangen, denn die Aufnahmeprüfung habt ihr schon bestanden. Was machen Geheimagenten? Sie spionieren, versuchen also, alles Mögliche über irgendjemanden oder irgendetwas herauszufinden. Meist tun sie das irgendwo im Ausland. Das Herausfinden ist aber nur ein Teil ihres Jobs. Der andere Teil besteht darin, die Informationen weiterzugeben – natürlich geheim, denn niemand soll bemerken, dass spioniert wird. Falls die Informationen doch einmal in fremde Hände fallen, sollten sie so gut verschlüsselt sein, dass niemand sie entziffern kann. Dazu gibt es jede Menge fürchterlich komplizierte und ein paar recht einfache Methoden. Die Krypto-Scheibe gehört zu den einfachen Methoden und ist trickreich genug, Mitschüler und Lehrer davon abzuhalten, deine Geheimnisse zu erfahren. Die einzige Voraussetzung ist nur: Jede Krypto-Scheibe muss es mindestens zweimal geben, einmal zum Verschlüsseln und einmal zum Entschlüsseln.

Diese Methode ist so berühmt wie uralt. Schon der römische Kaiser Julius Cäsar hat sie vor 2100 Jahren benutzt. Deswegen heißt sie auch «Cäsar-Code».

Tipp für Schlaue

Profis können Krypto-Scheiben recht schnell knacken. Der häufigste Buchstabe – das E – kommt auch verschlüsselt am häufigsten vor. Hast du das E etwa mit # verknüpft, merkt der Profi, dass # in den verschlüsselten Texten am häufigsten vorkommt und daher nur das E darstellen kann.

Mit einigen Tricks kannst du deine Verschlüsslung verbessern:

- Drehe die Krypto-Scheibe nach jedem Buchstaben, den du verschlüsselst, ein oder zwei Felder im (oder gegen den) Uhrzeigersinn weiter. Dann wird etwa das E immer mit einem anderen Zeichen verschlüsselt. Das musst du mit dem Empfänger absprechen!
- Wenn du die Buchstaben mit Zahlen verschlüsselst, sollten die alle gleich viele Stellen haben, etwa zwei oder drei. Wenn du dann am Satzanfang eine beliebige Ziffer davorstellst, kommt beim Entschlüsseln nur noch Müll heraus, wenn man das nicht weiß. Auch das musst du natürlich dem Empfänger deiner Nachricht verraten.
- Du kannst zwei Krypto-Scheiben hintereinanderschalten. Mit der ersten weist du jedem Buchstaben beispielsweise einen zweistelligen Code zu, mit der zweiten Scheibe verschlüsselst du jede Ziffer etwa mit einem Buchstaben. So machst du aus jedem Buchstaben zwei und niemand findet sich mehr zurecht (der das nicht weiß ☺).

Kleines Agenten-Lexikon

Das Codieren ist eine Wissenschaft für sich. Sogar Mathematiker beschäftigen sich damit, weil es unter Profis extrem kompliziert wird.

Diese Begriffe sollten Geheimagenten kennen:

- Die «Kryptologie» ist die Wissenschaft vom Verschlüsseln.
- Die «Kryptologie» besteht aus der «Kryptographie» und der «Kryptoanalyse». Die «Kryptographie» beschäftigt sich mit dem sicheren Verschlüsseln von Texten. Die «Kryptoanalyse» versucht, verschlüsselte Texte zu entschlüsseln, also zu knacken.
- Verschlüsseln heißt auch «codieren» oder «chiffrieren».
- Entschlüsseln nennt sich auch «decodieren» oder «dechiffrieren».
- Beim Chiffrieren erzeugst du einen codierten Text, das «Kryptogramm».
- Deine Krypto-Scheibe ist ein «Kryptograph», ein Gerät zur Herstellung von Kryptogrammen.

«Zwo – Füneff – Neun»

Ihre große Zeit haben sie hinter sich, aber es gibt sie immer noch: die «Nummernsender». Das sind Radiosender, über die auf Langwelle oder Kurzwelle den ganzen Tag oder zu bestimmten Uhrzeiten Ziffern verlesen werden, einfach nur einstellige Zahlen zwischen null und neun. Wie langweilig! Und wie trickreich! Denn so werden Nachrichten an Spione in der ganzen Welt transportiert. Ein Radio zu besitzen ist unverdächtig, trotzdem können damit codierte Botschaften empfangen und gehört werden. Doch nur wer den passenden «Schlüssel» hat, kann die Ziffernfolgen in einen Text übersetzen, der etwa neue Befehle enthält.

Meine Nachricht gehört mir!

Eine E-Mail oder eine Nachricht mit dem Smartphone geht um die ganze Welt. Über verschiedene Stationen – so eine Art Bahnhöfe – reist deine elektronische Nachricht zum Empfänger. Dabei nimmt sie nicht immer den kürzesten Weg. Und der Weg ist nicht ungefährlich. Geheimdienste oder viel zu neugierige Firmen können mitlesen. Denn eine elektronische Nachricht ist wie eine Postkarte: Jeder kann draufschauen.

Um elektronische Nachrichten sicherer zu machen, können sie verschlüsselt werden, sodass nur der Empfänger sie lesen kann. Am sichersten geht das mit elektronischen Schlüsseln. Das ist ein Code aus Buchstaben, Ziffern und Zeichen wie #, ≈, § oder >, eine wilde Mischung also. Zwei Schlüssel brauchst du: einen privaten und einen öffentlichen. Den öffentlichen Schlüssel kann jeder benutzen, um eine Nachricht für dich zu verschlüsseln. Der private Schlüssel ist geheim, den hast nur du. Und nur du kannst die Nachricht damit decodieren und lesen. Dieses Verfahren heißt «Public-Key-Verfahren» («Öffentlicher-Schlüssel-Verfahren») und gilt derzeit als das sicherste und praktischste Verfahren zur Codierung von Nachrichten.

Was haben Einbrecher mit Kryptographie zu tun?
Die Polizei weiß aus Erfahrung, dass in jedes Haus eingebrochen werden kann, in wirklich jedes. Es hängt nur davon ab, wie viel Zeit die Einbrecher haben und wie viel Aufwand sie treiben wollen und können. Genauso ist es mit der Kryptographie. Im Prinzip ist jeder Code zu knacken – mancher ganz einfach durch Nachdenken, für andere sind Supercomputer nötig, die Wochen oder Monate rechnen, um eine Botschaft zu entschlüsseln. Die besten Codes sind also die, welche am übelsten zu knacken sind. Knackbar sind sie aber alle.

Mathemagie
oder: Das Magische Quadrat

Im Weltall ist man ganz allein. Außer es kommt Besuch vorbei.
Eine Reise kann lang und langweilig sein. Vanessa hing im Kapitänssessel ab und löste ein Sudoku nach dem anderen. Metin baute ein

Kartenhaus nach dem anderen, und ich daddelte auf meinem Handy – wenn nur der Empfang nicht so miserabel gewesen wäre. Nur Hamsta hatte immer gut zu tun. Gerade trainierte er wie ein Verrückter in seinem Hamsterrad, und man konnte ihn bis ans Heck nach Luft schnappen hören, aber er hörte einfach nicht auf. Da klingelte ... mein Handy.

Ja brat mir einer 'n Storch und die Beine ganz kross: Mein Handy bimmelte! Mitten im Weltall. Vorsichtig nahm ich das Gespräch an und hielt mir das Handy ans Ohr.

«Ich hier, wer da?», fragte ich. Bei unbekannten Rufnummern ist es besser, unerkannt zu bleiben.

«Ich», erwiderte eine piepsige Stimme, und ich stellte auf Lauthören.

«Wer ist denn ‹Ich›?», fragte ich.

«Nu, ich!», sagte die Stimme. «Ich schwebe direkt vor eurem Wohnzimmerfenster.» Tatsächlich, dort waberte etwas Gelbes, so groß wie eine Murmel.

«Was waberst du da?»

«Nu, darf ich an Bord kommen?»

Metin und Vanessa machten Zeichen, ich solle besser auflegen, nur Hamsta nickte begeistert mit dem Kopf. Also ließen wir das unbekannte Flugobjekt an Bord.

Aus dem glibberigen gelben Raumschiff stieg, nein: floss, besser: tropfte etwas Pinkes auf den Boden und zog sich sofort zu etwas wie einem Kamm mit Augen zusammen, eine Art Vielfüßler, nur knalliger und wie Wackelpudding.

Der Typ, das Dingens, die Masse war auf einem Weltraumausflug. Und wir hatten seinen Weg gekreuzt und waren eine willkommene Abwechslung im Weltraum-Einerlei.

«Nu, überall das Gleiche», seufzte das Glibber-Ich, «Sterne und Planeten. Am allermeisten allerdings nix. Einfach Leere. Nu, das Weltall ist ziemlich öde, wenn gerade kein Schwarzes Loch oder eine Supernova in der Nähe ist. Nu, am schlimmsten sind die Asteroiden, die wissen gar nicht, was sie wollen.»

«Weißt du was? Wir tun was spielen. Und du tust uns etwas zeigen», mischte sich Hamsta in die Jammerei ein. «Tu uns ein Experiment zeigen, ein Kunststück, einen krassen Trick.»

Der Glibber-Kamm zögerte nicht lange und malte lauter Kästchen auf den Boden, ein Raster wie bei ‹Vier gewinnt›. Dann bat er uns, ihm eine Zahl zwischen 50 und 100 zu nennen. Vanessa schlug das Geburtsdatum unserer Klassenlehrerin Frau Müller vor, immerhin die Namensgeberin unseres Raumschiffes (und sie wusste nichts davon!).

«Die ist Jahrgang '64», war sich Metin sicher. Und schwups wieselte das Wesen über die Kästchen und schrieb in einem Affenzahn eine Zahl nach der anderen rein.

«Nu, ich bin fertig. Jetzt dürft ihr rechnen. Rechnet mal alle Spalten und Reihen zusammen.»

Tatsächlich, das Ergebnis war immer 64.

«Da müssen wir durchs Weltall düsen, um von einem außerirdischen Wackelpudding mal so richtig Spaß an Mathe vermittelt zu bekommen.» Metin klang begeistert, nur Vanessa war noch am Rechnen.

«Das ist genial, auch diagonal kommt immer ‹64› raus. Zählt mal die Zahlen kreuz und quer zusammen.»

In der Tat, Vanessa hatte völlig recht. Das war echt cool!

«Nu, ihr wollt bestimmt wissen, wie das funktioniert, gell?», meldete sich das Glibberdingenswesen zu Wort.

Was für eine Frage, natürlich! Aber Pusteblume, das pinkfarbene Teil floss einfach zurück in sein Raumschiff und dampfte ab, ohne uns seinen großartigen Trick zu verraten. Doch es konnte uns damit nicht ärgern. Wir hatten schließlich eine lange Reise vor uns und jede Menge Zeit.

Die nächsten Tage bedeckten immer mehr Tabellen den Raumschiffboden. Wir tüftelten. Wir dachten nach. Wir grübelten. Wir stellten Theorien auf und verwarfen sie wieder. Kurzum: Wir arbeiteten wirklich hart. Aber dann, eines Tages um 16:43 Uhr Raumzeit, rief Metin laut und vernehmlich: «Heureka, ich hab's!»

Hamsta, Vanessa und ich erstarrten. Hatten wir's wirklich herausgefunden? Hatte Metin die Lösung? Und vor allem: Was sollten wir danach machen?

Wir standen staunend um Metin herum, während er ein Magisches Quadrat nach dem anderen auf den Boden zeichnete und mit allen möglichen Zahlen füllte. Und tatsächlich, wenn man es einmal kapiert hatte, war es ganz einfach. Doch wo sollten wir noch hinschreiben? Der ganze Boden war vollgekritzelt.

«Lasst mich mal machen tun!», sagte Hamsta, und wir mussten zur Seite treten. Dann schubberte der Käpt'n mit seinem Bäuchlein (er hatte tatsächlich eines, was ganz drollig aussah) über den Boden. Nach zehn Minuten war alles wieder blitzeblank, und wir zeichneten, rechneten und schrieben die nächsten Tage wie die Weltraummeister.

• • •

Im Leben musst du mit allem rechnen. Sogar mit Magie!

 Dauer: 30 Minuten

Schwierigkeitsgrad:

 Zutaten:
- Papier und Stift
- 1 klarer Kopf
- Freunde, die du verzaubern willst

Perfekt vorbereitet

Male dir ein Raster mit vier Spalten und vier Zeilen auf ein Blatt Papier. Schreibe dir mit Bleistift folgende Zahlen ganz klein und hauchdünn rechts oben in die Kästchen.

16	3	2	13
5	10	11	8
9	6	7	12
4	15	14	1

Es wird knifflig

Bitte eine Freundin oder einen Freund, sich eine Wunsch-Zahl zwischen 50 und 100 auszusuchen und dir zu nennen. Du massierst deine Schläfen, atmest laut ein und aus – kurzum: Du machst ein bisschen Theater.

Gib alles!

Dann schreibst du wirr scheinbar irgendwelche Zahlen in die 16 Felder. Deine Freunde staunen. Was geht ab?

Gut gemacht

Du bittest deine Freunde darum, die Zahlen in jeder Spalte, jeder Reihe und auch noch diagonal zusammenzuzählen. In der Summe ergibt es immer wieder ... die genannte Wunschzahl!

Was ist da los?

Dies ist ein echter Zaubertrick, den «Mentalisten» verwenden, also Magier, die so tun, als ob sie über außergewöhnliche Kräfte verfügen und in den Gedanken anderer Menschen lesen können wie in einem Buch. Dahinter steckt aber – wie bei vielen Zauberkunststücken – echte Wissenschaft, in diesem Fall ist es die Mathematik. Das mag erst einmal schrecklich klingen. Mentalisten sind – wie die allermeisten Menschen – keine Mathematiker, doch sie haben – genau wie du – keine Angst vor Mathematik. Für sie ist die Mathematik ein Handwerkszeug wie ein Schraubendreher. Und das ist genau die richtige Einstellung. Aber eines müssen Mentalisten besser können als die meisten Menschen: Kopfrechnen.

Kopfrechnen hat nichts mit Begabung oder Talent zu tun, sondern ist reine Übungssache. Genauso wie du Muskeln bekommst, wenn du Liegestütze machst, wirst du gut im Kopfrechnen, wenn du viel im Kopf rechnest. Das geht automatisch. Nur mühsam ist es am Anfang, wie mit jedem Training. Aber schnell klappt es immer besser.

Der Trick ist, sich das Magische Quadrat zu merken (das ist die Königsklasse) oder es sich unauffällig zu notieren.

Von der gewählten Zahl, nehmen wir an, es war die 50, ziehst du 34 ab – das ist die Summe, die sich ergibt, wenn du die Zahlen in jeder Reihe oder Spalte in deinem Magischen Quadrat zusammenzählst. Das Ergebnis ($50 - 34 = 16$) teilst du durch vier ($16 : 4 = 4$).

$$16 : 4 = 4$$

Eventuell bleibt ein Rest, den du dir merkst. Nun gibt es zwei Möglichkeiten:

1. Es gibt keinen Rest, die gewählte Zahl minus 34 ist glatt durch 4 teilbar (wie in dem Beispiel). Dann addierst du zu jeder Zahl des Magischen Quadrates diese Zahl (also hier die 4).
2. Es gibt einen Rest, die gewählte Zahl minus 34 ist nicht glatt durch 4 teilbar (z. B. wenn die gewünschte Zahl 60 war: $60 - 34 = 26$, $26 : 4 = 6$, Rest 2). Dann addierst du zu jeder Zahl des Magischen Quadrats das Ergebnis (hier 6), und zu der größten Zahl in jeder Reihe zusätzlich den Rest (hier 2)!

Nun hast du automatisch als Summe in jeder Spalte und Reihe sowie diagonal die gewünschte Zahl. Genial!

1. Magisches Quadrat, Grundform mit «34» als Summe

16	3	2	13
5	10	11	8
9	6	7	12
4	15	14	1

2. Vanessa denkt sich «50». 50 − 34 = 16 und 16 : 4 = 4. Du rechnest

16+4	3+4	2+4	13+4
5+4	10+4	11+4	8+4
9+4	6+4	7+4	12+4
4+4	15+4	14+4	1+4

3. Das ergibt:

20	7	6	17
9	14	15	12
13	10	11	16
8	19	18	5

4. Hamsta denkt sich «60». 60 − 34 = 26 und 26 : 4 = 6, Rest 2. Du rechnest

16+6 +2	3+6	2+6	13+6
5+6	10+6	11+6 +2	8+6
9+6	6+6	7+6	12+6 +2
4+6	15+6 +2	14+6	1+6

5. Das ergibt:

24	9	8	19
11	16	19	14
15	12	13	20
10	23	20	7

Magie der Zahlen

Magische Quadrate faszinieren Menschen schon seit 5000 Jahren, also fast so lange, wie sich menschliche Wesen mit Zahlen und Mathematik beschäftigen. Und Magische Quadrate haben es in sich.

Wie Mathematiker so sind, geben sie allem eigene Namen. Ein Magisches Quadrat hat immer so viele Zeilen, wie es Spalten hat (und umgekehrt). Allgemein ausgedrückt hat ein Magisches Quadrat «n» Spalten und «n» Reihen, also n · n (oder n²) Kästchen. Die Anzahl der Reihen und Spalten gibt auch die «Ordnung» des Magischen Quadrates an, denn Ordnung muss sein. Allgemein ist ein Magisches Quadrat also immer n-ter (sprich «ennter») Ordnung. Dein Magisches Quadrat hat n = 4 Zeilen und Reihen und ist damit ein Magisches Quadrat vierter Ordnung.

Wie viele Magische Quadrate gibt es?

Es gibt nur ein einziges Magisches Quadrat erster Ordnung, also mit nur einem Kästchen – und da steht eine … 1 drin. Das ist langweilig. Es gibt kein Magisches Quadrat zweiter Ordnung, also mit 4 Kästchen. Das ist schade. Es gibt nur ein einziges Magisches Quadrat dritter Ordnung mit neun Kästchen. Das ist übersichtlich. Und es sieht so aus:

4	9	2
3	5	7
8	1	6

Von den Magischen Quadraten vierter Ordnung mit 16 Kästchen gibt es dagegen 880 Stück, von denen fünfter Ordnung mit 25 Kästchen sogar 275 305 224 Stück.

«Echte» Magische Quadrate enthalten alle Zahlen bis n^2, also 1 bis 9 bei der dritten, 1 bis 16 bei der vierten und 1 bis 25 bei der fünften Ordnung. Sie unterscheiden sich nur in der Reihenfolge, in der die Zahlen in den Kästchen angeordnet sind.

Mentale Magie

Um mit Magischen Quadraten Zuschauer zu beeindrucken, muss ein Mentalist viel Brimborium veranstalten. Grundsätzlich gilt die Faustregel: Je einfacher der Trick, desto größer das Brimborium. Das gilt übrigens auch sonst im Leben … Das heißt: Einfach ein Magisches Quadrat ausfüllen ist nicht. Der Magier muss sich mit großem Aufwand eine Zahl aus dem Publikum geben lassen. Dazu holt er sich mittelalte Menschen auf die Bühne, denn die sind im vorigen Jahrhundert geboren und die beiden letzten Ziffern ihres Geburtsjahres sind größer als 50. Praktisch ist ein Geburtstagskind (bei vielen Zuschauern ist immer eines dabei), dann kann er den Zaubertrick als Geschenk verkaufen. Hat er das Geburtsjahr des Geburtstagskindes, nimmt er die beiden letzten Ziffern, also die «64» bei 1964. Davon zieht er 34 ab, bleibt 30. Das teilt er durch 4, das ergibt 7, Rest 2. Dann geht es so weiter wie gehabt.

Weil auch der beste Mentalist ein Blackout haben kann, gibt es spezielle Vorlagen für Magische Quadrate. Dort sind etwa 4 mal 4 Kästchen vorgezeichnet. Unter den Kästchen steht in den Trennlinien die Zahl, die der Magier dazuzählen muss. Ist das Magische Quadrat mit der gewünschten Zahl fertig, fährt der Magier mit einem Filzstift noch einmal die Trennlinien nach. So überstreicht er seine Geheiminformationen, die nun niemand mehr lesen kann, wenn er das ausgefüllte Magische Quadrat großzügig verschenkt.

Kunst im Quadrat

Magische Quadrate faszinieren auch Künstler. Im Jahr 1514 hat der Maler und Zeichner Albrecht Dürer (1471–1528) in seinem berühmten Holzschnitt «Melencolia» ein solches Quadrat abgebildet. Du kennst es gut, denn damit funktioniert dieses Experiment ☺.

Ein neues Hyperschallüberdruckweltraumventil
oder: Das Geheimnis der Cornflakes

Nicht nur Menschen leiden unter Antriebslosigkeit, auch Raumschiffe.
Fragt sich, was schlimmer ist.

Als wir an diesem Morgen aufwachten, fiel es uns erst gar nicht auf. Aber beim Frühstück bemerkte Metin nebenbei: «Es ist so schön ruhig hier und heute!»

Uns Menschen blieben die Bissen im Halse stecken, und Hamsta entleerte augenblicklich seine Hamsterbacken auf den Teller vor ihm. In der Tat, das Raumschiff war totenstill! Das übliche Röhren der Motoren, das Vibrieren der Wände und das Klappern des Geschirrs im Geschirrschrank – es fehlte.

Hamsta sprang vom Stuhl und rannte zum Cockpit. Er hopste in den Sessel und zerrte wie verrückt an allen möglichen und unmöglichen Hebeln, haute auf Tasten und knipste Schalter. «Wir tun praktisch stehen», japste er aufgeregt. «Wir tun uns überhaupt nicht bewegen, keinen Mikrometer. Wir tun praktisch bewegungsunfähig sein. So tun wir nie in Meinkenbracht ankommen.» Der Käpt'n ließ die Schultern hängen und sackte in sich zusammen. So sah er aus wie ein Häufchen Elend mit Öhrchen.

«Wie süüüß!», hörten wir Vanessa flöten, und Hamsta richtete sich sofort wieder auf. Schließlich hasste er es, süß auszusehen.

«Was machen wir jetzt?», fragte Metin.

«Bestimmt müssen wir etwas reparieren», brachte es Vanessa auf den Punkt.

«Das fürchte ich auch», pflichtete ich ihr bei. Es war wie eine Erwachsenen-Konferenz: Es war alles gesagt, nur nicht von jedem.

Hamsta fehlte noch. Doch unser Käpt'n sagte nix. Er ließ sich wortlos vom Stuhl gleiten und schlurfte in den Maschinenraum. Was er noch mehr hasste, als süß zu sein, war der Maschinenraum. Da durfte nur er rein, und dort war es schmutzig. Hamsta musste sich immer drei Stunden und 25 Minuten gründlich putzen, wenn er aus diesem Raum zurückkam – meist voller Öl und rußbedeckt.

Hamsta ging also, nein, schlurfte voller Unlust zum Maschinenraum. Er murmelte für alle hörbar: «Was tut man nicht alles tun ...» und verschwand dann hinter der schweren Metalltür. Wir hörten es in der Werkzeugkiste kramen, es klirrte und klapperte. Dazwischen war hamstermäßiges Fluchen zu vernehmen. Schließlich ging die Tür wieder auf, und etwas Dreckiges, Öliges, Rußiges kam auf uns zu.

«Schuhe aus, du machst den ganzen Boden dreckig», hörte ich mich rufen, denn ich hasste Tapser auf Fußböden.

«Hamsta hat doch nie Schuhe an», flüsterte Vanessa mir zu. Das hatte ich ganz vergessen.

Der Käpt'n hielt etwas Winziges in der Hand. «Da habt ihr es, das Hyperschallüberdruckweltraumventil ist am Popo», seufzte er. «Das tut eine kleine Ursache sein, tut aber große Auswirkungen haben. Ohne dieses Teil hier tut unser Raumschiff sich nicht bewegen. Wir tun festhängen.» Er erklärte uns, dass das kleine Bauteil extrem wichtig für die Schubregulierung im interstellaren Hyperschallbereich sei.

Ohne es sei die Rückkopplung zu den Brenn-stoffbrennkammern unterbrochen. Was nun?

«Wir tun das ersetzen müssen.» Hamsta wirkte sehr gefasst. «Wir tun es im Schmelz-ofen neu gießen», beschloss er, während wir nur Bahnhof verstanden. Der Käpt'n ging in die Speisekammer und krusperte, raschelte und … fluchte dort wie ein Space-Hamsta. Dann kam er aufgeregt zurück. «Wo tut ihr das Eisenpulver hingetan haben?», rief er.

«Welches Eisenpulver?», fragte ich. Hamsta war sich sicher, dass er es eingepackt hatte, aber wir konnten es nicht finden. Es blieb ver-schwunden.

Hamsta klärte uns auf, dass man aus Eisen-pulver alle möglichen Dinge im Schmelzofen herstellen kann und dass es außerordentlich doof sei, keines dabeizuhaben.

«Moment mal», warf ich ein und erinnerte mich an eine Bio-Stunde, wo wir über Lebens-mittelzusatzstoffe gesprochen hatten. Also unsere Lehrerin Frau Müller hatte drüber gesprochen, während wir uns gelangweilt hat-ten. Was interessierte uns Lebensmittelzusatz-gedöns. Wichtig war uns nur, dass das Essen schmeckte, und nicht, was drin war. Aber nebenbei hatte Frau Müller einen Satz fallen-lassen, der sich in mein Gedächtnis gebrannt hatte: «Könnt ihr euch vorstellen, dass in Cornflakes Eisen enthalten ist?»

Ich rannte in die Speisekammer. Wir hatten massenhaft Cornflakes an Bord, auf ganz besonderen Wunsch von Vanessa. Und auf Empfehlung von Metin. Und auf meinen Rat hin. Zig Kartons standen dort in den Regalen. Das sanfte Rascheln aus den Tüten fehlte, denn das Raumschiff stand still. Dreimal musste ich gehen, bis alle Kartons vor Hamsta standen. Dann erklärte ich allen, was ich von Frau Müller wusste. Gemeinsam überlegten wir, wie wir das Eisen aus den Flakes holen könnten. Rasch hatten wir eine Idee. Und dann krümelten wir um die Wette wie die Weltmeister. Es war herrlich!

Schließlich hatten wir ein ordentliches Häufchen Eisenpulver zusammen, und Hamsta konnte zur Tat schreiten. Im Ofen schmolz er es und goss dann das flüssige Metall in die vorbereitete Form. Er war so zufrieden, dass er bei der Arbeit schnurrte (wirklich, er schnurrte!). Nach vier Stunden hielt er das Ergebnis in die Höhe: «Dies, meine Freunde, tut unser neues Hyperschallüberdruckweltraumventil sein. Mit seiner Hilfe tun wir wieder Schub aufnehmen und kommen doch noch irgendwo an.»

Kurze Zeit später zündete Hamsta wieder die Triebwerke, und das ganze Raumschiff vibrierte glücklich vor sich hin – so schien es uns wenigstens. Während Hamsta sein Fell putzte, machten wir das Abendessen. Es gab … Cornflakeskrümelbrei. Am nächsten Tag zum Frühstück auch. Und zum Mittagessen. Und wieder als Abendbrot. Wir hatten ja unsere kompletten Vorräte zerrieben.

● ● ●

Metall in den Frühstücks-Cornflakes? Raus damit! Das geht ganz einfach.

 **Dauer:** 45 Minuten

Schwierigkeitsgrad:

Zutaten:

- Cornflakes (zum Beispiel der Marke Kellog's®)
- einige Neodym-Magnete
- 1 Schüssel
- 1 Esslöffel
- 1 Blatt Papier

Perfekt vorbereitet

Besorge dir eine Packung Cornflakes und fülle dir eine Schüssel davon ab. Nun drückst du  die Cornflakes mit dem Esslöffel so klein wie möglich. Das ist echt mühsam, aber wer hat gesagt, dass Wissenschaft keine Mühe macht?

Es wird knifflig

Irgendwann hast du die Cornflakes so fein zerrieben, dass nur noch Cornflakes-Sand übrig ist, noch besser ist Cornflakes-Staub.

Gib alles!

Jetzt legst du so viele starke Magnete wie möglich dicht beieinander auf den Tisch und deckst das Blatt Papier darüber. Was aus den Cornflakes geworden ist, schüttest du auf das Blatt Papier. Mit dem Finger rührst du in dem Cornflakes-Sand. Dann schiebst du ihn vorsichtig zur Seite.

Gut gemacht

Dort, wo eben noch Cornflakes-Sand war, siehst du jetzt grauen Staub auf dem Papier liegen, und zwar genau über den Magneten. Offensichtlich ist dieser Staub magnetisch, denn er wird von den Magneten unter dem Papier festgehalten. Und offen-

bar kommt dieser Staub aus den Cornflakes. Ob es Metallstaub ist?

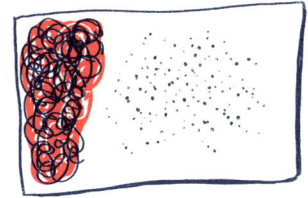

Was ist da los?
In der Tat: Auf dem Blatt Papier liegen winzige Eisenkrümel,
sonst würden sie ja nicht von den Magneten festgehalten.
Und sie kommen tatsächlich aus den Cornflakes. Was hat
Eisen in Cornflakes zu suchen?

Tatsächlich wird den Cornflakes von manchen Herstellern «Fein-
eisenpulver» zugesetzt, und das ist für die menschliche Ernährung
durchaus geeignet. Die Firma Kellog's sagt, dass sie das Eisenpulver
extra hinzugibt, um unsere Ernährung zu verbessern. Eisen ist ein
wichtiges Spurenelement, denn wir Menschen benötigen dieses Metall
für unseren Stoffwechsel. Eisen ist etwa im Blut enthalten. Vor allem
Frauen haben oft einen Eisenmangel, ungefähr die Hälfte von ihnen
bekommt zu wenig Eisen. Um das zu verbessern, sagt Kellog's, werde
den Cornflakes bei der Herstellung künstlich Eisen hinzugefügt.

Tipp für Mutige
Lecke eine Fingerspitze an und lege sie in die Eisenkörnchen auf dem
Blatt Papier. Jetzt lecke an der Fingerspitze. Was schmeckst du? Eisen,
logisch. Aber erinnert dich der Geschmack an etwas? Etwa an Blut?

Wenn wir uns verletzt haben, zum Beispiel am Finger, stecken wir
ihn in den Mund, um die Blutung zu stillen. Dann gelangt natürlich
Blut in den Mund – und es schmeckt nach Eisen. Mit anderen Worten:
Das Eisen im Blut kann man schmecken!

Macht das Eisen unseren Körper härter?
Das ist nicht so – leider?! Eisen ist ein Spurenelement, das in kleinen
Mengen für unseren Körper sehr wichtig ist. Es ist vor allem nötig,
damit unser Körper den roten Blutfarbstoff bilden kann, das «Hämo-

globin». Der ist lebenswichtig, denn Hämoglobin transportiert den Sauerstoff im Blut. Ohne dieses Transportmittel würden wir innerlich ersticken.

Männer brauchen pro Tag ungefähr ein Tausendstelgramm Eisen, Frauen rund doppelt so viel. So kann man ganz einfach ausrechnen, dass ein Mann im Laufe eines 80 Jahre langen Lebens ungefähr 30 Gramm Eisen, eine Frau 60 Gramm Eisen aufnimmt – das ist so viel wie drei 2-Euro-Stücke. Wenn du dieses Buch liest, hast du 3,5 Gramm Eisen in deinem Körper «eingebaut». Wenn du erwachsen bist, werden es 5 Gramm sein. Dieses ganze Eisen nimmst du mit der Nahrung auf – etwa mit Cornflakes, falls du die magst.

Was alles mit der Nahrung in den Körper kommt

Eisen ist bei weitem nicht das einzige Spurenelement, das unser Körper zum Leben braucht. Andere Metalle wie Chrom, Cobalt, Kupfer, Mangan und Molybdän sind ebenfalls essenziell, also lebenswichtig. Dazu kommt Iod, das die Schilddrüse braucht, und Fluor, das für Knochen und Zähne wichtig ist. Daneben gibt es noch entbehrliche Spurenelemente, die in die Kategorie «nice to have» (das bedeutet: gut, wenn man sie hat) fallen. Das sind etwa Aluminium, Brom, Gold und Silber. – Manche Menschen finden zwar Gold und Silber besonders wichtig, aber vor allem am Körper, nicht im Körper.

Leider gibt es auch Spurenelemente, die absolut überflüssig sind, weil sie schon in kleinen Mengen giftig sind oder sich im Körper anreichern und ihn auf Dauer kaputt machen. Arsen oder die Metalle Blei, Cadmium, Quecksilber und Thallium sind solche Kandidaten, auf die wir gerne verzichten sollten. Leider werden wir nicht gefragt, ob wir sie aufnehmen wollen, und diese Spurenelemente kommen einfach so in unseren Körper. Quecksilber etwa wird beim Verbrennen von Kohle in Kraftwerken frei und gelangt über die Schornsteine in die Luft und damit in die Umwelt und in unsere Lungen. In unserem Körper sammeln sich diese gefährlichen Stoffe an und können uns krank machen, wenn wir zu viel davon abbekommen.

Kein Lebensmittel ohne Zusatzstoffe

Lebensmittel sollen uns ernähren, sie erhalten uns am Leben, indem sie unseren Körper mit Energie versorgen. Doch in ihnen sind noch viel mehr Stoffe enthalten als nur Energielieferanten. Denn Lebensmittel sollen nebenbei noch lecker aussehen, gut schmecken, auf der Zunge zergehen und möglichst lange halten. Damit sie das alles schaffen, werden ihnen Zusatzstoffe verpasst.

Da sind Farbstoffe, die sie besonders lecker aussehen lassen, indem sie die natürliche Farbe verstärken, etwa beim Erdbeerjoghurt, den sonst kaum jemand freiwillig essen würde. Oder Stoffe, die die Farbe erhalten, denn z. B. Apfelbrei sieht sehr schnell unappetitlich grau aus. Mit etwas Ascorbinsäure – das ist Vitamin C – vermischt, sieht auch uralter Apfelbrei noch aus wie frisch gerieben.

Da sind Substanzen, die dafür sorgen, dass sich Margarine oder Frischkäse besonders gut streichen lassen, Salz und Zucker gut rieseln (und nicht verklumpen) oder dass die Lebensmittel in der Fabrik nicht in den Maschinen hängen bleiben (wie der Teig in der Schüssel), sondern sich gut ablösen.

Ganz wichtig sind die Konservierungsstoffe, die dafür sorgen, dass unsere Nahrung länger hält (am liebsten ewig ☺) und nicht anfängt zu schimmeln.

Etwas dreist sind die sogenannten Geschmacksverstärker, die dafür sorgen, dass Lebensmittel intensiver oder überhaupt nach irgendetwas schmecken.

Aber mal ehrlich: Hinzugefügter Eisenstaub wie in den Cornflakes ist sicherlich mit das Ausgefallenste und Harmloseste, was es unter den Lebensmittelzusatzstoffen gibt.

Die E-Dingsbums-Stoffe

Damit wir als Verbraucher und Menschen, die essen müssen, um zu leben, eine Ahnung bekommen, was alles in unserer Nahrung drin ist, müssen die Hersteller uns ihre Zusatzstoffe auf der Verpackung aufdröseln. Die Bezeichnungen beginnen immer mit einem «E» (für «Europa», aber auch für «essbar»), und dann folgt eine dreistellige Nummer. Mit diesem Code kannst du erfahren, was etwa im Apfelmus an Zusatzstoffen enthalten ist. Wenn du nachschaust, halte dich bitte gut fest: Es kann einen umwerfen, wenn man erfährt, was alles zusätzlich in unserer Nahrung enthalten ist.

Unter *zusatzstoffe-online.de* kannst du die E-Nummer eingeben und erhältst Infos, was dahintersteckt. Diese Internet-Seite hat der Bundesverband Die Verbraucher Initiative e. V. eingerichtet.

Wie entstehen Cornflakes?

Cornflakes ist englisch und heißt übersetzt «Maisflocken». Aber wie werden aus schönen Maiskörnern so unansehnliche (wenn auch leckere) Maisflocken? Dazu wird mit Wasserdampf die Schale der Maiskörner entfernt. Dann werden die Körner gemahlen und mit Wasser zu einer Pampe vermischt. Diese Pampe wird durch eine Art Fleischwolf gedrückt. Die einzelnen Stücke werden platt gewalzt und geröstet, dabei schrumpeln sie etwas zusammen. Weil die Stücke krumm und schief sind, brauchen sie viel Platz, und eine Packung Maisflocken ist schneller leer als gedacht.

Blackout
oder: Eine Sicherung dank Kaugummi

Ohne Elektrizität können wir nicht mehr leben. Aber Strom ist gefährlich. Zur Sicherheit gibt es Sicherungen.

Wir saßen beim Abendessen und genossen die Köstlichkeiten der Bordgastronomie: «Schniposa» aus der Tube – also geschreddertes Schnitzel mit Pommes und Salat – und zum Nachtisch Pudding aus der Tube. Herrlich! Na ja, es ging so ... Aus den Tuben schmeckte alles gleich, und aus Tuben essen ist irgendwie wie Zahnpasta verspeisen. Mit anderen Worten: Wir brachten es hinter uns.

Da ging plötzlich das Licht aus.

«Mir wird plötzlich ganz schwarz vor Augen», hörten wir Metin witzeln, aber uns war gar nicht witzig zumute. Ein Raumschiff ohne Elektrizität ist ja kein Raumschiff mehr, sondern nur ein Haufen Schrott. Nix funktioniert: kein Föhn, kein Computer, keine Toilette, keine Heizung, keine Frischluft. Und das Wasser wird ohne Strom auch nicht wiederaufbereitet. Wir waren aufgeschmissen. Wir drohten zu verdursten, zu ersticken und zu erfrieren – und das alles gleichzeitig. Keine guten Aussichten. Nur wegen eines doofen Stromausfalls.

Der Käpt'n war allerdings die Ruhe selbst, er hatte alles im Griff. Zumindest tat er so tun. Und er tat es gut tun.

«Mannschaft, das tun wir in den Griff bekommen», versuchte er uns aufzumuntern.

«Tut mir leid», meldete sich Vanessa aus dem Dunkel, «aber das hatten wir eigentlich erwartet: dass der Käpt'n alles im Griff hat.» Wir hörten Hamsta im Dustern schlucken.

«Und es ist ja bestimmt nicht das erste Mal, dass bei dir der Strom ausfällt, oder?», fragte ich. Ein Appell an Hamstas Ehrgeiz konnte nicht schaden. «Schließlich sind wir drei Menschen noch minderjährig, aber du mit deinen 200 Jahren auf dem Fell hast ja schon soooo viel Erfahrung.»

Hamsta schien noch mal zu schlucken. Dann sagte er in betont ruhigem Ton: «Ja, ach, tja, na, dann wollen wir doch mal nach dem Sicherungskasten gucken tun.» Aber ich meinte, seine Stimme klang doch etwas aufgeregt.

Es raschelte, es schimpfte. «Wo ist denn diese olle Taschenlampe?» Dann ging ein Licht an, ein Lichtlein – es war Hamstas Taschenlampe mit uralten Batterien.

«Sind das frische Notfallbatterien?», fragte Vanessa streng, und Hamsta stotterte: «Hm, ja, kann sein, dass sie nicht mehr ganz frisch sein tun. Aber Hamster tun gute Augen haben, das soll mir wohl reichen tun.» Dann schlich er zum Sicherungskasten an der Wand. Er drehte den Griff und ... die Klappentür fiel auf den Boden.

«Was randalierst du?», wollte ich wissen.

«Die Tür tut verrosten sein», erklärte Hamsta.

«Wenn schon die Tür abfällt, möchte ich besser nicht wissen, wie die Sicherungen dahinter aussehen», rief Metin mit scharfer Stimme, was nichts Gutes verhieß.

Eine Weile hörten wir nur Murmeln und leises Fluchen. Dann gab es einen Funken, und Hamsta flog quer durch das Hauptdeck. Jaulend schlug er auf der anderen Seite auf.

«Hast du etwa einen Schlag abgekriegt?», fragte Vanessa scheinheilig. Wir schnappten uns die Taschenlampe und richteten sie auf Hamsta. Da saß er wie ein Häufchen Elend und massierte sich die schwarzen Pfoten.

«Bist du jetzt unter die Schornsteinfeger gegangen mit deinen Griffeln?», konnte ich mir nicht verkneifen zu fragen.

Hamsta bleckte die Zähne und rappelte sich auf. «Kim, tu mir mal die Packung mit den Ersatzsicherungen reichen», bat er kleinlaut.

«Was denn bitte schön um Himmels willen für Ersatzsicherungen?», fragte ich ratlos.

«Na, die Ersatzsicherungen, die du zu Hause bei euch auf der Erde kaufen tatest und im Schiff deponieren tatest. Feinsicherungen wie im Auto!»

Jetzt war ich froh, dass es so dunkel war, denn garantiert war ich um die Nasenspitze blass geworden. «Die Feinsicherungen wie im Auto, ah ja. Da war doch was. Ja, nein, vielleicht ...» Da ich eine ehrliche Haut bin, sagte ich es geradeheraus: «Also ich habe keine Feinsicherungen irgendwo deponiert, geschweige denn in einem Raumschiff.»

Hamsta schrie laut auf, als ob jemand auf ihn getreten wäre. Das machte er nicht gerne, aber öfter.

«Das tut doch wohl nicht wahr sein. Scheibe, Scheibe, Scheibe!», rief unser Käpt'n und hüpfte im Schiff herum, als ob er auf einer heißen Herdplatte tanzte. Dann brach er zusammen und jammerte etwas von «auf immer und ewig verloren», von mumifizierten Gestalten, die eines fernen Tages tiefgekühlt von irgendwelchen Glibberwesen in einem Raumschiff mit dem Namen «Frau Müller» entdeckt werden würden.

Da platzte Vanessa der Kragen. «Hör auf und reiß dich zusammen!», schrie sie. «Noch sind wir nicht tot, getrocknet und tiefgefroren, sondern erfreuen uns bester Gesundheit. Lass dir gefälligst was einfallen!»

Hamsta war augenblicklich stumm, und auch Metin und ich rissen uns irgendwie zusammen.

Plötzlich sprang der Käpt'n auf und tanzte wieder wie ein Verrückter durchs Raumschiff, diesmal allerdings vor Freude. «Ich hab's, ich hab's, ich hab's!», rief er glücklich und rannte in die Speisekammer. Mit vier Packungen Kaugummi kam er zurück. «Los, tut das essen, jetzt, sofort», befahl er uns, und wir gehorchten.

Sobald wir einen Kaugummistreifen ausgewickelt hatten, nahm Hamsta uns das Silberpapierchen weg. Und während wir die trockenen, uralten Kaugummis in unsere Münder stopften, hoppelte Hamsta zum Sicherungskasten, in den Pfoten die Silberpapiere wie einen Blumenstrauß. Er knusperte und nagte, spuckte Papierreste auf den Boden, und schließlich war es so weit.

«Meine Damen und Herren, der Schaden tut behoben sein», verkündete er stolz und legte eine Pfote auf den Haupthebel. Dann zog er daran. Nichts tat sich. Er nahm beide Hände und zog und zerrte am Hebel – nichts tat sich. Schließlich hängte sich Hamsta mit seinem ganzen Gewicht an den Hebel, der kippte nach unten, und das Licht und alles, alles andere ging wieder an.

«Du bist sooo süß!», sagte Vanessa, ging zu Hamsta und kraulte ihn zwischen den Ohren. Sie wurden sofort rot.

«Wie hast'n das gemacht?», wollte Metin wissen, und Hamsta erklärte uns ganz geduldig, wie man aus Silberpapierchen eine Sicherung bauen tut.

• • •

Kleine Ursache, große Wirkung. Eine Sicherung kann Leben schützen und funktioniert dabei ganz einfach.

 **Dauer:** 5 Minuten

Schwierigkeitsgrad:

 **Zutaten:**
- 1 Mignon-Batterie 1,5 V (Typ «AA»)
- 1 Kaugummistreifen
- 1 Schere

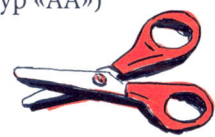

 **Perfekt vorbereitet**

Hast du schon einmal Kaugummi gekaut? Also für die Wissenschaft? Jetzt kannst du es. Die einzige Voraussetzung dabei ist: Es muss ein Kaugummistreifen sein, der in Silberpapier eingewickelt ist.

Nun heißt es: Ran an den Speck, also ans Kaugummi, und das Silberpapier bitte nicht zerknüllen und/oder wegwerfen, sondern sorgfältig glatt streichen. Es spielt in diesem Experiment die Hauptrolle!

Es wird knifflig

Mit der Schere schneidest du links und rechts jeweils ein Dreieck in das Silberpapier, sodass ein kleiner Steg von etwa 1 Millimeter Breite übrig bleibt. Gib acht, dass dir das Papier nicht zerreißt. Aber du bist ja geschickt – oder?!

Gib alles!

Jetzt kommt die Batterie ins Spiel. Das Silberpapier vom Kaugummi ist gerade lang genug, dass du damit die beiden Enden der Batterie miteinander verbinden kannst. Ganz wichtig: Die silberne Seite muss zur Batterie zeigen.

Gut gemacht

Kaum hast du die beiden Pole der Batterie mit Hilfe des Silberpapiers verbunden, beginnt auch schon etwas zu schmoren. **Tipp:** Achte auf das kleine dünne Stückchen in der Mitte. Dort beginnt es zu qualmen und schwarz zu werden. Schließlich brennt das Silberpapier hier durch.

Was ist da los?

Du hast einen waschechten Kurzschluss produziert! Und du hast eine Sicherung ausprobiert! Aber der Reihe nach.

Das Silberpapier, in dem das Kaugummi eingewickelt war, ist auf einer Seite mit Aluminium beschichtet. Aluminium ist ein Metall, und deswegen leitet es saugut Strom. Wenn du die beiden Enden der Batterie mit dem Silberpapier verbindest, stellst du eine elektrisch leitende Verbindung zwischen dem Plus- («+») und dem Minus-Pol («−») der Batterie her. Sofort fließt Strom – und zwar sehr viel. Aber: Das Silberpapier hat eine Schwachstelle, und das ist der schmale Steg, den du mit der Schere hineingeschnitten hast. Der komplette Strom muss sich hier durchquetschen. Dabei wird der Steg erwärmt und schnell so heiß, dass er durchbrennt. Damit ist der Stromkreis unterbrochen, und das Silberpapier hat seine Pflicht getan: Als eine Art Sicherung hat es den Kurzschluss gestoppt und die Batterie vor dem Leerlaufen gerettet.

Tipp für Schlaue

Experimente machen Spaß. Gefährliche Experimente machen noch mehr Spaß. Schließlich sind wir Menschen neugierig. Aber es gibt einen großen Unterschied zwischen Neugier und Doofheit. Wer neugierig ist, passt auf, dass er noch lange neugierig sein und viel ausprobieren kann. Wer doof ist, dem ist das egal. Deswegen ist dieser Versuch nur für Silberpapier und eine 1,5-Volt-Batterie geeignet. Wer etwas anderes nimmt, etwa Alufolie aus der Küche, ist doof, denn dann wird's tatsächlich sehr gefährlich, und das ist nicht mehr lustig. Aluminiumfolie ist viel dicker als die silberne Schicht auf dem Kaugummipapier. Sie eignet sich nicht als Sicherung, weil sie nicht durchschmilzt. Dann dauert der Kurzschluss lange, und die Batterie könnte zu heiß werden. Billigbatterien könnten dabei gegebenenfalls vielleicht eventuell sogar explodieren.

Sicherheit durch Sicherung

Was du hier im Kleinen gebaut hast, schützt millionenfach unser Leben: die Sicherung. Lass dir mal von deinen Eltern zeigen, wo sich euer Sicherungskasten zu Hause befindet. Öffne ihn und schau hinein. Innen  drinnen sind ganz viele Schalter, die alle nach unten zeigen. Das sind Sicherungsautomaten, die sofort merken, wenn irgendwo ein Kurzschluss auftritt. Wie bei deinem kleinen Kurzschluss mit der Batterie kann es bei einem Kurzschluss im Stromnetz sehr heiß werden und sogar Funken geben. Das bedeutet Brandgefahr! Viele Großbrände in Wohnhäusern oder Fabriken sind durch

Kurzschlüsse ausgelöst worden. Eine Sicherung verhindert das. Wird der Strom zu groß, schaltet sie ihn sofort ab, und der Schalter springt nach oben.

Ältere Sicherungen funktionieren wie im Experiment das Silberpapier: Es sind Schmelzsicherungen, bei denen ein Draht durchschmort und damit den Stromfluss unterbricht.

Der «FI-Schalter»

Eine Sicherung, die dir dein Leben retten kann, ist der «FI-Schutzschalter» – dabei steht F für «Fehler», und I ist das Formelzeichen für den elektrischen Strom. Diese besondere Sicherung schaltet nicht bei einem Kurzschluss ab, sondern sie merkt vielmehr, wenn ein Mensch in Gefahr ist, und schaltet den Strom dann ab. Wenn ein Mensch einen Stromschlag bekommt, fließt der Strom durch seinen Körper meistens gen Erde (damit ist wirklich die Erde, der Boden gemeint) – und das ist sehr gefährlich.

Viele Stromunfälle passieren zum Beispiel immer noch in der Badewanne, wenn Menschen meinen, sich im Badewasser die Haare trocken föhnen zu müssen. Fällt der Föhn dabei hinein, fließt Strom durch das Wasser und den Körper in das Blech der Badewanne. Die ist nämlich tatsächlich geerdet, also elektrisch an das Erdreich draußen angeschlossen. Das merkt der FI-Schalter und reagiert sofort.

Feuchte Sicherung

Eine nasse Art der Sicherung siehst du etwa in Parkgaragen an der Decke. Dort laufen Rohrleitungen entlang, die bei Feuer sofort Löschwasser liefern. Aber wie kommt im Notfall das Wasser aus den Leitungen? Schau dir das Ende einer solchen Rohrleitung genau an. Dort sitzt eine kleine Glaskapsel mit einer roten Flüssigkeit darin. Diese Flüssigkeit ist sehr empfindlich. Wird sie zu heiß, weil es in der Nähe brennt, dehnt sie sich aus und sprengt die Glaskapsel. Ist die Glaskapsel weg, öffnet sich ein Ventil, und Wasser regnet aus einer Sprühdüse, dem Sprinkler, heraus.

Die Sicherung der Eidechsen

Eine Sicherung ist eine «Sollbruchstelle» und damit etwas, das kaputtgeht, wenn es kaputtgehen soll. Auch in der Natur gibt es solche Sollbruchstellen. Waldeidechsen haben eine eingebaut – im Schwanz! Im Notfall können sie den nämlich abwerfen. Zuckend lenkt er dann die Aufmerksamkeit des Feindes auf sich, während die Eidechse flüchtet. Das ist genial! Der Schwanz wächst sogar nach, sodass die Waldeidechse ihn wieder abwerfen kann, wenn es nötig ist.

Bei Bedarf Scheibe einschlagen

Bei einem Verkehrsunfall sind die Passagiere manchmal in einem Bus oder in der Bahn eingeschlossen. Doch zum Glück gibt es einen Ausweg: Bestimmte Fensterscheiben haben Sollbruchstellen. Hier kann man im Notfall entweder das Gummi um die Scheibe rausziehen und die Scheibe aus dem Rahmen drücken oder mit einem Hämmerchen das Scheibenglas zertrümmern, um einen Ausgang zu schaffen.

Eine Sicherung für Wasser

Waschbecken und Stauseen haben eines gemeinsam: Wenn das Wasser zu hoch steigt, kann es eine Überschwemmung geben. Davor schützt der sogenannte Überlauf. Steigt das Wasser im Waschbecken zu hoch, wird es durch den Überlauf abgeleitet. Etwas Ähnliches gibt es bei Stauseen. Steigt das Wasser zu hoch – etwa bei der Schneeschmelze im Frühjahr –, kann es durch Überlauföffnungen in der Staumauer abfließen. Das ist ein spektakulärer Anblick, wenn das Wasser schäumend vorne an der Mauer herunterströmt!

Mit Kaugummis auf Außerirdische
oder: Die Windbüchse

Kaugummi schmeckt gut und ist absolut harmlos. Im Weltall und auf Reisen können harmlose Dinge allerdings sehr gefährlich werden.

Was sollte das für ein Tag werden! Vanessa war total mies drauf, weil sie so schlecht geschlafen hatte. Kein Wunder, wenn sie bis spät in die Nacht Gruselgeschichten las! Metin war übellaunig, weil es keine Kaugummis mehr gab, der Vorrat war schlicht aufgebraucht. Und Hamsta möpperte rum, weil er Metin angeboten hatte, stattdessen auf  gefriergetrockneten Gänseblümchen herumzukauen. Metin hatte aber dankend abgelehnt, denn er sei ja kein Pferd und Wiese esse er schon einmal gar nicht. Also die Stimmung war so was von im Keller – großartig! Andererseits konnte es nur noch besser werden. Dachte ich. Stattdessen wurde es schlimmer ...

Hamsta erinnerte sich dunkel an einen Planeten, den er mit 123 Jahren als Jung-Hamster mal besucht hatte. Dort hatte es ein intergalaktisches Kaufhaus mit Delikatessen aus allen Galaxien gegeben, darunter auch Kaugummis «vom blauen Planeten», so die intergalaktische Werbung.

«Diese Kaugummis», sagte der Käpt'n, «stammen tatsächlich von der Erde. Aber sie sind gemopst, allesamt gestohlen. Und zwar von Tschuing-Gumma, einem kosmischen Schwarzhändler.» Dann erzählte er uns eine unglaubliche Geschichte, die allerdings mit jedem seiner Worte immer wahrscheinlicher wurde.

Demnach war Kaugummi im Weltall fast so wertvoll wie Wasser, weil es halt nur auf der Erde hergestellt wird. Tschuing-Gumma hatte überall Helfershelfer, die Kaugummi-Automaten aufbrachen und den Menschen Kaugummis klauten. Dabei waren sie unheimlich geschickt, sodass sich die Menschen stets nur wunderten, dass ihre Kaugummis so schnell weg waren. Tatsächlich schafften es Menschen im Schnitt gerade mal, ein bis zwei Kaugummis pro Packung zu essen, bevor sie geklaut und von Tschuing-Gumma eingesackt wurden. Und … es stimmte, wenn ich so darüber nachdachte: Meine Kaugummi-Packungen waren tatsächlich meistens leer, wenn ich sie hervorholte. Metin und Vanessa ging es ganz ähnlich. Nur Hamsta hatte nie diese Erfahrung gemacht. Er hasste Kaugummis. Einmal war ein Kaugummi in seinem Fell kleben geblieben, und erst nach zwölf Jahren waren die letzten Reste herausgefallen. Und weil Hamsta Kaugummis hasste, hasste er auch Tschuing-Gumma aus ganzem Herzen.

Wir steuerten also auf den Planeten zu, der sinnigerweise «Hierg ibtsn ixums onst» hieß. Wir entdeckten auch das intergalaktische Kaufhaus «Kau-fdae-in». Die Kaugummi-Abteilung war schnell gefunden, dort herrschte am meisten Betrieb, und das Klingeln der Kassen war von weitem zu hören.

Metin schnappte sich eine Einkaufstüte und machte sie voll, aber so was von! Er hatte nämlich seine neue Lieblingssorte entdeckt: Kaugummis, so groß wie Tischtennisbälle. «Elefantastisch!», frohlockte er, während Vanessa die Augen verdrehte und wissen wollte, wie er die denn bitte in den Mund bekommen wolle. Kein Problem für Metin, der den Mund aufriss und – tatsächlich einen ganzen giftgelben, tischtennisballgroßen Kaugummi hineinsteckte. Er begann zu kauen und hatte auf einmal so dicke Hamsterbacken, dass unser Käpt'n vor Neid erblasste.

Doch Metin hatte die Rechnung ohne den fleißigen Kaufhausdetektiv gemacht. Denn auf einmal schrillten überall die Alarmglocken, und das ganze Kaufhaus war in rotes Licht getaucht.

«Du Wahnsinniger!», schrie Hamsta in den Lärm. «Kaugummis tun im All so wertvoll wie Gold sein! Stell dir vor, du tust auf der Erde beim

Juwelier einen Goldring verschlucken. Dann tut auch was los sein!»
Auweia, wir saßen in der Patsche.

Plötzlich rannte Vanessa los – und wir folgten ihr natürlich.
«Schnell, alles nachmachen», rief sie uns zu, schnappte sich eine Tüte,
stopfte tischtennisballgroße Kaugummis hinein und sauste weiter
zum Ausgang. Wir hinterher. Der Detektiv uns hinterher. Ganz viele
Neugierige dem Detektiv hinterher.

Vanessa machte einen Schlenker, stürmte in eine Apotheke und
kam mit einer riesigen Spritze wieder raus. Dann folgten wir ihr durch
einen intergalaktischen Baumarkt. Vanessa klemmte sich im Laufen
ein Rohr unter den Arm und hängte sich einen Stöpsel um den Hals.
«Los, deine Schnürsenkel, du hast eh immer die Schuhe offen», befahl
sie mir, und ich zog die Schnürsenkel aus meinen Schuhen und reichte
sie ihr – in vollem Galopp!

Inzwischen waren wir Richtung Flugplatz abgebogen, wo unser Raumschiff, die «Frau Müller», stand. Vanessa voran, dann Metin mit Hamsterbacken, Hamsta mit wehendem Fell und ich mit offenen Schuhen, dicht gefolgt vom Detektiv, dicht gefolgt von lauter Neugierigen mit gezückten Handy-Kameras.

Vanessa nestelte mit der Spritze und dem Rohr herum. Dann ... blieb sie plötzlich stehen. Wie angewurzelt. Einfach so. Alles andere blieb auch stehen. Wir hinter Vanessa, der Detektiv mit den Neugierigen hinter uns. Vanessa drehte sich um und zielte mit dem Rohr auf den Detektiv.

«Zieh an den Schnürsenkeln», zischte sie Hamsta zu, und der Käpt'n zog wie ein Weltmeister. Da machte es «Plopp!», und eine Kaugummikugel sauste auf den Detektiv zu. Der duckte sich, und das Kaugummi landete in der Menge der Neugierigen. Ein Tumult brach los. Jeder wollte  das kostbare Kaugummi haben. Auch der Detektiv versuchte, es zu erwischen, um es seiner Firma zurückzubringen. Mit anderen Worten: Unsere Verfolger waren beschäftigt. Vanessa schoss noch fünf- bis 13-mal, und mit jedem Treffer in die Menge wurde der Tumult größer. Schließlich konnten wir uns unbemerkt davonstehlen, während sich unsere Verfolger um die Kaugummis kloppten wie die Kesselflicker.

Wir sprangen in die «Frau Müller» und flogen sofort los. Puh, das war gerade noch einmal gutgegangen, dank Vanessas Einfall. Was war das eigentlich für ein Einfall?

«Och, ist mir so eingefallen», untertrieb Vanessa. «Nennt sich, glaube ich, ‹Guerickes Windbüchse›. Ist ganz einfach zu bauen, das habt ihr ja gesehen.»

«Ab jetzt tut das Teil ‹Vanessas Windbüchse› heißen», verkündete Hamsta und gab Vanessa einen dicken Schmatzer auf die Wange. Das sah vielleicht süß aus!

Den weiteren Flug über probierten wir Vanessas Windbüchse aus und schossen intergalaktische Kaugummis in Metins Mund.

• • •

Mit der größten Spritze der Welt kannst du Ü-Eier mit einem lauten Knall in die Luft katapultieren.

 Dauer: 15 Minuten

Schwierigkeitsgrad:

 **Zutaten:**
- 1 HT-Rohr DN 40, 100 Zentimeter (aus dem Baumarkt)
- 1 Universal-Ventilstopfen («Stöpsel»)
- 1 Blasenspritze 100 Milliliter
- 1 Meter + 2 Meter kräftige Schnur
- 1 Ü-Ei («Kinder-Überraschung»)
- Etwas Salatöl
- Ein/e Freund/in

 Perfekt vorbereitet

Das graue Kunststoffrohr wird deine Ü-Ei-Abschussrampe der besonderen Art. Dazu baust du es um zu einer gigantischen Super-Spritze: Knote die 1 Meter lange Schnur mit einem Ende am Rohr fest. Am anderen Ende befestigst du den Stöpsel.

Das 2 Meter lange Stück Schnur fädelst du durch den Ring des Spritzenkolbens und verknotest die beiden Enden miteinander. Ganz wichtig: Der Spritzenkolben muss komplett in das Kunststoffrohr passen. Ist die Kunststoffplatte am Griff dafür zu groß, darf dir ein Erwachsener mit der Kneifzange davon etwas wegknibbeln.

Es wird knifflig

Als Erstes musst du die Schokolade des Überraschungs-Eies vertilgen, damit du an «das Gelbe vom Ei» gelangst.

Und noch kniffliger

Du stellst das Kunststoffrohr mit dem dicken Ende auf den Tisch und schmierst oben am dünnen Ende innen etwas Salatöl rein. Es muss nicht viel sein. Dann fädelst du die Schnur des Spritzenkolbens in das Rohr, sodass sie unten heraushängt. Anschließend steckst du den Kolben mit dem Griff nach unten hinein. Auf den Kolben legst du zum Schluss das Gelbe vom Ü-Ei. Wichtig: Der Spritzenkolben muss so tief im Rohr sitzen, dass das Ü-Ei oben nicht rausguckt.

Zum Schluss steckst du den Stöpsel drauf. Er dichtet das Rohr oben ab. Deine Ü-Ei-Rakete ist startbereit!

Gib alles!

Bitte macht dieses Experiment spätestens ab hier draußen im Freien! Und lasst einen Erwachsenen dabei sein, damit er was lernt.

Du hältst das Rohr mit dem Stöpsel drauf nach oben, und dein Freund bzw. deine Freundin zieht kräftig an der Schnur und damit am Spritzenkolben im Rohr. Das ist echt anstrengend, denn der Kolben muss ganz durchs Rohr gezogen werden, bis er unten wieder herauskommt. Ihr könnt euch mit einem kräftigen Countdown fit machen: «Zehn, neun, acht, ... drei, zwei, eins, null!»

Gut gemacht

Kaum kommt die Spritze unten heraus, gibt es einen lauten Knall, und der Stöpsel fliegt von der Öffnung. Mit Schmackes saust das Ü-Ei raus und landet ... ja, wo denn? Viel Spaß beim Suchen!

ACHTUNG: Man zielt nie mit irgendetwas auf Menschen oder Tiere, auch mit der Ü-Ei-Rakete nicht. Bitte halte sie immer nach oben und schieße in den Himmel, dann kann nichts passieren und du hast nix als Freude damit.

Was ist da los?

Die Ü-Ei-Rakete funktioniert ausgesprochen raffiniert. Wenn ihr den Spritzenkolben nach unten zieht, erzeugt ihr in dem Rohr ein Vakuum – ein Stück luftleeren Raums (also ein Stückchen Weltraum!). Das Ü-Ei fährt auf dem Spritzenkolben nach unten wie in einem Fahrstuhl. Das Vakuum wird immer größer, je weiter der Spritzenkolben nach unten gelangt, und ihr müsst immer kräftiger ziehen und das Rohr stärker festhalten.

Schließlich kommt der Spritzenkolben aus dem Rohr raus, und auf einmal schießt Luft von unten hinein und katapultiert das Ü-Ei mit Wucht nach oben. Dabei wird der Stöpsel zur Seite gestoßen, und das Ü-Ei fliegt in hohem Bogen heraus. Diese Ü-Ei-Rakete funktioniert also genau wie die Staubsauger-Kanone mit Vakuum, nur nach einem völlig anderen Prinzip.

Otto von Guerickes «Windbüchse»

Diese Ü-Ei-Rakete ist die moderne Version der 350 Jahre alten «Windbüchse». Erfunden hat sie der Ingenieur, Physiker und Politiker Otto von Guericke (1602–1686). Er war der erste Mensch der Welt, der ein Vakuum erzeugt und damit – genau wie du – ein Stückchen Weltraum auf die Erde geholt hat. Denn der Weltraum besteht hauptsächlich aus Vakuum, also aus Nichts. Darin tummeln sich ein paar Galaxien,

Sterne, Planeten, Schwarze Löcher und so weiter, aber das sind eher die Ausnahmen.

Otto von Guericke entwickelte auch die ersten Luftpumpen. Die waren nicht dafür da, irgendwo Luft hineinzupumpen, sondern Luft aus etwas herauszusaugen, also zu «evakuieren». Sein berühmtester Versuch ist unvergessen und wird heute jedes Jahr in Magdeburg aufgeführt, wo Guericke gelebt und als Bürgermeister gewirkt hat.

1654 nahm Guericke zwei Halbkugeln, setzte sie aufeinander und evakuierte sie, pumpte alle Luft heraus. Dann nahm er 16 Pferde – acht auf jeder Seite –, die versuchen sollten, die beiden Halbkugeln auseinanderzuziehen. Sie schafften es nicht! Dieser Versuch ist legendär und zählt zu den spektakulärsten Experimenten der Menschheitsgeschichte.

Die Kraft, welche die beiden Halbkugeln zusammengehalten hat, steckte übrigens nicht *in* den Halbkugeln, sondern war *um sie herum*: der Luftdruck, den die Lufthülle unserer Erde erzeugt.

Die Kraft des Luftdrucks

Natürlicherweise gibt es auf der Erde nirgendwo Vakuum, im Gegenteil: Überall ist Luft. Im Kunststoffrohr aus dem Experiment ist der Luftdruck innen und außen gleich groß. Sobald du aber im Rohr ein Vakuum erzeugst, wirkt nur noch der Luftdruck von außen. Und der ist ziemlich mächtig.

Wenn du den Kolben wieder in die Spritze steckst und damit etwa Wasser aufnimmst, geschieht das durch den Luftdruck. Du erzeugst in der Spritze ein Vakuum, und der Luftdruck drückt von außen Flüssigkeit in die Spritze, weil er auf das Wasser drückt und dieses in die Spritze schiebt.

Auf dem Mond funktioniert das nicht, denn er hat keine Atmosphäre, also keine Lufthülle, und damit keinen Luftdruck. Auf dem Mond gibt es nur Vakuum. Deine Ü-Ei-Rakete funktioniert dort oben nicht. Deshalb ist es auf dem Mond auch ziemlich langweilig.

Mal «Hoch», mal «Tief»

Der Luftdruck auf der Erde schwankt ständig. Das liegt am Wetter. Haben wir gerade ein «Hoch(-druckgebiet)», ist der Luftdruck etwas höher, was gemeinhin für gutes Wetter steht. Bei einem «Tief(-druck- gebiet)» ist der Luftdruck geringer, was bei schlechtem Wetter der Fall ist. Otto von Guericke hatte das spitzgekriegt und konnte 1660 ein Unwetter vorhersagen. Dazu musste er nur sein «Barometer», seinen Luftdruckmesser, beobachten – das sogenannte «Magdeburger Wettermännchen».

«Mach mir den Pelz nass»
oder: Der Heronsbrunnen

Was man im Kopf hat, hat man immer dabei, kann es überall mit hinneh-
men und nirgendwo liegenlassen. Das ist praktisch für einen selbst und für
andere.

Es war ein guter Planet zum Landen, denn er hatte keine Atmosphäre, also keine schützende Hülle, die uns das Runterkommen erschwert hätte. Aber es war ein umständlicher Planet zum Aussteigen, denn wir brauchten wieder einmal unsere Raumanzüge. Und Raumanzüge sind doof. Sie sind dick, schwer und passen nie hundertprozentig. Außerdem schwitzt man unglaublich darin – und deswegen waren die Dinger so beliebt wie das Abwaschen nach den Mahlzeiten.

Und genau das Abwaschen war ein Problem, denn die Wasservorräte an Bord der «Frau Müller» gingen langsam zur Neige. Unsere Tanks waren halb leer, wie Metin meinte, oder halb voll, wie Vanessa betonte. Deswegen waren wir hierhergekommen, denn hier gab es Wasser.

Wir zogen also die blöden Raumanzüge an und betraten den kleinen Planeten. Es war ein sogenannter No-Name-Planet, von denen es im Universum nur so wimmelt. Kurzum, es hatte sich noch nie einer die Mühe gemacht, einen Namen für diese im All herumsausende Kugel zu finden. Eine Kugel, die noch nicht mal eine Atmosphäre hatte. Und doch war sie bewohnt.

Die Bewohner, die Hamsta natürlich seit mindestens 150 Jahren und ein paar zerquetschten kannte, steckten in bunten Raumanzügen, waren dünn, groß und hatten drei Arme. Das hatte für sie den Vorteil, dass sie zweihändig Tischfußball spielen und mit der dritten Hand den Ball einwerfen konnten. Seit Ewigkeiten waren sie deswegen Tabellenerste in der Tischfußball-Weltraumliga. Doch seit einer

Weile hatten ihre Leistungen stark nachgelassen. Warum das so war, erklärten sie uns, als sie uns in ihr Dorf gebracht hatten.

Sie zeigten uns stolz den neuen Springbrunnen auf dem Marktplatz. Es war eine ganz besonders raffinierte, ausgeklügelte Erfindung, die sie von Meinkenbracht mitgebracht hatten.

«Meinkenbracht, wirklich?» Hamsta bekam feuchte Augen. Sein Heimatplanet, den er mit uns besuchen wollte. Es konnte nicht mehr weit sein bis dorthin!

Jetzt standen wir aber erst mal um das herum, was ein Springbrunnen sein sollte. Ein dreiarmiger Bewohner kippte aus drei Gießkannen Wasser in das Brunnenbecken, das Wasser floss ab, das war's. Und genau deswegen waren die Bewohner von No-Name so niedergeschlagen. Es war ein Original-Brunnen von Meinkenbracht, der dort wunderbar funktioniert und herrliche Wasserfontänen gespuckt hatte. Doch hier geschah nichts. Es war ein Trauerspiel, und die No-Name-Bewohner waren so betrübt darüber, dass sie überhaupt keine Lust mehr verspürten, Tischfußball zu trainieren, und schon mehrere wichtige Spiele verloren hatten.

Hamsta, der ein großer Tischfußballfan war, wollte ihnen unbedingt helfen. Er kannte diese Art von Brunnen schließlich in- und auswendig.

«Da haben wir früher immer drin planschen getan», schwärmte er. «Bei uns tun sie einfach nur ‹Mach mir den Pelz nass› heißen.» Und er erklärte uns in allen Einzelheiten Details, Bauweise, Konstruktion, Aufbau, Gestaltung, Reinigung, Inbetriebnahme und Reparatur eines solchen Brunnens. Er redete so begeistert, dass sein Helm von innen beschlug.

Schließlich hatten Vanessa, Metin und ich erfasst, um was es ging: um unseren Schulbrunnen! Ein Prinzip, das uns bestens vertraut war, denn Frau Müller, die Patin unseres Raumschiffes, hatte ihn höchstselbst entworfen und bauen lassen.

Ich schaute Metin an: «Herons…?»

Metin schaute Vanessa an: «…brunnen?»

Vanessa sagte nur: «Bingo!»

Mit anderen Worten: Wir wussten Bescheid. Aber so was von!

Wir nahmen unseren Käpt'n beiseite.

«Hamsta, der tut … äh, der Springbrunnen kann hier gar nicht funktionieren!»

«Soso, warum denn nicht?», fragte Hamsta arglos.

«Na, denk mal nach», rief Vanessa. «Was gibt es auf No-Name nicht?»

Hamsta nahm eine Pfote und zählte an seinen Krallen ab. «Also

Leben tut es hier geben, Wasser tut es hier geben, Intelligenz tut es hier geben ...»

«Na, tutet's bei dir endlich?» Vanessa wurde ungeduldig. «Es gibt hier keine Atmosphä-ä-äre, keine Luft, kein Nix, deswegen laufen wir hier in Raumanzügen herum. Und ohne Atmosphäre kein Luftdruck und ohne Luftdruck keine Wasserfontänen.»

«Das tut natürlich stimmen», wandte Hamsta ein. «Schön, dass ihr es auch merken tut. Ich tue euch ab und zu auf die Probe stellen.»

«Hahaha», meinte Metin, «du hast es einfach nicht gewusst!»

«Herrje, könnt ihr euch nicht wie Raumfahrer benehmen?», fuhr Vanessa dazwischen. «Wir sind hier nicht im Sandkasten.»

«Sondern auf No-Name», ergänzte ich altklug.

Wir mussten uns also einen Ersatzbrunnen ausdenken, um die Bewohner von No-Name wieder aufzuheitern und ihren Tabellenplatz zu sichern. Vanessa lief zum Raumschiff und holte Flaschen und Trinkhalme. Metin zückte sein Taschenmesser und bohrte Löcher. Und ich hatte noch etwas Kaugummi von Tschuing-Gumma in der Tasche. Gemeinsam bastelten wir damit den No-Names fünf Heronsbrunnen, die wir mit Wasser und Luft aus unseren Raumanzügen füllten.

Die No-Names waren begeistert und spielten mit ihren Flaschenbrunnen wie die Kinder. Zeit genug für uns, unsere Wassertanks zu füllen und dann gemütlich zum Raumschiff zurückzukehren und abzuheben. Noch während wir abhoben, bastelten wir schon an unserem eigenen Heronsbrunnen. Denn auch ein Raumschiff braucht trickreiche Deko.

● ● ●

Ein Springbrunnen in der Flasche? Das geht ganz einfach. Und das Prinzip ist über 2000 Jahre alt.

 Dauer: 6 Stunden (inklusive Wartezeit)

Schwierigkeitsgrad:

Zutaten:

- 2 leere Mineralwasserflaschen mit Kunststoff-Schraubverschluss
- 2 Trinkhalme
- Kraftkleber (z. B. «UHU Kraft»)
- 1 Teelicht
- 1 Sicherheitsnadel
- 1 Taschenmesser mit Stech- und Bohrahle

Perfekt vorbereitet

Zuerst entfernst du die Etiketten von den beiden Flaschen, sonst siehst du später nichts. Eine Flasche füllst du mit Wasser, die andere bleibt leer.

Dann nimmst du dir die beiden Schraubverschlüsse vor. Hier müssen jeweils zwei Löcher hinein. Mit der Ahle des Taschenmessers kannst du für den Anfang kleine Löchlein hineinbohren, die du vorsichtig (!) durch Drehen vergrößerst. Einigermaßen rund sollten sie sein und ungefähr so groß, wie der Trinkhalm dick ist. Achte darauf, dass die Löcher auf beiden Deckeln denselben Abstand zueinander haben.

Tipp: Hierbei leisten Erwachsene hervorragende Dienste!

Es wird knifflig

Klebe die beiden Flaschenverschlüsse mit der flachen Seite so aufeinander, dass die beiden Löcher in den Deckeln übereinanderliegen. Kraftkleber schweißt die beiden Verschlüsse besonders fest zusammen.

Tipp: Das Ergebnis muss nicht schön aussehen, nur fest zusammenhalten und wasserdicht sein. Wenn's auch noch schön aussieht – Glückwunsch!

Und noch kniffliger

Wenn der Klebstoff getrocknet ist und die beiden Schraubverschlüsse fest zusammenhalten, kannst du durch jede Seite einen Trinkhalm hindurchstecken. Er braucht auf der anderen Seite nur einen Fingerbreit herauszuschauen. Mit reichlich Klebstoff einkleben und genug Zeit zum Trocknen geben.

Dann müssen noch ein paar kleine Löcher in die Trinkhalme. Das geht supergut mit einer Sicherheitsnadel. Du klappst sie auf und biegst das spitze Ende so weit zurück, dass es im rechten Winkel absteht. In einer Kerzenflamme erhitzt du die Spitze, während du die Sicherheitsnadel am breiten Verschluss festhältst. So kannst du dir gar nicht die Finger verbrennen. Ist die Spitze heiß, bohrst du sie durch die Trinkhalme kurz über den Schraubverschlüssen. Jeweils acht Löcher reichen.

Gib alles!

Jetzt kannst du deine Konstruktion zusammensetzen. Schraube den Doppelverschluss mit den Trinkhalmen auf die gefüllte Flasche. Dann setzt du die leere Flasche umgekehrt drauf und schraubst sie ebenfalls fest. Nun kannst du die beiden Flaschen gemeinsam umdrehen.

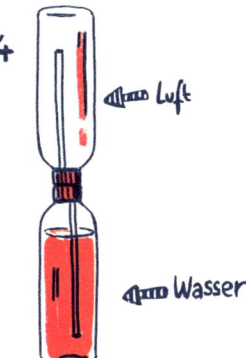

Gut gemacht

Sofort läuft das Wasser aus der vollen Flasche von oben nach unten in die leere Flasche. Durch den oberen Trinkhalm blubbert Luft nach oben, aus dem unteren Trinkhalm strömt das Wasser in die untere Flasche.

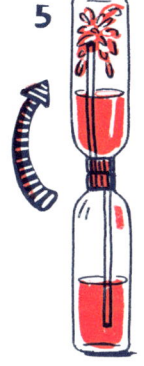

Aber sobald der Wasserspiegel in der oberen Flasche so weit gesunken ist, dass das Ende des oberen Trinkhalms in der Luft ist, plätschert daraus Wasser hervor. In regelmäßigen Schüben entsteht dort ein richtiger kleiner Springbrunnen.

Ist die obere Flasche leer, drehst du deine Konstruktion um, und das Spiel beginnt von neuem.

Was ist da los?

Die obere Flasche ist voll (Wasser), die untere Flasche scheinbar leer. In Wirklichkeit ist sie voller Luft. Wenn Wasser in die untere Flasche strömt, verdrängt es die Luft – und die kann nur in die obere Flasche ausweichen.

Dabei kommen die beiden Trinkhalme ins Spiel. Normalerweise würde das Wasser einfach nur durch den unteren Trinkhalm nach unten strömen und die Luft durch den oberen Trinkhalm in die obere

Flasche gelangen. Nun sind aber beide Trinkhalme perforiert, also mit Löchern versehen, und damit undicht. Durch diese Löcher läuft Wasser in den oberen Trinkhalm und wird von der einströmenden Luft nach oben gedrückt, und deswegen sprudelt der Springbrunnen.

Im Prinzip brauchst du nur einen Trinkhalm, nämlich den oberen. Aber mit zwei Trinkhalmen kannst du die beiden Flaschen immer wieder umdrehen und das Wasserschauspiel von neuem genießen.

Heron von Alexandria

Die Idee zu diesem Experiment ist knapp 2000 Jahre alt und stammt von dem griechischen Ingenieur, Mathematiker und Naturforscher Heron von Alexandria (ca. 10 n. Chr. – ca. 70 n. Chr.). Deswegen heißt der Versuch auch «Heronsbrunnen» und ist ein echter Klassiker.

Er ist nicht die einzige Erfindung des antiken Heron, der verspielt und unglaublich einfallsreich war. Er erfand die ersten Münzautomaten: Wer ein Fünfdrachmenstück einwarf, erhielt eine Portion Weihwasser. Damit nicht genug! Heron entwarf außerdem Tempeltüren, die sich automatisch öffneten, und Feuer, die sich scheinbar von selbst entzündeten. Bestimmt war er damit auch einer der ersten Magier. Er arbeitete viel mit Wasserkraft und Dampfantrieb.

Berühmt ist auch sein «Heronsball», der Vorgänger der beliebten Spritzflasche. Noch heute wird er als Zerstäuber etwa für edles Damenparfüm verwendet. In der Flasche reicht ein Röhrchen in die Flüssigkeit, also das Parfüm. Durch ein zweites, viel kürzeres Röhrchen wird Luft in die Flasche gepumpt, welche die Flüssigkeit im langen Röhrchen nach oben und aus der Flasche herausdrückt.

Eine ganz besondere «Luftpumpe»

Luft als Pumpe? Das funktioniert nicht nur hier bei deinem Heronsbrunnen. Bei einfachen Aquarienpumpen ragt ein Röhrchen ins Wasser, das oben und unten offen ist. Unten ist der Schlauch der Aquarienpumpe angeschlossen, der Luft ins Röhrchen pustet. Sie blubbert in Blasen nach oben und schiebt dabei Wasser vor sich her nach oben. Kommt das Wasser mit der Luft oben aus dem Röhrchen heraus, läuft es über einen Schwamm, in dem alle festen Teilchen hängen bleiben. Aus dem Schwamm tropft das gereinigte Wasser zurück ins Aquarium.

Etwas appetitlicher ist da der «Perkolator», mit dem sich leckerer Kaffee oder Tee kochen lässt. Im Prinzip handelt es sich um eine normale Kanne mit Deckel. Dahinein kommt ein Gestell mit einem halbrunden Fuß, in das ein Röhrchen ragt, das so lang ist wie die Kanne hoch. Oben ist eine Kammer für Kaffeepulver oder Tee. Wenn das Wasser in der Kanne siedet, bilden sich Dampfblasen, die im Röhrchen nach oben steigen und – wen wundert's – dabei Wasser mitnehmen. Oben kommt das Wasser aus dem Röhrchen raus und läuft über den Kaffee oder Tee in der Kammer und tröpfelt zurück in die Kanne. Je länger der Perkolator läuft, desto stärker werden Kaffee oder Tee. So haben sich schon die Cowboys über dem Lagerfeuer ihren Kaffee zubereitet.

Computer gab's schon in der Antike

Heron von Alexandria war nicht der einzige Tüftler und Erfinder in der Antike. Viele Menschen erfanden damals Dinge, über die wir heute noch staunen – den ersten Computer zum Beispiel.

Im Jahr 1901 fanden Taucher in der Nähe der griechischen Insel Antikythera ein völlig verrostetes Metallteil. Bei der Untersuchung zerbrach der Fund – zum Glück, denn jetzt erst entdeckten die Forscher ein kompliziertes Innenleben aus Zahnrädern. Es wurde etwa 150 Jahre vor unserer Zeitrechnung gebaut und ist also weit über 2000 Jahre alt.

Die Wissenschaftler schwärmen von der Mechanik, die unglaublich fein ist. Sie sind sich sicher: Tausend Jahre lang haben Menschen danach nichts von ähnlicher Genauigkeit mehr fabriziert. Der Brite Michael Wright vom Science Museum in London hat sich die Mühe gemacht und das Gerät nachgebaut. Es ist der erste Computer der Menschheit, ein mechanischer Kalender, mit dem sich Mond- und Sonnenfinsternisse und – damals so wichtig wie heute – die Olympiaden berechnen lassen.

Ohne Zahlen kein Mathe

Ein wichtiges Hilfsmittel in vielen Bereichen der Wissenschaft und überhaupt in unserem Leben ist die Mathematik, die zu den Naturwissenschaften gehört wie das Wasser zum Tee. Denn um etwas zu konstruieren und zu bauen, muss man es meist vorher berechnen. Mathe ist also ein Handwerkszeug wie der Hammer.

Mit römischen Zahlen hat das Handwerkszeug nur schlecht funktioniert, denn mit ihnen lässt sich total schlecht rechnen. Du erinnerst dich? Die römischen Zahlen sehen merkwürdig aus: I ist die Eins, V die Fünf, X die Zehn, L die 50, C die 100 und so weiter. Damit zu rechnen ist mühsam. Und doch wurden die römischen Zahlen viele Jahrhunderte lang verwendet.

Erst mit den sogenannten arabischen Zahlen, die in Wirklichkeit aus Indien stammen, wurde das Rechnen, so wie wir es heute kennen, möglich. Das Geniale: Alle Zahlen werden nach einem Baukastensystem aus nur zehn verschiedenen Ziffern zusammengesetzt. Durch die Kombination der Ziffern 0 bis 9 sind auch große Zahlen nicht lang, und man behält den Überblick. Addieren, Subtrahieren, Multiplizieren, Dividieren, Quadrieren, Wurzelziehen und noch viel, viel mehr ist mit ihnen überhaupt erst möglich. Erst nachdem die umständlichen römischen Zahlen durch das Dezimalsystem ersetzt wurden, konnten Wissenschaft und Forschung richtig Gas geben. Und heute fliegen wir mit Hilfe der arabischen Zahlen locker bis zum Mars und noch viel weiter.

Weiche Bruchlandung
oder: Wie funktioniert Rasiergel?

Eine Bruchlandung ist eigentlich gar keine Landung, sondern ein Unfall.
Und Unfälle müssen vermieden werden.
Wir waren des Weltraums überdrüssig.

«Ihr tut nur weltraummüde sein», tröstete uns Hamsta, aber dadurch wurde es auch nicht besser. Wir bekamen uns wegen Kleinigkeiten in die Haare und zankten uns ums Essen – und das obwohl jeder das Gleiche und genau gleich viel bekam. Was aber schließlich den Ausschlag für die Katastrophe gab, war meine Weigerung, die Strümpfe zu wechseln, bevor wir nicht mal wieder festen Boden unter die Füße bekamen.

Hamsta war genervt und beleidigt und steuerte die «Frau Müller» auf den nächstbesten Planeten zu. Er flog extra unruhig, um uns zu zeigen, wie sehr wir ihm alle auf den Keks gingen. Das ganze Raumschiff schaukelte und bebte, und in der Küche fiel der Kakao aus dem Schrank. Metin, Vanessa und ich hielten uns irgendwo fest, weil alles, aber auch wirklich alles, wackelte.

«Was ist schlimmer als ein Hamster?», zischte Vanessa mir zu. Ich verdrehte nur die Augen. «Na, ein bekloppter Hamsta!», rief Vanessa.

Sie hatte das wohl etwas zu laut gerufen, und unser Käpt'n bekam es mit. Denn sofort ruckelte das Schiff noch stärker, ich verlor den Halt und schlidderte über den Boden zu Metin rüber, der mich tapfer am Arm festhielt.

Wir kamen dem Planeten immer näher. Er war rot, hatte offensichtlich eine Atmosphäre, und nun füllte er schon das gesamte Panoramafenster aus, so dicht war er vor unserer Nase. Hamsta war nicht mehr zu halten, er tobte in seinem Sitz herum wie ein Besessener. Als ich genauer hinschaute, merkte ich allerdings, dass er gar nicht tobte, sondern genauso hin und her geschüttelt wurde wie wir. Der Käpt'n hatte die Kontrolle über sein Raumschiff verloren! Jetzt war alles zu spät.

«Ha-amsta, wa-as ma-achst du?», brüllte Metin.

«I-ich tu-ue ga-ar ni-ichts me-ehr ma-achen», schrie der Käpt'n und reckte die Pfoten in die Luft.

«Bi-ist du wa-ahnsinni-ig? Pfo-oten a-ans Steu-euer», rief Vanessa und klang wie Frau Müller, wenn sie stocksauer war – was nur selten vorkam. Sofort nahm Hamsta die Pfoten wieder runter und umklammerte tapfer das Steuer, was ihn noch stärker hin und her schüttelte. Aber er ließ nicht locker. Doch was nützte das?

Jetzt wurden Einzelheiten der Planetenoberfläche sichtbar. Viel Staub, viel Sand und viele Berge. Berge? Jawohl: hohe, spitze, steile, schroffe Berge. Ganz gefährliche Berge ... also wenn man zufällig dort landen will. Es sah fürchterlich aus. Es war fürchterlich. Metin und ich rutschten kreuz und quer über den Boden und hielten uns dabei gegenseitig fest. Vanessa klammerte sich mit sämtlichen Gliedmaßen an die Rückenlehne von Hamstas Kapitänssupersessel wie ein Krake und stöhnte laut.

Plötzlich fanden wir uns zwischen zwei Bergketten wieder und sausten durch ein enges Tal. Irgendwie hielt das Raumschiff noch zusammen, auch wenn es bebte, als ob es Schüttelfrost hätte. Zwischendurch ging noch Hamstas Schublade mit den gefriergetrockneten Gänseblümchen auf, und überall flog dieses Grünzeug herum. Es war das reinste Chaos.

«A-achtung, wir tu-un la-a-anden!», rief Hamsta, so laut er konnte, und seine Stimme überschlug sich. Wir setzten auf, es gab einen Riesenrums und ... auf einmal war alles still. Das Raumschiff bewegte sich nicht mehr. Es war Totenstille.

«Freunde, lebt ihr noch?», hörte ich Vanessas Stimme.

«Ja, ein bisschen», antwortete Metin benommen.

«Ich bin noch nicht tot», stellte ich fest. «Und Hamsta?»

Keine Antwort.

Wir sprangen auf und eilten zum Sessel. Dort saß, nein, hing ein Hamster mit geschlossenen Augen. Seine Zunge hing ihm weit aus dem Mäulchen, und er gab keinen Mucks von sich.

«Hamsta?», rief Vanessa. «Hamsta, wach auf! Du bist doch nicht etwa ... Oh nein, Hamsta!»

Da öffneten sich Hamstas Augen, und eine rosa Zunge streckte sich uns entgegen. «Bääh! Mit mir tut alles okay sein! Schön, dass ihr euch Sorgen um mich machen tut!»

Uns fielen Gesteinsbrocken vom Herzen. Der Käpt'n war lebendig!

Und er war wieder frech. Ihm ging's also tatsächlich gut. Uns auch, halt den Umständen entsprechend. Wir zählten unsere blauen Flecken an den Armen. Jeder hatte im Durchschnitt zweieinhalb. Bei Hamsta war das nicht so richtig zu sehen, wegen des Fells.

«Wir sollten nach draußen gehen und uns das Schiff anschauen», schlug ich vor.

«Besser nicht», meinte Metin, «da wird nicht mehr viel heile sein.»

«Egal, nachsehen müssen wir», beschloss Vanessa und stieg schon in ihren Raumanzug. Wir folgten ihr.

Über die Notrutsche gelangten wir nach draußen und wateten sofort durch weichen weißen Schaum.

«Ist das ein Schaum-Planet?», fragte ich Hamsta.

«Nein, ein Shampoo-Planet», konterte Metin.

«Dieser Schaum ist nicht extraterrestrisch», dozierte Hamsta. «Er tut von unserem Schiff kommen, sogenannter NRGS. Damit tun wir uns gerettet haben.»

«Äh, was heißt ‹NRGS› noch mal?», wollte ich wissen.

«Notfall-Rettungs-Gleit-Schaum», antwortete Hamsta und erzählte uns eine halbe Stunde lang alles über Schaum, was wir schon immer nicht wissen wollten. Tatsache war jedenfalls: Dieser Schaum hatte uns so weich landen lassen «wie in einem Heia-Bett», wie Hamsta sich ausdrücken tat.

Na ja, den Rest des Tages beseitigten wir den blöden Schaum, der das ganze Schiff bekleckert hatte. Wenigstens hatte es keinen Kratzer abbekommen und wurde bei dieser Gelegenheit auch wieder blitzeblank. Nachdem wir etwas verschnauft hatten, starteten wir wieder. Was soll ich sagen? Die nächsten Tage, Wochen und Monate vertrugen wir uns bestens. Und Hamsta flog uns wie ein Engel durchs All.

● ● ●

Mit Schaum lässt sich sicher landen und sicher löschen. Doch wie wird Schaum gemacht? Rasiergel ist eine praktische Art, Instant-Schaum zu erzeugen.

 Dauer: 10 Minuten

Schwierigkeitsgrad:

 **Zutaten:**

- 1 Sprühdose Rasiergel
- 1 Eiswürfelform mit Eiswürfeln aus dem Tief-kühlfach
- 1 Kochplatte vom Küchenherd
- 1 Teelöffel

 **Perfekt vorbereitet**

Besorge dir im Supermarkt oder in der Drogerie eine Dose Rasiergel. Wichtig ist, dass es RasierGEL ist und kein Rasier-schaum.

Tipp: Falls es dir peinlich ist, kannst du ja – vor allem an der Kasse – so tun, als ob du es für deinen Papa holen musst.

Sprühe etwas Rasiergel auf deine Hand und beobachte, was passiert: Das klare, grünblaue Gel beginnt zu schäumen, bläht sich auf und wird weiß. Was ist geschehen?

Es wird knifflig

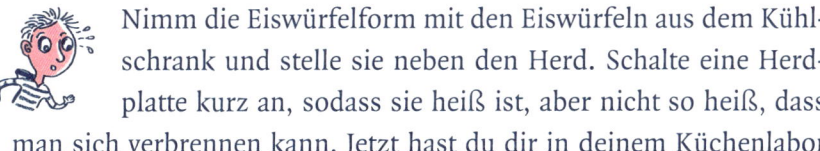

Nimm die Eiswürfelform mit den Eiswürfeln aus dem Kühl-schrank und stelle sie neben den Herd. Schalte eine Herd-platte kurz an, sodass sie heiß ist, aber nicht so heiß, dass man sich verbrennen kann. Jetzt hast du dir in deinem Küchenlabor zwei Versuchsfelder geschaffen: ein (eis)kaltes und ein (knall)heißes.

Gib alles!

Sprühe ordentlich Rasiergel auf die Eiswürfel und in etwa die gleiche Menge auf die heiße Herdplatte. Verstreiche mit dem Teelöffel das Rasiergel zuerst auf dem Eis, und dann rührst du im Rasiergel auf der Herdplatte.

Gut gemacht

Auf dem Eis bleibt das Rasiergel grünlichblau. Ein Rasiergel eben.

Auf der Herdplatte schäumt das Rasiergel auf und wird zu Rasierschaum, es sieht aus wie Sahne. Außerdem ist es viel größer geworden.

Was ist da los?

Rasiergel funktioniert ganz raffiniert: In dem Gel befinden sich Stoffe, die bei 34 Grad Celsius verdampfen und dabei das Gel aufschäumen. Auf dem Eis ist es eiskalt, logisch, dort bleibt das Rasiergel so, wie es aus der Sprühdose gekommen ist. Auf der heißen Herdplatte verdampfen die Treibstoffe schnell und pusten dabei das Rasiergel von innen auf, es bildet sich weißer, sahniger Schaum.

Raffiniertes Rasiergel

Rasiergel gibt es noch nicht sehr lange. Im Gegensatz zu Rasierschaum wird es erst auf der Haut zu Schaum. Wir Menschen haben eine Körpertemperatur von 37 °C. Damit liegt unsere Hauttemperatur über den 34 Grad, die das Rasiergel zum Schäumen bringen.

Im Rasiergel befinden sich sogenannte «Alkane», das sind Kohlenwasserstoffe, also chemische Verbindungen, die «nur» aus Kohlenstoff (C) und Wasserstoff (H) bestehen und aus Erdöl gewonnen werden. Bekannte Kohlenwasserstoffe sind etwa die Gase Propan, das für den Gaskocher beim Camping verwendet wird, und Butan, das gerne als Treibgas in Spraydosen genommen wird. Die Kohlenwasserstoffe im Rasiergel sieden und verdampfen schon bei niedrigen Temperaturen. Sie heißen «Isobutan» und «Isopentan» und kommen ebenfalls aus der Erdölraffinerie in die Spraydose.

Das Kleingedruckte

Was ist in Rasiergel noch enthalten? Ein Blick auf das Kleingedruckte auf der Rückseite der Dose gibt dir einen Überblick. Als Erstes steht dort «Aqua». Das hört sich lateinisch an, das ist es auch, und es heißt nichts anderes als «Wasser». Dann gibt es dort «Lauric Acid», «Myristic Acid», «Palmitic Acid» oder «Stearic Acid». Hinter diesen Wortungetümen verstecken sich sogenannte Emulgatoren. Das sind Mittel, welche die Stoffe im Rasiergel zusammenhalten, sonst würden sie sich trennen wie Wasser und Öl. Die Inhaltsstoffe «Linalool» und «Parfüm» sorgen für den Duft und damit dafür, dass das Rasiergel nach Rasiergel riecht. Außerdem sind Mittel enthalten, welche die Haut pflegen und den Rasierer leichter drübergleiten lassen sollen.

Rasieren – so alt wie die Menschheit

Solange es Menschen und damit Männer gibt, so lange wird schon rasiert. Spätestens als die Menschen nicht mehr in Höhlen lebten, hatte niemand mehr Bock, auszusehen wie ein Höhlenmensch. Seit-

dem werden die Haare im Gesicht künstlich entfernt. Jahrtausende-
lang gab es dafür nur die Nassrasur mit Messer und Seife.

 Die ersten «Rasierapparate» mit Rasierklinge
gibt es seit 1901, den ersten «Trockenrasierer» seit
1915. Bei allen Menschen, die sich rasieren, gibt
es heute zwei Lager: die Trocken- und die Nass-
rasierer. Und das bei Männern und Frauen.

Schaum ist überall

Schaum wird beileibe nicht nur zum Rasieren verwendet. Mit Schaum
werden Häuser gebaut und gedämmt, Fenster abgedichtet, Fernseher
verpackt, Pakete gepolstert und Matratzen gemacht. Aber der Reihe
nach.

Ein ganz berühmter Schaumstoff heißt Styropor® und besteht
aus Kunststoff mit ganz viel Luft. Styropor entsteht ganz ähnlich
wie Rasierschaum, auch wenn es ein weißer, fester Schaumstoff ist.
Kleine Kunststoffkügelchen werden mit einem Gas aufgeschäumt und
bei Hitze aneinandergebacken. Styropor besteht – wie jeder Schaumstoff – aus ganz viel Luft und ganz wenig Material. Es isoliert deshalb
sehr gut, und weil es preiswert ist, werden damit Häuser gedämmt,
damit nicht so viel Wärme durch die Wände verloren geht. Aber auch
der neue Fernseher sitzt im Karton in Styropor-Schalen, sodass er
beim Transportieren nicht kaputtgeht.

Bekommt ein Haus neue Fenster, wird rund um das Fenster herum
Polyurethan in die Zwischenräume gespritzt. Das ist eine Kombination aus zwei Kunststoffen, die schäumen, wenn sie zusammenkommen, und dabei sofort hart werden. Dieser Kunststoffschaum sieht
unansehnlich braun aus.

Auch die Matratze in deinem Bett besteht aus Schaumgummi,
damit sie nicht so hart ist und schön nachgibt, wenn du dich drauf-
legst. Außerdem isoliert sie gut, sodass du es auch nach unten mucke-
lig warm hast.

Eine besondere Art von Schaum ist die Noppenfolie, in die empfindliche Sachen eingewickelt werden, damit sie im Paket keinen Schaden nehmen. Hier puffern viele kleine Luftbläschen jeden Stoß ab.

Feuer löschen mit Schaum

Es sieht aus wie eine gewaltige Schneedecke, ist aber wabernder Schaum. Damit bekämpft die Feuerwehr große Brände. Sie legt einen dicken Schaumteppich über die Brandstelle, der das Feuer erstickt. Schaum hat dabei gleich mehrere Vorteile. Mit wenig Wasser und Schaum lässt sich eine dichte Schaumdecke erzeugen. Diese hält das Wasser fest, damit es nicht abläuft. So kann mit wenig Wasser viel gelöscht werden. Außerdem trennt der Schaum den Brandherd von der Luft, verhindert also, dass «Nahrung» in Form von Luftsauerstoff zum Feuer gelangt.

Der leckerste Schaum der Welt

Der leckerste Schaum ist sicherlich die Schlagsahne. Aber was geschieht, wenn aus Sahne Schlagsahne wird?

Sahne ist eine Mischung aus Eiweiß, Fett und Wasser – eigentlich nichts Besonderes. Das Ganze nennt sich Emulsion, ist also eine Mischung aus Stoffen, die sich normalerweise nicht mischen («mischen impossible»). Aber beim schnellen Rühren, dem «Schlagen», wird alles durcheinandergewirbelt. Winzige Luftbläschen gelangen in die Flüssigkeit und werden sofort vom Milchfett umarmt, also eingeschlossen. Gleichzeitig verklumpen die Fett-Luft-Bläschen miteinander. Dieser Effekt mach die Sahne steif.

Sahne besteht also – wie jeder Schaum – auch aus jeder Menge Luft.

Ich glaub, mein Hamster bohnert
oder: Alufolie als Rennbahn

Das Weltall ist voller Wunder. Und einem davon sollten wir nun begegnen.
«Heute tut ein ganz besonderer Tag sein!»

Auweia, Hamsta setzte an zu einer seiner gefürchteten Ansprachen an uns, seine Crew. Wenn er einmal angefangen hatte, fand er so bald kein Ende mehr, kam vom Hölzchen aufs Stöckchen, erklärte umständlich und ausschweifend, sprach ohne Punkt und Komma, nuschelte und leierte, betonte falsch bis gar nicht, erfand irgendwelche umständlichen Fremdwörter für ganz einfache Sachen und so weiter und so fort.

«Deswegen tut es mir eine ausgesprochene Ehre sein, euch als gewissermaßen meinen Crewmitgliedern, also quasi meiner Besatzung – und das seid ihr doch gerne, oder? Jedenfalls tue ich gerade jetzt nicht gar keine Beschwerden hören tun wollen, weil ich als euer Käpt'n, sozusagen kraft meines Amtes, weil ich dieses Raumschiff dirigiere, navigiere, kontrolliere und poliere, also ... äh, was tat ich sagen wollen?»

Hamsta hatte den Faden verloren. Das ist die Strafe für allzu verquastes Gequatsche, das alle anderen langweilt und niemanden schlauer macht, nur nervöser und aggressiver, weil man nichts versteht und ungeduldig wird, weil da vorne einer steht, der etwas sagen will, aber nicht weiß, was er sagen will, sagen soll und sagen kann, geschweige denn, wie er es sagen können tun soll, will und kann. Äh ... und es ist ganz klar ansteckend.

Leider hatte sich Hamsta bald wieder gefangen und redete weiter. Den Faden hatte er zwar nicht wiedergefunden, dafür aber einfach noch mal ganz von ganz vorne angefangen. «Hoch verehrte Mitreisende und Mitreisendinnen, verehrte Mann- und Frauschaft, heiß

und innig umarmte Freundinnen und Freunde, liebes Publikum, beste Zuhörerschaft im Universum ...»

Was soll ich euch sagen? Es war grauenhaft. Schlimmer als eine Ansprache unseres Schuldirektors und noch viel schlimmer als eine Lehrprobe von angehenden Lehrern. Von denen gab's danach wenigstens 'ne Kugel Eis, von Hamsta nur einen feuchten Pfotendruck.

Nach drei Stunden waren wir so weit, dass wir ahnten, warum dies heute ein besonderer Tag werden würde. Erstens: Weil Hamsta unser Käpt'n war. Zweitens: Weil er der beste Käpt'n im ganzen gewaltigen Universum war. Drittens: Weil er sowieso der Beste war. Und viertens und schließlich: Weil er ein Hamster war.

Wir schauten gelangweilt aus dem Panoramafenster. Da sahen wir die Kugel. Sie strahlte uns schon von weitem entgegen und schimmerte im Licht ihrer Sonne. Dieser Planet sah aus wie eine ... große Murmel aus Metall.

Was wollte Hamsta dort? Auf einem Metallplaneten gab es nichts zu essen und zu trinken und erst recht keine Süßigkeiten und Gänseblümchen. Hamsta hielt trotzdem Kurs auf die Riesenmetallmurmel.

«Das tut Züschen sein! Dieser Planet ist das Krasseste, was es geben tut. Ihr werdet sehen tun!» Hamstas Augen glänzten mindestens so wie die Metallkugel, die draußen vor dem Fenster immer größer wurde. Der Käpt'n legte eine elegante Landung hin, wir zogen unsere Raumanzüge an und stiegen aus der «Frau Müller».

«Ich glaub, mein Hamster bohnert», entfuhr es Vanessa.

«Das darf doch nicht wahr sein!», staunte Metin. Und mir hatte es die Sprache verschlagen. Der Anblick war wirklich unglaublich.

Horden von Hamstern waren in ihren Raumanzügen dabei, den Metallplaneten zu polieren. Ja! Sie wienerten seine Oberfläche mit Wischmopps blitzeblank.

«Das tut reinstes Aluminium sein!», erklärte Hamsta, kniete sich hin und klopfte auf den Boden. *Klong, klong, klong*, machte es.

Plötzlich schulterten alle bohnernden Hamster ihre Wischmopps und warfen sie auf einen großen Haufen.

«Jetzt tut's gleich losgehen!» Hamsta freute sich wie ein Kind. Er bedeutete uns, zu unserem Raumschiff zurückzugehen. Wir stiegen allesamt ein, und Hamsta verschwand im Lagerraum. Schließlich kehrte er mit vier riesigen Batterien und acht Magneten zurück. Irgendwie hatte er es geschafft, die Sachen in ihrer Erdgröße ins Raumschiff zu befördern.

«Es ist Rennzeit», frohlockte er, stieg wieder aus, und wir folgten ihm brav – und neugierig. Die Batterien und Magnete rollten wir vor uns her.

Auch alle anderen Hamster auf diesem sehr merkwürdigen Planeten hatten sich Batterien und Magnete besorgt.

«Nach der Arbeit tut der Spaß kommen!», belehrte uns Hamsta, wies Metin, Vanessa und mir je eine Batterie und zwei Magnete zu und klippte seine eigenen Magnete an die beiden Enden der vierten Batterie. Dann legte er das Ganze auf den Boden, konnte gerade noch draufspringen und rollte mit einem Affenzahn davon!

Wir machten es ihm schleunigst nach. Metin sprang als Nächster auf seine Batterie, dann folgten Vanessa und ich. Zunächst fuhren wir unserem Käpt'n hinterher, weil wir dachten, er wollte uns irgendwo hinführen. Doch schnell merkten wir, dass es nirgendwohin ging, nur kreuz und quer, hin und her und durcheinander. Die Hamster hielten sich die dicken Bäuchlein vor Lachen und quietschten vor Vergnügen. Auch wir fanden Gefallen an dem Spiel und sausten stundenlang über den Planeten.

Irgendwann waren die Batterien leer, und wer Pech hatte, war mit seinem Gefährt weit davongerollt. Wir waren zum Glück zusammen und in der Nähe unserer «Frau Müller» geblieben, sodass wir uns – erschöpft vom Herumdüsen auf dem Planeten – ins Raumschiff schleppten. Hamsta gelang es gerade noch zu starten und auf Autopilot zu schalten, dann fielen auch ihm die Äuglein zu. Erst am nächsten Tag konnte er uns erzählen, dass die Hamster jedes Jahr am selben Tag zur selben Stunde nach Züschen kamen, um das «Aluminium» zu feiern, eines der höchsten Hamsterfeste außerhalb von Meinkenbracht. Aber um das zu erfahren, mussten wir uns wieder drei Stunden lang von ihm zutexten lassen. Na, der Vortag hatte uns dafür mehr als entschädigt.

• • •

Fahre ein Rennen der Extraklasse auf einer glänzenden Rennbahn aus echtem Metall!

 Dauer: 15 Minuten

Schwierigkeitsgrad:

 **Zutaten:**
- 1 Mignon-Batterie 1,5 V (Typ «AA»)
- 2 runde superstarke Neodym-Scheibenmagnete
- 1 Rolle Aluminiumfolie

 **Perfekt vorbereitet**

Der Aufbau ist denkbar einfach! Der Durchmesser der beiden Scheibenmagnete soll (etwas) größer sein als der der Batterie, sie sind nämlich gleich die Räder an deinem superschnellen Batterie-Rennwagen. Klippe sie links und rechts an die Enden, also die Kontakte der Batterie. Ganz wichtig ist dabei die Polung der beiden Magnete: Beim fertigen «Auto» müssen entweder die Nord- oder die Südpole nach außen zeigen. Nord- und Südpol kannst du nicht so einfach unterscheiden, aber du kannst wenigstens herausfinden, welches die gleichen Pole sind. Nimm die beiden Magnete und bringe sie zueinander. **Kleiner Tipp:** Halte ein Lineal aus Holz oder Plastik dazwischen. Es verhindert, dass die Magnete zusammenkleben, wenn sie sich anziehen sollten. Sie sind nämlich so stark, dass man sie nur schwer wieder auseinanderbekommt. Wenn die Magnete sich abstoßen, kannst du die Batterie zwischen sie setzen. Die Batterie soll genau in der Mitte der beiden Magnete sitzen, damit dein Rennwagen keine Unwucht hat und ganz leicht läuft.

Es wird knifflig

Nun kommt die Rennstrecke. Dazu schnappst du dir eine Rolle Aluminiumfolie aus der Küche und rollst ein paar Meter ab. Am besten legst du die Rennbahn möglichst glatt auf dem Boden aus. Jetzt wird es spannend: Du setzt die Batterie drauf.

Gib alles!

Dann gibst du deinem «Rennwagen» einen Stups und ... er rollt über die Piste aus Aluminiumfolie.

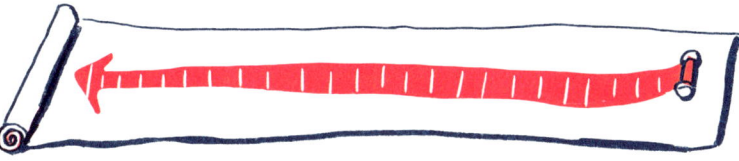

Tipp: Du kannst mit Freunden ein Wettrennen veranstalten. Wessen Gefährt ist schneller? Welches fährt weiter?

Gut gemacht

Bei diesem Experiment bildet die Rennbahn nicht nur einfach den Untergrund zum Rollen, sondern eine elektrisch leitende Verbindung zwischen den beiden Polen der Batterie. Plus- und Minuspol werden richtiggehend kurzgeschlossen, und dabei fließt ein Strom von bis zu 2 Ampere (das ist die Einheit, in der man die Stromstärke misst – für die Fachleute ☺. Das hält die beste Batterie nicht lange durch, sei deswegen nicht enttäuscht, wenn sie bald leer ist und dein «Rennwagen» stillsteht.

Was ist da los?

Bei diesem Experiment wirkt eine Kraft, die durch den hohen Kurzschluss-Strom hervorgerufen wird. Es ist die sagenhafte «Lorentz-Kraft», benannt ist sie nach dem niederländischen Physiker Hendrik Antoon Lorentz (1853–1928).

Dahinter steckt, dass jeder elektrische Strom ein Magnetfeld erzeugt. Auch in diesem Experiment hier gibt es also ein Magnetfeld, das durch den (starken) elektrischen Strom aus der Batterie erzeugt wird. Es wirkt auf die beiden Scheibenmagnete und zwingt sie dazu, sich zu bewegen und damit zu drehen. Wenn die Batterie exakt in der Mitte zwischen den beiden Magneten hängt, kann sich das ganze Gefährt am besten um die eigene Achse drehen.

Überall Elektromotoren

Du hast hier die einfachste Form eines Elektromotors gebaut. Bessere Elektromotoren sind etwas komplizierter. Aber allen gemein ist, dass in ihnen zwei Magnetfelder wirken, welche den Motor zum Drehen bringen.

Elektromotoren sind heute populär wie nie. Dank neuartiger, superstarker Magneten haben sie ein hohes Drehmoment, sind also sehr kräftig und dabei sehr klein. Sie sind so kompakt, dass man sie kaum noch sieht.

Elektroautos haben gar keinen Motorraum mehr unter der Klappe. Und auch nicht einen einzigen Motor zum Fahren, sondern vier. In jedem Rad steckt ein Elektromotor mitsamt der Bremse. So kann jedes Rad für sich angesteuert werden. Das ist super bei Glatteis oder Nässe, wenn die Räder durchdrehen. Moderne Elektronik erkennt, was die Räder machen, und reagiert darauf. So bleibt das Auto immer unter Kontrolle.

Bei der Eisenbahn gibt es kaum noch Lokomotiven. Der Antrieb ist auf die Waggons verteilt, er ist direkt in den Rädern eingebaut. So ist kein großer, schwerer Motor mehr nötig, der viel Platz kostet. Stattdessen gibt es viele kleine über den ganzen Zug verteilt. Damit können Züge schneller anfahren und besser bremsen. Der Lokführer steuert alles von einer kleinen Kabine aus, und du kannst ihm dabei sogar über die Schulter schauen.

Wozu steckt ein Motor im Handy?

Hättest du gedacht, dass im Smartphone ein Motor steckt? Es ist tatsächlich so. Denn wenn das Handy vibriert, dreht sich innendrin ein Motor. Dieser Motor hat etwas, was bei allen anderen Motoren peinlich vermieden wird: eine Unwucht. Deshalb läuft er nicht gleichmäßig, sondern wackelt kräftig, sobald er sich dreht – das Handy vibriert.

Wenn deine Eltern bei ihrem Auto andere Reifen aufziehen lassen, werden die Reifen in der Werkstatt «ausgewuchtet», das solltest du dir einmal anschauen. Dazu werden kleine Gewichte an den Reifenfelgen befestigt, die verhindern, dass die Räder sich ungleichmäßig drehen. Sonst würde das Auto auf der Autobahn vibrieren wie ein Smartphone. Und das macht keinen Spaß mehr und ist echt gefährlich.

Das Gegenteil des Motors: der Generator

Ein Motor verbraucht Strom, und dadurch dreht er sich. Es geht aber auch andersherum: Wenn man den Motor dreht, erzeugt er Strom und wird zum Generator. Das ist total praktisch!

Wenn wir uns morgens das Frühstück machen, brauchen wir, logisch, Strom. Doch morgens brauchen alle Menschen zur gleichen Zeit richtig viel Strom. So viel Strom können die Kraftwerke aber gar nicht auf einmal liefern. Deshalb gibt es Reserve-Kraftwerke, die aushelfen. Zum Beispiel gibt es große Stauseen, die auf Knopfdruck abgelassen werden können. Das Wasser fließt dabei durch Turbinen, die haushohe Generatoren drehen, die Strom erzeugen, der dorthin geleitet wird, wo er gebraucht wird. Diese sogenannten «Pumpspeicherkraftwerke» sind raffiniert. Denn: sie können auch pumpen. Am Vormittag, wenn nicht mehr so viel Strom gebraucht wird, werden die Generatoren umgeschaltet und arbeiten als Motoren. Sie sorgen dann dafür, dass das Wasser, das frühmorgens runtergelaufen ist, wieder zurück nach oben in den Stausee gepumpt wird. So ist immer genug

Wasser im Stausee, um auf Knopfdruck Strom zu erzeugen, denn die Pumpspeicherkraftwerke sind ständig in Habtachtstellung und können innerhalb von einer Minute angefahren werden.

Klein und gemein: Supermagnete

Vielleicht habt ihr zu Hause auch noch ein paar alte Tafelmagnete. Die sind untendrunter schwarz und nicht besonders stark. Ganz anders die modernen Supermagnete. Schon einen streichholzkopfgroßen Magneten bekommst du kaum noch ab, wenn er von irgendetwas angezogen wird. Wie kommt das?

Heutige Magnete werden aus den drei Elementen Neodym, Eisen und Bor hergestellt. Das Besondere daran – besser: darin – ist das Neodym, ein äußerst seltener Stoff. Neodym zählt zur Stoffgruppe der sogenannten «Seltenen Erden» und wird fast ausschließlich in China abgebaut. Erst mit Hilfe des Neodyms sind Magnete superstark und kompakt zugleich. Dadurch ist es zum Beispiel möglich, kleine Lautsprecher herzustellen, die trotzdem ziemlich laut sind. Und Motoren zu miniaturisieren, also sehr klein zu bauen, sodass sie sogar in ein Smartphone passen.

Hilfe für Graf Batula
oder: Kunststoff auflösen

Im Weltraum ist man ganz allein. Und auch wieder nicht. Denn in Notfällen hilft man sich gegenseitig.

Der x-te Tag im Weltraum hatte ganz beschaulich begonnen. Wir hatten gerade gefrühstückt und uns die Zähne geputzt, da fing es zu hupen an, und überall flackerten rote Lichter. Hamsta war wie elektrisiert.

«Na endlich, das tut ein Notruf sein, wir tun gebraucht werden!» Und schon steuerte er auf den nächstgelegenen Planeten zu, von dem der Hilferuf kommen musste.

Die Landung war so hart, dass wir beinahe vergaßen, was wir hier wollten. Zum Glück nur beinahe. Wir schlüpften in unsere Raumanzüge und kletterten von Bord, um den Notleidenden Rettung zu bringen. Wir wollten helfen, die Retter der Verderbten nahten, extra eingeflogen von der Erde.

«Hier kommen wir», tönte Vanessa und fuchtelte mit den Armen, als ob sie damit fechten wollte, «die drei Muskeltiere mit Gold-Hamsta!»

Metin verdrehte die Augen, auch ich erkannte Vanessa nicht wieder. Aber die Landung war ja wirklich sehr hart gewesen, offensichtlich hatte Vanessa doch einen leichten Schaden davongetragen.

Hamsta eilte vorweg und wir hinterher. Nicht weit entfernt ragte ein dunkler, abweisender Turm in die Höhe. «Dort tut man unsere Hilfe brauchen», rief der Käpt'n und legte noch einen Zahn zu.

Seid ihr schon mal in Weltraumanzügen gerannt? Das ist kein Ponyschlecken! Wir keuchten und schwitzten und waren völlig aus der Puste, als wir endlich am Fuß des Turmes ankamen. Die Tür stand schon offen, und ein freundlicher älterer Herr mit weißen Haaren und schwarzem Frack bedeutete uns hereinzukommen.

«Tut ihr einen Notruf abgesetzt haben?», erkundigte sich unser Käpt'n und schnappte nach Luft. Der Butler nickte ernst und schweigend.

Vanessa war immer noch so unangemessen gut drauf. «Gefahr erkannt, Gefahr gebannt!», flötete es aus ihrem Raumanzug.

Im Turm war es dunkel, kühl und klamm. Es war staubig, und hier war wohl länger nicht mehr feucht durchgewischt worden. Das gefiel mir gar nicht, und auch Metin rümpfte die Nase. Als wir dann nach oben blickten, bekamen wir einen Schock: Treppen

über Treppen! Und schon ging's los. Der Butler glitt vor uns die Stufen hoch wie ein Wiesel – oder war es eher wie eine Fledermaus? Hamsta kam jedenfalls als Letzter hinterher, weil er so kurze Beine hatte.

Oben war es nicht viel schöner als unten. Ein großer runder Raum voller Staub und Spinnenfäden, so dick wie Spaghetti. Und da stand er, derjenige, der um Hilfe gerufen hatte. Vor einem Fenster, sodass wir zunächst nur seinen Umriss sehen konnten: eine schmale, hochgewachsene Gestalt. Der Butler bedeutete uns, näher zu treten. Jetzt erkannten wir, dass die Gestalt einen weiten schwarzen Ledermantel trug, schwarze Hosen aus Leder und ein schwarzes Hemd. Ihr Gesicht war ganz bleich, nur die Lippen waren knallrot. An den weißen Händen hatte sie lange, schwarz lackierte Fingernägel.

«Oh Mann, ein Grufti!», stöhnte Metin auf, der dunkle Klamotten hasste wie Nudeln das Wasser.

«Wisst ihr, wer ich bin?», fragte der Grufti, ohne uns zu begrüßen oder auf Metins Bemerkung einzugehen. Er hatte eine Piepsstimme, die gar nicht zu seiner eindrucksvollen Statur passte.

«Eine Mischung aus Batman und Dracula», schnatterte Vanessa. «Dürfen wir ‹Graf Batula› sagen?», schlug sie keck vor und musste dann so lachen, dass ihr Helm von innen beschlug.

«Nennt mich, wie ihr wollt», willigte Graf Batula ein, «Namen sind für mich Schall und Rauch.»

«Für mich sind sie das Salz in der Suppe.» Vanessa war nicht mehr zu bremsen. «Wie die Butter auf dem Brot, die Haare auf dem Kopf, das Essen im Topf, die Spange im Zopf ...»

«Ist jetzt wohl gut», fauchte Metin, und ich warf ein: «Sie hat wohl einen Weltraumkoller von der harten Landung.»

«Ich geh mal kurz mit ihr nach draußen, du machst das schon», murmelte Metin, packte Vanessa am Sauerstofftank und schob sie wieder die Treppe runter.

Graf Batula entspannte sich. Humor war nicht seine Sache. Dafür sei die Lage zu ernst, setzte er Hamsta und mir auseinander und deutete aus dem Fenster. Eine riesige schneeweiße Fläche war da, die bis zum Horizont reichte.

«Dies ist ein Kunststoff-Gletscher, der wächst und immer näher kommt. Er bedroht meinen Turm und mich.» Draußen knackte es, dann folgte ein Krachen. «Jetzt kalbt er wieder rum», seufzte Graf Batula und verdrehte die Augen.

Mir fiel der Erdkunde-Unterricht bei Frau Müller ein. Dort hatten wir gelernt, dass Gletscher sich über die Landschaft schieben und dabei vorne immer wieder Stücke abbrechen. Das nennt sich «Kalben» und hat leider überhaupt nichts mit den niedlichen Kälbchen zu tun.

Ich nahm das Fernglas, welches auf der Fensterbank stand, und schaute mir den Kunststoff-Gletscher genauer an. Ich staunte nicht schlecht, denn er bestand offensichtlich aus reinstem Styropor. «Da packen wir auf der Erde unsere neuen Fernseher, Kühlschränke und Waschmaschinen mit ein. Und hier lungert das Zeug in rauen Mengen herum.»

«Kann man diesen Gletscher nicht irgendwie anknabbern oder wegnagen?», schlug Hamsta vor. Hatte er jetzt auch einen Weltraum-koller?

Graf Batula ging gar nicht darauf ein, sondern erklärte, dass es auf diesem Planeten große Styropor-Abbaugebiete gebe und viel von dem Zeug exportiert würde, zum Beispiel zur Erde. Er selbst sei oft zur Erde gereist und hätte dort immer viel Styropor ver-kaufen können. Bei einem dieser Besuche sei er auch in einer U-Bahn-Station mit Gruftis in Kontakt gekommen. Sofort sei er faszi-niert gewesen von Kleidung, Kultur und Auftreten der jungen Leute. Er habe sich Lederklamotten gekauft und sei mit tausend Litern Nagellack und noch mehr Nagellackentfer-ner im Gepäck zurückgeflogen.

Die Geschichte war unglaublich. Aber hilfreich. «Graf Batula, Ihr habt doppeltes Glück im Unglück. Ihr habt zwar Styropor-Gletscher vor Eurem Turm, aber Ihr habt menschliche Besucher und Ihr habt ... Nagellackentferner.»

«Äh, und einen Hamster...», murmelte Hamsta.

«Ihr sprecht in Rätseln», murmelte der Graf. Doch das war mir egal.

Hamsta, Metin, Vanessa, Graf Batula, sein Butler und ich hoben einen Graben vor dem Gletscher aus. Dann füllten Vanessa, Metin, Hamsta und ich ihn mit Nagellackentferner. Das machten wir vier alleine, denn in unseren Raumanzügen war uns der Gestank egal. Dann stiegen wir wieder auf den Turm und warteten. Und warteten. Und warte... Da! Es knackte, und ein Riss ging durch den Gletscher. Ein großes Stück brach vorne ab und fiel in den Graben, wo es sich augenblicklich – auflöste! Das funktionierte nicht nur gut, sondern sah auch interessant aus.

Graf Batula war fassungslos. «Ihr seid großartig! Jetzt kann mein Turm nicht mehr vom Styropor überrollt werden. Als Dank dürft Ihr Euch so viel Styropor mitnehmen, wie Ihr möchtet!»

«Ach nö, lass mal gut sein», lehnte ich höflich ab.

Der Graf nickte mit dem Kopf. «Wenn ich demnächst wieder einmal auf der Erde bin, bringe ich Euch einen Berg Styropor mit. Und nehme ganz viel Nagellackentferner mit nach Hause!», verkündete er, als er und sein Butler uns zurück zum Raumschiff geleiteten.

«Wozu Nagellackentferner doch überall gut ist», sagte ich, nachdem sich die Türen der «Frau Müller» hinter uns geschlossen hatten.

«Und ich dachte immer, Styropor kommt aus der chemischen Industrie!», wunderte sich Metin.

«Auf diesem sonderbaren Planeten ist es eine Art Naturprodukt», bemerkte Vanessa.

«Nanu, wo ist denn dein Weltraumkoller geblieben?», fragte ich erstaunt.

«Och, den habe ich beim Grafen gelassen. Dort ist er ganz gut aufgehoben.»

«Ich hätte diesen Gletscher wohl weggenagt. Aber ihr wolltet ja nicht auf mich hören», schmollte Hamsta, schwang sich in seinen Kapitänssessel und warf die Triebwerke an.

• • •

Kunststoff ist nicht gut für die Umwelt, weil er so langlebig ist. Lösungsmittel ist nicht gut für Kunststoff, weil es ihn zerstört.

 Dauer: 20 Minuten

Schwierigkeitsgrad:

 **Zutaten:**
- 1 Fläschchen Nagellackentferner (acetonhaltig)
- 1 Einwegbecher aus Kunststoffschaum oder «PS»
- 1 flache Schale
- 1 Erwachsener +

 **Perfekt vorbereitet**
Dieser Versuch ist etwas für Fortgeschrittene wie dich, denn er ist etwas anspruchsvoller. Deshalb machst du dich vorab mit einigen Sicherheitsregeln vertraut:
- In Nagellackentferner ist Aceton enthalten. Aceton entwickelt Dämpfe, die in hoher Konzentration giftig sind. Deshalb bitte nicht einatmen sowie während und nach dem Versuch gut lüften.
- Nagellackentferner ist wegen des Acetons leicht entzündlich. Deswegen nichts Brennendes oder Heißes im Raum haben.
- Der restliche Nagellackentferner kommt nach dem Versuch sofort wieder in sein Fläschchen zurück.

Es wird knifflig

Fülle einen Fingerbreit Nagellackentferner in die Schale. Weil das Zeug ziemlich stinkt, ist es hilfreich, wenn du dabei das Fenster öffnest, um etwas frische Luft hineinzulassen.

Gib alles!

Nimm den leichten Trinkbecher aus Kunststoffschaum und setze ihn in das Bad aus Nagellackentferner.

Tipp: Du kannst den Becher vorher noch verzieren. Dazu kannst du etwas draufschreiben oder draufmalen. Verwende dazu am besten einen sogenannten Permanentmarker-Stift.

Gut gemacht

Der Becher löst sich auf, er schmilzt in der Nagellackentferner-Flüssigkeit wie ein Stück Butter in der Pfanne, bis nur noch etwas Kunststoffschaum auf der Oberfläche übrig geblieben ist.

Der letzte Teil des Experiments ist die Entsorgung, denn du darfst den Nagellackentferner nicht einfach in den Abfluss schütten. Fülle ihn sofort wieder zurück in sein Fläschchen. Die Schale kannst du mit Küchenpapier auswischen. Der Kunststoffrest kann in den normalen Hausmüll.

Was ist da los?

Bessere Einwegbecher aus Kunststoff bestehen aus einem dünnen Kunststoffschaum, also aus (etwas) Kunststoff und (ganz viel) Luft. Falls du es ganz genau wissen willst: Solche Becher bestehen zu 95 Prozent aus Luft und nur zu fünf Prozent aus Kunststoff. Oder andersherum: Auf 19 Teile Luft kommt ein Teil Kunststoff. Das hat gleich vier Vorteile: Erstens ist der Becher stabiler, zweitens braucht man weniger Material, drittens verbrennt man sich nicht die Hände, wenn innen ein heißes Getränk ist, und viertens bleibt das Getränk innendrin länger heiß, weil es unten und an den Seiten recht gut isoliert ist.

Das Aceton im Nagellackentferner ist ein Lösungsmittel. Es löst den Kunststoff auf, und dabei wird die Luft in den Bläschen im Kunststoff frei. Das kannst du dir ähnlich vorstellen wie bei einem Kartenhaus: Der Kunststoffbecher ist das Kartenhaus mit ganz viel Luft in den Zwischenräumen. Das Lösungsmittel wirft das Kartenhaus um, und übrig bleiben die Spielkarten als kleiner Stapel.

Kunststoff ist mehr als Plastik

Chemiker können richtig sauer werden, wenn jemand von «Plastik» spricht und damit Kunststoff meint. Denn Kunststoff ist viel mehr als Plastik. «Plastik» waren die ersten Kunststoffe, als Menschen damit angefangen haben, Stoffe herzustellen, die in der Natur nicht vorkommen. Die ersten Kunststoffe ließen sich «plastisch» verformen, also mit Kraft in irgendwelche Formen bringen. Das geht heute bei weitem nicht mehr mit allen Kunststoffen.

In den USA spricht man übrigens immer nur von «plastics», wenn man Kunststoffe meint.

Woraus bestehen Kunststoffe?

Ihre Besonderheit ist, dass sie aus winzigen, langen Ketten bestehen, den sogenannten Polymeren. Die werden nach dem Baukastenprinzip zusammengesetzt: Mehrere Atome zusammen ergeben ein Molekül, so wie etwa ein Atom Sauerstoff und zwei Atome Wasserstoff ein Wassermolekül bilden. Werden viele Moleküle zu einer Kette verbunden, entsteht ein Polymer.

Die Grundbausteine von Kunststoff-Polymeren sind die Atome der Elemente Kohlenstoff und Wasserstoff. Durch andere Stoffe wie Chlor, Fluor, Sauerstoff oder Stickstoff erhalten die Polymere besondere Eigenschaften, sie werden sozusagen «gepimpt». Dann werden sie besonders hitzebeständig, säurefest oder werden vom Sonnenlicht nicht mehr angegriffen. Es gibt locker mehr verschiedene Kunststoffe als unterschiedliche Pokémons!

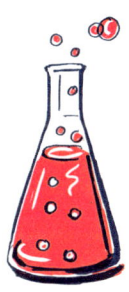

Viele Kunststoffe, noch mehr Formen

Kunststoffe sind cool, weil sie jede Form annehmen können. Sie machen fast alles, was wir Menschen von ihnen wollen. Sie lassen sich schmelzen wie Butter und in jede beliebige Form spritzen. Das nennt sich «Spritzguss», und Kunststoffteile, die so hergestellt werden, erkennst du meist an einem Nippel, der irgendwo absteht. Das ist die Stelle, an welcher der flüssige, heiße Kunststoffbrei in seine Form gespritzt wurde. Ist der Kunststoff kalt und fest, wird die «Kunststoffnabelschnur» abgeschnitten. Schau dir mal euren Putzeimer an: Auf der Unterseite, genau in der Mitte, hat er bestimmt einen Nippel, der an seine Herstellung erinnert.

Die meisten Kunststoffe werden weich, wenn sie erwärmt werden, und flüssig, wenn sie heiß sind. Den Kunststoffbechern mit dem Joghurt im Supermarktregal sieht man nicht an, dass sie aus einer Scheibe gemacht wurden. Diese Scheibe wird von der Joghurtbechermaschine am Rand festgehalten und in der Mitte erhitzt, bis sie weich und wabbelig wird. Dann wird sie blitzschnell in eine Form gesogen, kühlt ab und ist fest – der Becher ist fertig. Mit diesem sogenannten «Tiefziehverfahren» kann eine einzige Maschine vier Millionen (!) Becher am Tag herstellen

Styropor und Klebstoff

Wenn Kunststoffe eines nicht leiden können, dann sind es Lösungsmittel. Denn Lösungsmittel greifen Kunststoffe an.

In Klebstoffen sind grundsätzlich Lösungsmittel vorhanden wie etwa Aceton, Alkohol oder Methylacetat. Der Klebstoff selbst ist ein Kunststoff, der durch das Lösungsmittel flüssig ist. Außerhalb der Tube verdunstet das Lösungsmittel rasch, und der Kunststoff bleibt übrig. Dann wird er fest und klebt richtig gut. Aber er klebt nicht alles. Wenn du einmal versucht hast, Styropor mit lösungsmittelhaltigem Klebstoff zu kleben, wirst du dich gewundert haben: Das Lösungsmittel zersetzt das Styropor und ätzt Löcher hinein. Deshalb gibt es für Styropor Spezialkleber, der das Material (Polystyrol) nicht angreift.

Es gibt übrigens auch sogenannten «lösungsmittelfreien» Kleber. Streng genommen ist er aber gar nicht lösungsmittelfrei, sondern er enthält das beste, billigste und häufigste Lösungsmittel der Welt: Wasser.

Kunststoff und Lösungsmittel

Wer schon einmal versucht hat, das Klebeetikett von der CD-Hülle mit einem Lösungsmittel abzubekommen, hat wahrscheinlich mehr Schaden als Nutzen angerichtet: Der Kunststoff wird weißlich und klebrig, weil seine Oberfläche angelöst wird. Kunststoffe sind nämlich sehr empfindlich. Deswegen soll man auch beispielsweise das Gehäuse des Computerdruckers nur mit Seifenwasser reinigen und nicht mit scharfen Sachen wie etwa Fensterspray.

Kunststoff muss nicht künstlich sein

Der Rohstoff für Kunststoff ist schwarz und liegt unter der Erde: Erdöl. Weil es aber nicht unendlich viel Erdöl gibt und es auch nicht nachwächst, ist es viel zu schade, um daraus Kunststofftüten herzustellen. Außerdem sind diese auch viel zu haltbar und belasten damit die Umwelt – deswegen gibt es Bio-Kunststoffe. Diese halten extra nicht ewig und können in der Gartenerde verrotten. Sie geben auch keine giftigen Stoffe ab, denn sie bestehen aus ... Stärke, also dem Material im Popcorn. Das ist gleichzeitig ihr großer Nachteil: Wenn man aus Nahrung Kunststoff macht, kann man die nicht mehr essen. Und auf unserem Planeten gibt es leider genug Menschen, die hungern.

Süße Mathe-Nachhilfe
oder: Schokolade brechen

Gastfreundschaft ist nett, manchmal sogar furchtbar nett – wenn sie nämlich ausgenutzt wird. Aber lies selbst.

Hamsta wurde mit jedem Tag aufgeregter. Meinkenbracht rückte in greifbare Nähe, auch wenn es noch etwas dauern würde, bis wir den Heimatplaneten unseres Käpt'ns erreichten. Hamsta war das egal. Er hüpfte in seinem Kapitänssessel vergnügt auf und ab, summte sich das ein und andere Hamsta-Liedchen und hatte seine Schnurrbarthaare zu Locken gezwirbelt.

«Das sieht so süüüß aus!», konnte sich Vanessa nicht verkneifen, und – schwups – hatte Hamsta wieder lange, glatte, langweilige Schnurrbarthaare. Obwohl wir uns jetzt alle so gut kannten, konnte er es immer noch nicht ab, wenn ihn jemand «süß» fand.

Wie auch immer, wir mussten einen Zwischenstopp einlegen, denn ganz in unserer Nähe hatte Hamsta enge Verwandte, und zwar die Großtante der Cousine des Freundes einer Freundin. Hamster haben eine ungeheuer verzweigte und daher verzwackte Verwandtschaft, weil Hamster halt immer so viele sind. Und weil Space-Hamstas unglaublich alt werden, wächst die Verwandtschaft im Laufe ihres langen Lebens, bis sie endgültig die Übersicht verlieren und dann gar niemanden mehr besuchen.

So weit war Hamsta allerdings noch nicht, und deswegen mussten wir diesen Besuch unbedingt dazwischenschieben.

«Das tut ihr mir doch wohl schuldig sein», wandte sich Hamsta an uns und erwartete anscheinend, dass wir in Begeisterungsstürme ausbrachen. Den Gefallen taten wir ihm aber nicht tun.

Egal, der Kurs war im Bordcomputer eingegeben, und die Koordinaten, die der Computer einmal gefressen hatte, verfolgte er unbeirrbar bis zum Ziel.

Die Landung auf dem Planeten Sögtrop war ein Kinderspiel, ganz weich und sanft. Am Raumflughafen stand schon die Großhamsterin mit ihrer Familie und erwartete uns voller Neugier. Kaum angekommen, wurden wir herzlich in Empfang genommen und abgeknutscht.

Feuchte Hamsterküsse! Fürchterlich. Und dann roch die Hamstergroßtante auch noch so entsetzlich nach Gänseblümchen-Parfüm, dass es einem den Atem verschlug. Ich hielt die Luft an, bis sie mich wieder aus ihren Pfoten ließ. Mit einem altmodischen Raumgleiter ging es dann zu ihr nach Hause. Dort hatte sie schon die Betten bezogen und frische Streu in die Schlafmulden gefüllt. In jedem Zimmer gab es ein Hamsterrad, «falls ihr vor dem Einschlafen und nach dem Aufwachen etwas Sport treiben wollt».

Hamster kennen keine Fahrradrennen, kein Gewichtheben, und sie gehen auch nie schwimmen. Das Einzige, was sie machen, ist, im Hamsterrad zu trainieren, am liebsten stundenlang und mit allen vier Pfoten. Ich habe es einmal ausprobiert, bin gleich gestolpert und dann einige Male im Kreis herumgeschleudert worden wie ein Paar Socken in der Waschmaschine. Deshalb drehte ich das Hamsterrad nur heimlich von außen – und wurde am nächsten Morgen beim Frühstück von der Großhamsterin gelobt, weil ich so eifrig trainiert hätte. Hamsta schaute mir darauf tief in die Augen, und ich sah ihm an der Nasenspitze an, dass er wusste, dass ich wusste, dass er ahnte, dass ich gemogelt hatte.

Wir hatten schöne Tage, nur ums Arbeiten kamen wir nicht herum. Die Großhamsterin bat uns am dritten Tag um Nachhilfe in Mathematik für die beiden Kinder der Freundin einer Nichte des Großneffen mütterväterlicherseits. Die kamen nämlich in der Schule nicht mehr mit. Und da Hamsta als Experte in allen möglichen Bereichen galt – schließlich hatte er es bis zur Erde und wieder zurück geschafft –, sollte er die Ehre haben, die beiden Hamster-Teenies mathematisch auf Vordermann zu bringen.

Hamsta ließ die Schultern hängen und willigte müde ein. Mathe machte ihm ungefähr so viel Spaß wie mir das Trainieren im Hamsterrad. Metin, Vanessa und ich begleiteten ihn zu den beiden Hamster-Teenies.

Es waren ganz besondere Exemplare. Der Junge hieß Andro, hatte einen Ring in der Nase und einen Knopf im Ohr. Das Mädchen hieß Meda und hatte sich das Fell frisiert, geföhnt und gegelt, sodass sie aussah wie ein Igel. Auf Mathe hatten beide keinen Bock. Ihr Standardspruch war: «Mathe ist ein Schweinehund!», denn Hunde und Schweine sind unter Hamstern verhasst wie sonst nur was.

Und diesen beiden sollte Hamsta etwas beibringen …

«Äh, was tut ihr denn gerade in Mathe machen?», fragte der Käpt'n freundlich.

«Blas mal hier nicht so deine Hamsterbacken auf, Alta, ey», kam es von Andro zurück.

«Du nervst! Schon wie du fragst, das macht mich total kirre. Warum gibt es dich überhaupt?», fauchte Meda Hamsta an. Hamstas Schnurrbarthärchen zitterten. Das taten sie immer, wenn er angespannt war. Gleich würde etwas passieren!

Doch es passierte nichts. Hamsta atmete nur dreimal tief ein und aus und murmelte vor sich hin: «Es sind ja noch Kinder.» Dann kramte er vier Tafeln Schokolade aus seinem Rucksack. «So, jetzt tut ihr mal die Luft anhalten tun», befahl er Andro und Meda mit fester Stimme.

Und die Hamster-Teenies ... zuckten zusammen und nahmen Haltung an.

«Es tut doch nix über eine klare Ansage gehen», brummte Hamsta und zwinkerte uns verschmitzt zu. «Aber bei der Arbeit tue ich lieber mit den beiden alleine sein.» Mit diesen Worten schob er uns aus dem Zimmer. Beim Weggehen hörten wir es schon nagen und schmatzen, sodass uns ganz flau im Magen wurde. Von wegen Arbeit! Die drei Hamster futterten jetzt unsere Schokolade, und wir mussten schauen, was wir zu essen fanden.

Vanessa hatte zum Glück einen Stand mit Gänseblümchen-Eis ausfindig gemacht, und wir schleckten jeder dreizehn Kugeln.

«Wenn man die Augen zumacht, schmeckt's wie eine Sommerwiese», schwärmte Metin.

Später kamen auch Hamsta, Andro und Meda dazu. Alle drei waren hochzufrieden und pappsatt.

«Schokoladen-Mathematik tue ich für mein Leben gern.» Hamsta hielt sich seinen vollen Bauch. Die beiden Hamsta-Schüler hatten glänzende Augen und gingen etwas schwerfällig.

«Wenn du in fünfzig Jahren noch mal vorbeikommst, darfst du uns wieder Mathe erklären», versprachen sie und watschelten grüßend davon.

«Da hast du ja dein gutes Werk auf diesem Planeten getan», lobte ich Hamsta. «Können wir dann bitte schön weiterfliegen?»

«Und ob wir das tun können!», entgegnete Hamsta.

Nachdem wir uns von allen verabschiedet und im Raumschiff eine Jumbo-Packung Gänseblümchen-Eis verstaut hatten, starteten wir. Und als er wieder «Papp!» sagen konnte, führte Hamsta uns in die Feinheiten der Mathematik ein. Weia, war das lecker!

• • •

Mathe kann so lecker sein, wenn man dabei nicht nur mit Papier und Bleistift, sondern auch mit Schokolade rechnet. Hast du Lust darauf?

 Dauer: 15 Minuten

Schwierigkeitsgrad:

 **Zutaten:**
- Mehrere Tafeln Schokolade
  mit unterschiedlichen Größen
- Pro Schokotafel einen Teller
- 1 Notizblock
- 1 Stift für Notizen
- Einige Freunde

Perfekt vorbereitet

Ganz wichtig ist, dass die Schokoladentafeln nicht irgendwo gebrochen, sondern noch heil sind. Und am besten kommen sie nicht aus dem Kühlschrank, sondern haben mindestens eine Stunde im Zimmer gelegen, dann lassen sie sich leichter br... – halt, das kommt noch.

Es wird knifflig

Öffnet vorsichtig die Verpackung der Schokolade und legt die Tafeln obendrauf, sodass ihr die Riegel zählen könnt. Na, aus wie vielen Stücken bestehen die einzelnen Tafeln? Die klassischen Schokotafeln haben 24, die quadratischen 16 und große Tafeln bis zu 35 Stück (das sind die besten ☺).

Überlegt gemeinsam, wie oft ihr die Schokolade brechen müsst, bis ihr lauter einzelne Stücke habt. Mehrere Riegel aufeinanderlegen gilt nicht. Notiert auf dem Notizblock die Anzahl der Schokoladenstücke jeder Tafel und dazu eure Schätzungen.

Gib alles!

Jetzt geht's ans Werk! Ihr zerlegt jede Tafel in ihre Einzelstücke und zählt dabei, wie oft ihr die Schokolade brecht.

Gut gemacht

Diese Zahl schreibt ihr für jede Tafel ordentlich auf einen Zettel neben eure Schätzungen.

Jetzt kommt der schwierigste Teil: Die Schokoladenstücke müssen verspeist werden, und zwar möglichst schnell. Na, wie lange braucht ihr, um sie zu vertilgen?

Was ist da los?

Wenn ihr die Summe der Schokoladenstücke mit der Anzahl der Brechungen pro Tafel vergleicht, fällt euch sofort auf, dass ihr immer ein Mal weniger gebrochen habt, als die Tafel Stücke hat, also:

- 16 Stücke: 15 Mal gebrochen
- 24 Stücke: 23 Mal gebrochen
- 35 Stücke: 34 Mal gebrochen

Mit euren Versuchsreihen habt ihr also eine Regelmäßigkeit entdeckt: Wahrscheinlich muss man eine Tafel *immer* einmal weniger brechen, als sie Stücke hat, um sie komplett zu zerlegen. Damit habt ihr «Statistik» gemacht: Ihr habt mit mehreren Versuchsreihen eine Gesetzmäßigkeit nachgewiesen. Damit könnt ihr bei x-beliebigen Schokoladentafeln voraussagen, wie oft sie gebrochen werden müssen, um sie komplett zu zerteilen.

Genauso gut könnt ihr euch vorher Gedanken machen, wie oft ihr brechen müsst: Zuerst habt ihr ein einziges, großes Stück, eben die Schokoladentafel. Egal wie und wo ihr brecht, nach dem ersten Brechen habt ihr zwei Stücke, nach dem zweiten Brechen drei Stücke, nach dem dritten Brechen vier Stücke und so weiter und so fort.

Na, was gemerkt? Nach jedem Brechen habt ihr genau ein Stück mehr. Dann ist es nur logisch, dass ihr einmal weniger brechen müsst, als die Schokolade Stücke hat, um sie komplett zu zerlegen.

Das hat mit «Algebra» zu tun, einem wichtigen Gebiet der Mathematik. Mathematiker rechnen nämlich nicht gerne und versuchen, es unter allen Umständen zu vermeiden. Deswegen denken sie erst einmal gründlich nach, bevor sie rechnen. Und meistens stellen sie nach ihrem Nachdenken eine Formel auf. Das könnt ihr auch, es ist eine ganz kleine Formel, und sie lautet: «$n - 1$», ausgesprochen heißt das «Enn minus eins». Und «n» ist die Anzahl der Stücke, die eine Schokoladentafel hat. Davon braucht ihr nur «eins» abzuziehen, und schon wisst ihr, wie oft ihr die Tafel brechen müsst. Das ist echt praktisch!

Und ihr habt noch etwas sehr Wichtiges über Mathe erfahren: Sie kann richtig lecker sein und toll schmecken.

Das Lottospiel – reine Mathematik

Lotto ist ein Glücksspiel. Und deshalb ist es interessant für die Statistik, also die Lehre von der Wahrscheinlichkeit. Beim Lottospiel «6 aus 49» rollen 49 Kugeln in einer Art Waschmaschine herum. Die 49 Kugeln sind durchnummeriert von 1 bis 49. Wie wahrscheinlich ist es, dass beim ersten Ziehen zum Beispiel die 13 gezogen wird?

Der Mathematiker sagt: «Die Wahrscheinlichkeit beträgt 1 zu 48.» Das heißt, dass bei 49 Ziehungen wahrscheinlich einmal die 13 gezogen wird. Das gilt aber nur im «statistischen Mittel», also wenn man dieses Experiment sehr, sehr oft macht. Und sehr, sehr oft heißt: hundert- bis tausendmal. Dann wird man feststellen, dass meistens bei 49 Ziehungen einmal die 13 und 48-mal eine andere Zahl gezogen wird.

1:48

Ziemlich kompliziert wird es, wenn man die Chance berechnet, von sechs Zahlen, die aus 49 gezogen werden, alle korrekt zu tippen. Und frustrierend ist es auch, denn die theoretische Chance lautet 1 zu 15 537 573. Das heißt, dass es nicht sehr wahrscheinlich ist, dass ein Lottospieler morgen schon sechs Richtige tippt. Sehr viel wahrscheinlicher ist, dass er sein ganzes Leben lang keine sechs Richtigen haben wird. Denn die Wahrscheinlichkeit, im Lotto zu gewinnen, ist noch geringer als die, vom Blitz getroffen zu werden.

1:15 537 573

Fabrik für zufällige Zahlen

Ein Würfel ist ein vertrautes Spielgerät. Und doch steckt das kleine Teil voller Mathematik. Es ist nämlich ein «Zufallszahlen-Generator». Und zwar einer der besten, beliebtesten und am häufigsten vorkommenden der Welt. Ein Würfel ist für nichts anderes da, als zufällig aus den Zahlen 1 bis 6 eine auszuwählen. Dabei hat jede Zahl die gleiche Chance, oben zu liegen, und die lautet: 1 zu 5. In der Theorie. Denn es kommt vor, dass jemand beim Würfeln dreimal hintereinander eine 6 würfelt. Es ist eben purer Zufall.

Aber wenn du dir die Mühe machst, mit einem Würfel hundertmal hintereinander zu würfeln, dir dabei die Ergebnisse notierst und nachher zusammenzählst, wie oft jede Zahl drangekommen ist, wirst du merken, dass alle Zahlen ungefähr gleich oft geworfen wurden, ein Würfel also ziemlich gerecht ist. Und er ist umso gerechter, je öfter man würfelt.

Und noch eines fällt auf: Die anderen würfeln immer die besseren Zahlen. Das hat dann allerdings nichts mehr mit Zufall zu tun, sondern mit Wahrnehmung: Jeder Mensch hat leicht den Eindruck, dass er zu kurz kommt. Oder ist dir noch nicht aufgefallen, dass du an der Supermarktkasse immer in der längsten und langsamsten Schlange stehst?

Eine Formel für Ostern

Mathematiker lieben Formeln wie Bienen die Blumen. Bei jeder Gelegenheit stellen sie eine auf. Und sogar du hast es im Experiment gemacht und bist damit ein Mathematiker. Denn Mathematik versteckt sich überall, und oft merken wir sie gar nicht. In eine Formel steckt man verschiedene Informationen rein und bekommt eine Lösung heraus. Das ist ganz ähnlich wie beim Kuchenbacken.

Und hättest du gedacht, dass sich selbst im

Osterfest Mathematik versteckt? Es gibt tatsächlich eine «Oster-Formel»! Entwickelt hat sie der deutsche Astronom, Mathematiker und Physiker Carl Friedrich Gauß (1777–1855), und im Jahr 1800 wurde sie veröffentlicht. Mit dieser Formel lässt sich für jedes Jahr das Datum des Osterfestes exakt berechnen.

Auch hier wird sofort klar, wie wichtig Mathematik ist. Denn was gibt es Wichtigeres, als zu wissen, wann es wieder Zeit ist, Ostereier zu suchen?

Das Heiligtum von Meinkenbracht
oder: Umgekehrte Perspektive

Alles hat ein Ende, und irgendwann ist Schluss. Auch die längste Reise erreicht ihr Ziel. Und dem näherten wir uns jetzt.

Auf diesen Moment hatte sich Hamsta tierisch gefreut. Er schälte sich aus seinem Kapitänssessel, stellte sich vor «Frau Müllers» Panoramafenster und seufzte tief. «Ach, Meinkenbracht, ich tue endlich bei dir sein!»

Wir wussten gar nicht mehr, wie lange wir eigentlich schon unterwegs waren. Und was hatten wir nicht alles erlebt, während wir unseren Freund Hamsta nach Hause begleiteten, auf seinen Heimatplaneten Meinkenbracht. Dorthin, wo alle Hamster dieses Universums herstammen und von wo aus sie elend lange Reisen auf sich nehmen, um etwa zur Erde zu gelangen.

Auch uns wurde ganz anders. Der Gedanke, dass wir jetzt am Ziel waren und dass Hamsta nicht wieder mit uns zur Erde zurückkehren würde, war irgendwie ... traurig.

«Ich werde ihn total vermissen», kam es aus Metin heraus.

«Wie soll ich ohne ihn leben?», fragte Vanessa. «Er ist doch so süüüß!» Wir blickten zu Hamsta und sahen, dass seine Ohren zitterten und seine Schnurrbarthaare bebten. Ein kleiner Schauer ging über sein Fell, wie wenn der Wind über ein Kornfeld streicht. Auweia, was war uns wehmütig zumute.

«Wie kommen wir nur alleine zurück?», wagte ich zu bemerken, und Metin trat mir auf den Fuß, während mir Vanessa heftig in den Arm zwickte.

«Nicht jetzt, nicht vor Hamsta!», zischte sie.

Aber Hamsta hatte eh nichts mitbekommen. Er war völlig woanders. Verzückt beobachtete er, wie Meinkenbracht im Panoramafenster immer größer wurde. Und mir fiel auf, dass dieser Planet die Form eines Hamsterkopfes hatte, nur eben ohne Ohren und Schnurrbarthaare.

Hamsta legte eine Bilderbuchlandung hin. Wir landeten weich, wie auf einem Hamsterfell. «Raumanzüge tut ihr hier nicht brauchen, denn hier gibt es Luft für alle!», erklärte uns der Käpt'n und war wieder ganz im Hier und Jetzt.

Als sich die Tür öffnete, kam als Erstes ein dicker, griesgrämiger Hamster herein, der wissen wollte, ob wir etwas zu verzollen hätten oder hier Hamsterkäufe machen wollten. Sogar Körperkontrollen gab es an Meinkenbrachts Raumflughafen! Die Ohren wurden angesehen, auch von uns Menschen, und es wurde geprüft, ob die Pfoten beziehungsweise Hände sauber und die Klauen beziehungsweise Nägel nicht zu lang waren. Kein Problem für Metin, Vanessa und mich. Und für Hamsta auch nicht. Alles sauber. Sogar die Socken.

An Gate 365 363 sollte uns dann Hamstas Familie mit sämtlichen Verwandten, Freunden und Bekannten abholen. Als wir durch die Tür traten, warteten dort unzählige Hamster.

«Und wo in dem Gewühl ist deine Familie?», wollte Metin wissen.

«Das tut doch meine Familie sein!», entgegnete Hamsta, «meine ganze Familie.»

«Wie süß!», kam es von Vanessa. «Sooo viele Hamsterchen.»

Was soll ich sagen? Es dauerte dreieinhalb Tage, bis Hamsta alle Pfoten geschüttelt und zur Begrüßung sanft in jedes Ohr gebissen hatte, so wie es bei Hamstern üblich ist.

Und dann stellten wir fest, dass Hamsta auf Meinkenbracht ein richtiger Star war. Denn er war einer der wenigen, die in ihre Heimat zurückkehrten. Denn viele, ja sehr viele Hamster, muss man leider sagen, blieben auf der Erde oder auf einem anderen Planeten. Hamsta war da eine rühmliche (und inzwischen ziemlich berühmte) Ausnahme. Ruckzuck sprach es sich auf Meinkenbracht herum, dass da einer zurückgekommen war – und zwar lebendig, bei bester Gesundheit und in Begleitung von drei echten, wenn auch ziemlich geschrumpften Menschen.

So wurden auch wir zu Stars, ob wir wollten oder nicht. Wir waren auf den Titelseiten aller Meinkenbrachter Tageszeitungen. Wir gaben Radiointerviews. Wir waren zu Gast in jeder Talkshow, von «Hamstern live» über «Gefragt, gejagt, gewagt» bis zu «Goldener Käfig». Wir hatten einen eigenen «Hamsterbook»-Kanal und einen Pressesprecher, der jeden Tag dicker und wichtiger wurde.

Irgendwann hatten die Hamster allerdings keinen Bock mehr auf uns und verloren das Interesse. Wir konnten endlich wieder über die Straße gehen, ohne mit Gänseblümchen überschüttet zu werden – kurzum, ein ganz normales Leben führen. Wir lernten Hamstas umfangreiche Verwandtschaft kennen und besuchten jeden Tag eine andere Familie seiner Sippe. Es war eine intensive Zeit, in der Metin, Vanessa und ich uns noch besser kennenlernten und noch engere Freunde wurden.

Eines Tages tat Hamsta sehr geheimnisvoll. «Ich tue euch nun zu unserem Allerheiligsten führen», verkündete er uns feierlich, und wir starteten zu einem Ausflug. Vor Stryck, der Hauptstadt Meinkenbrachts, war ein großer Berg gelegen, auf dessen gewaltigem Gipfel das Heiligtum ruhte. Von ferne sah es aus wie ein großer Bücherstapel. Beim Näherkommen erkannte man jedoch einen großen Stapel Bücher. Darin wurden, so erklärte uns Hamsta, die leckersten Bücherwürmer im gesamten Universum gezüchtet, alle Paralleluniversen mit eingerechnet. Und da Hamster Bücherwürmer sehr schätzen, noch mehr als Gänseblümchen, weil sie lecker sind, schlau machen und ein glänzendes Fell geben, sind sie ihnen heiliger als alles andere.

Sosehr es uns auch gefiel an Hamstas Seite, bei seiner Familie und überhaupt auf Meinkenbracht – irgendwann war es doch Zeit, Abschied zu nehmen. Uns sackte das Herz in die Hose. Ich drückte meinen Freund Hamsta, und eine dicke Hamsterträne kullerte aus seinen Augen auf meine Wange. Trotz oder wegen all seiner Eigenarten hatte ich ihn heftigst liebgewonnen. Metin ging es genauso. Nur Vanessa zeigte keine Zeichen der Rührung.

«Ich bleibe hier!», stellte sie klar. «Denn ich kann mir keinen schöneren, flauschigeren und liebenswerteren Ort im Weltall vorstellen als diesen hier. Es ist sooo süüüß auf Meinkenbracht!»

Ich fühlte, wie mir das Blut aus dem Kopf wich. Auch Metin wurde kreidebleich. Wir mussten doch zu dritt zur Erde zurückfliegen! Wie sollten wir Vanessas Eltern beibringen, dass ihre Tochter lieber auf einem fernen Planeten wohnen wollte? Was würde unsere geschätzte Klassenlehrerin Frau Müller sagen, wenn Vanessa nicht mehr zum Unterricht erschien?

«Hamster tut es auch auf der Erde geben. Es tun nicht so viele sein wie auf Meinkenbracht, aber zum Knuddeln und Liebhaben und An-mich-Denken tun sie reichen», redete Hamsta auf Vanessa ein. «Tu ruhig mit heimfahren zur Erde, das tut schon in Ordnung gehen so.» Zum Glück ließ Vanessa sich dann recht schnell überzeugen. Und so kam es also, dass wir doch zu dritt die Heimreise antraten und einen traumhaften Planeten verließen, der voller wuseliger Hamster war und einen heiligen Stapel Bücher in der Mitte hatte.

• • •

Hast du Lust, das Heiligtum von Meinkenbracht zu bauen? Es geht ganz einfach. Und ist doch sehr trickreich.

 Dauer: 10 Minuten

Schwierigkeitsgrad:

 **Zutaten:**
- 2 Blatt dickeres Papier oder Karton
- Druckvorlage als PDF zum Download
- 1 Schere
- etwas Klebstoff

Perfekt vorbereitet

Für dieses Experiment lädst du dir aus dem Internet auf *rowohlt.de/raumschiff* die PDF-Datei «Reverspektive» mit zwei Seiten herunter, die du farbig ausdruckst, gerne auf Karton.

Es wird knifflig

Schneide den «Vordergrund» entlang der durchgezogenen Linien aus und gib acht, dass du nicht aus Versehen die beiden weißen Laschen mit abschneidest. Falte den «Vordergrund» einmal in der Mitte entlang der langen gestrichelten Linie und mit der bedruckten Seite nach innen.

Dann faltest du zweimal an den kürzeren gestrichelten Linien mit der bedruckten Seite nach außen.

Zum Schluss faltest du die schmalen Laschen nach vorne, also zur bedruckten Seite hin.

Kleiner **Tipp**: Wenn du vorher mit einem leeren Kugelschreiber über die gestrichelten Linien fährst, lassen sie sich einfacher knicken.

Zum Schluss klebst du die Laschen des Vordergrundes mit der Rückseite und ganz wenig Klebstoff auf den Hintergrund.

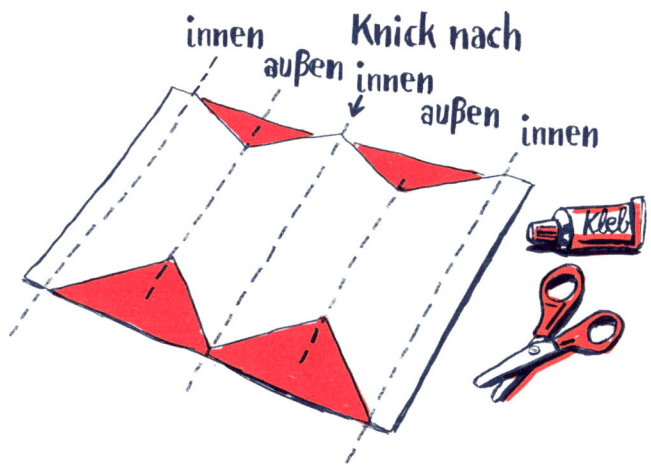

Gib alles!

Hänge dein Kunstwerk an die Wand und schaue es dir aus etwa 3 Metern Entfernung an. Gehe etwas hin und her. Na, was passiert?

Gut gemacht

Du siehst einen Stapel Bücher aus dem Kunstwerk her-ausragen. Damit nicht genug: Sobald du hin- und her-gehst, bewegt sich der Bücherstapel, er dreht sich mit dir. Ein toller Effekt!

Was ist da los?

Dieser Effekt ist eine wunderbare Kombination von Kunst und Wissenschaft. Denn das Kunstwerk scheint zu leben, es bewegt sich. Dahinter steckt eine raffinierte Sinnestäu-schung und die geniale Idee des britischen Künstlers Patrick Hughes (das spricht sich «Jus»), der sich seit vielen Jahren auf dieses Phäno-men spezialisiert hat.

Das Kunstwerk ist ungewöhnlich: Es ist dreidimensional, also räumlich, und nicht flach, wie die allermeisten Gemälde. Und es besteht aus zwei Teilen: einem flachen Hintergrund und einem zick-zackförmigen Vordergrund. Schau dir den Vordergrund genauer an: Der Knick an der langen Kante liegt hinten, die Knicke an den kürze-ren Kanten liegen vorne. Und das ist der Trick!

Wenn du vor einem Gebäude stehst, scheinen die Kanten, die hin-ten liegen, kürzer als die vorderen, obwohl sie in Wirklichkeit alle gleich lang sind.

Bei deinem Kunstwerk ist es genau umgekehrt: Die kürzeren Kan-ten liegen vorne. Und was macht dein Gehirn? Es setzt einfach die bei-den kürzeren Kanten nach hinten und die lange Kante nach vorne, weil es das so gewohnt ist und nicht anders kennt. Aber dadurch scheint sich der Bücherstapel zu bewegen, wenn du an ihm vorbeigehst. Zur

Hälfte geschieht das Kunstwerk also in deinem Kopf, und dein Gehirn arbeitet dabei auf Hochtouren und produziert dir eine tolle Sinnestäuschung. Das ist aber noch nicht alles. Um den Effekt zu verstärken, hat Patrick Hughes die rechte Seite mit dem Wandmuster abgedunkelt und auch auf der linken Seite einen Schatten eingezeichnet. Da bleibt deinem Gehirn gar nichts anderes übrig, als sich täuschen zu lassen.

Wenn du auf den Bücherstapel zugehst, merkst du, wie es dann plötzlich *Schnapp* macht und die lange Kante nach hinten klappt.

Noch ein **Tipp**: Drucke dir die Vorlage noch einmal aus und knicke diesmal an den gestrichelten Linien genau umgekehrt. Jetzt ragt der Bücherstapel tatsächlich nach vorne. Hänge dieses Bild neben das andere. Unterscheidet sich der Effekt beim Vorbeigehen?

Kunst und Wissenschaft

Dieses Experiment am Schluss des Buches hat eine nette Entstehungsgeschichte: Auf dem Weg zu meiner Arbeit beim Westdeutschen Rundfunk in Köln komme ich immer an einer Galerie vorbei, die Gemälde im Schaufenster ausgestellt hat. Öfters sind Werke von Patrick Hughes dabei, und ich bin immer fasziniert davor stehen geblieben. Beim Schreiben dieses Buches kam mir die Idee, ein Kunstwerk von Hughes unterzubringen, weil er als Künstler etwas Einzigartiges macht – er arbeitet mit Wissenschaft. Also habe ich ihn angeschrieben und gefragt, ob er ein Kunstwerk für dieses Buch zur Verfügung stellen würde. Er hat «Ja» gesagt, und da ist es. Es ist eines von meinen 30 Lieblingsexperimenten in diesem Buch.

Wer ist Patrick Hughes?

Patrick Hughes ist ein britischer Künstler, und er lebt in London. Als er 1939 in Birmingham geboren wurde, begann der Zweite Weltkrieg. Als Kind erlebte er die deutschen Luftangriffe auf England mit – Sirenen heulten, und dann fielen Bomben. Mit seiner Mutter suchte er in einem Raum unter der Treppe Schutz. Daran erinnert er sich noch heute: «Wir sahen die Stufen falsch herum – auf und ab, auf und ab –, man musste schon eine Fliege sein, um solche Stufen hinaufkrabbeln zu können.»

Das muss ihn so beeindruckt haben, dass er später als Künstler alles «verkehrt herum» machte. Seine Kunstform nennt er «Reverspektive», also «umgekehrte Perspektive», weil er geschickt vorne und hinten vertauscht. Wenn es dich interessiert, schaue mal auf seine Homepage: *patrickhughes.co.uk*. Dort siehst du auch noch viel kompliziertere Kunstwerke.

Augen + Gehirn = Sehen

Wenn du etwas siehst, dann sind deine Augen zwar wichtig, aber nicht alles. In deine Augen fällt Licht ein von dem, was du siehst, und die Netzhaut nimmt es auf und wandelt es in elektrische Signale um. Diese Signale sind aber wertlos, wenn sie nicht verarbeitet werden. Und für das Verarbeiten ist dein Gehirn zuständig. Es macht aus den Signalen Informationen, und es legt die Bilder aus deinen beiden Augen übereinander, damit du räumlich siehst, also in 3D (diese Abkürzung steht für «dreidimensional»). Um die Signale von den Augen überhaupt verarbeiten zu können, greift das Gehirn ständig auf seinen Erfahrungsschatz zurück, denn es muss sie bewerten, um daraus ein Bild zu machen. Dabei lernt es ständig dazu.

Wie gut das Gehirn im Lernen ist, zeigt ein einfaches Experiment mit der sogenannten «Umkehrbrille».  Das ist eine Art Taucherbrille, in deren Gläser spezielle Dreiecke aus Glas eingelassen sind. Wenn du diese Brille aufsetzt, kommst du völlig durcheinander, weil du jetzt alles auf dem Kopf siehst und du dich plötzlich nicht mehr orientieren kannst.

Aber schon nach einem Tag hat dein Gehirn gemerkt, was Sache ist, daraus gelernt, und dreht dir das Bild um. Auf einmal steht nichts mehr auf dem Kopf, und du siehst mit der Umkehrbrille wie vorher ohne. Aber wehe, du setzt die Brille wieder ab, dann steht für einige Stunden erneut alles auf dem Kopf, bis das Gehirn es spitzgekriegt hat und entsprechend reagiert.

3D-Kino
Ein uralter Traum von Filmemachern ist es, dreidimensionale Filme zu drehen. Das ist inzwischen ganz gut möglich. 3D-Kameras nehmen alles zweimal auf, und zwar durch zwei Linsen, die im Abstand unserer menschlichen Augen stehen. Im Kino werden beide Bilder schnell nacheinander gezeigt. Mit einer speziellen «Shutter»-Brille bekommt jedes Auge nur das Bild zu sehen, das für es vorgesehen ist. Dazu wird die Brille abwechselnd links und rechts undurchsichtig.

Eine andere Möglichkeit ist die «Polarisation». Dabei werden die Bilder für linkes und rechtes Auge gleichzeitig auf die Kinoleinwand projiziert, eine spezielle Brille mit «Polarisationsfilter» filtert aber für jedes Auge das entsprechende Bild heraus.

Beide Methoden sind nervig, weil man doofe Brillen tragen muss. Am besten ist immer noch das natürliche Sehen mit den eigenen Augen und ohne 3D-Brille.

Wieder zu Hause – als wäre nix gewesen

Wenn ich heute daran zurückdenke, erscheint mir alles wie ein einziger, großer Traum: Space-Hamsta, das Raumschiff «Frau Müller», die Reise nach Meinkenbracht, die vielen großen und kleinen Abenteuer, die Kabbeleien an Bord und nicht zuletzt die gefriergetrockneten Gänseblümchen. Es ist lange her, aber in mir so lebendig, als wäre es gestern gewesen. Und wenn ich daran denke, spüre ich Hamstas Pfotendruck zum Abschied und fühle eine Hamsterträne auf meiner Wange. Ob ich ihn noch einmal wiedersehen werde?

Vanessas «Wie süüüß!» klingt noch in meinen Ohren. Und ich sehe Hamstas Öhrchen zittern und die Barthärchen beben. Er konnte es so was von nicht ab, «süß» gefunden zu werden, unser Käpt'n. Und fast, ja beinahe, wäre Vanessa bei Hamsta und auf Meinkenbracht geblieben. Im ganzen Universum gibt es wohl keinen schöneren Ort für manche Menschen als einen Planeten voller knuddeliger Hamster.

Wie wir zur Erde zurückgekommen sind? Das ist eine Geschichte für sich. Vielleicht werde ich sie einmal aufschreiben, so wie diese hier. Aber bis dahin muss noch etwas Zeit vergehen.

Ich habe viel gelernt an Bord der «Frau Müller», von Hamsta und meinen beiden Freunden Metin und Vanessa. Vom verrückten «Fliegenden Holländer», vom Glibberdingenswesen, Tschuing-Gumma, vom Grafen Batula und den No-Names. Die Reise hat mir gezeigt, dass nichts unmöglich ist. Und dass das Universum so vielfältig ist, wie niemand es sich vorstellen kann.

Vor allen Dingen hat unsere Reise nach Meinkenbracht uns aber gezeigt, was Freundschaft heißt. Dass Freunde sich nicht immer top verstehen müssen, dass sie aber in den entscheidenden Momenten so fest zusammenhalten wie Supermagnete. Dass man Dinge schaffen,

Gefahren bewältigen kann, auch wenn man zuerst überhaupt nicht weiß, wie das klappen soll. Mit genügend Köpfchen und ein wenig Sachverstand funktioniert beinahe alles. Und Improvisieren ist wichtig, aus nix was machen. Wie bei der Sicherung, die wir aus einem Stück Kaugummipapier hergestellt haben. Oder der Windbüchse, die wir im intergalaktischen Baumarkt zusammengebaut haben. Es muss nicht immer perfekt sein, Hauptsache, es klappt. Und das ist am Ende das, was zählt.

Ach ja, wie es war, als wir auf die Erde zurückkamen? In der Schule hatte uns niemand vermisst. Es schien, als wären wir nie weg gewesen. Der Kalender an der Wand zeigte immer noch das Datum, an dem wir mit Hamsta losgeflogen waren. Und unseren Eltern schien gar nicht aufgefallen zu sein, dass wir so lange weg gewesen waren. In ihrer Realität hatten wir nur das Abendessen verpasst und mussten uns in der Küche selbst etwas machen, bevor wir schlafen gingen. Und wir hielten unseren Mund. Geglaubt hätte uns doch niemand. Nur wir drei, wir wissen Bescheid. Na, und du jetzt auch. Aber bitte, das bleibt unter uns. Einverstanden? Danke!

Metin, Vanessa und ich sind allerbeste Freunde geblieben. Und völlige Hamster-Fans. Wo immer wir einen Hamster sehen, sind wir entzückt. Jetzt, wo wir wieder normale Größe haben, kommen sie uns so klein und zierlich vor. Aber wir wissen ja, was diese Wesen alles können. Man kann sie gar nicht überschätzen.

An Samstagen treffen wir uns oft und klappern Zoogeschäfte ab. Während Metin die Verkäufer mit schwierigen Fragen ablenkt, gehen Vanessa und ich zu den Hamsterkäfigen. Vielleicht ist ja ein Verwandter unseres Käpt'ns dabei? «Pst, hey, kennst du Hamsta?», flüstern wir. Ab und zu zwinkert uns ein Tierchen zu, aber das ist auch alles.

Aber bei mir zu Hause wohnt jetzt wieder ein Hamster! Seit Weihnachten habe ich ihn. Von Hamsta weiß ich, dass der Kleine tagsüber, wenn keiner da ist, in seinem Käfig trainiert. Und am Abend, ja, da mache ich die kleine Drahtklappe auf. Erst bleibt der Hamster

im Käfig. Aber sobald ich das Licht ausmache, höre ich es tapsen und huschen, rennen und kuschen. Und was soll ich sagen? Morgens ist mein Handy-Akku fast immer leer, auch wenn ich ihn den ganzen Tag aufgeladen habe. Und immer liegt das Handy irgendwo anders herum, nie finde ich es auf Anhieb. Und dann sind diese kleinen Patscher drauf. Sie können nicht von meinen Fingern stammen, sondern nur von ... Aber nicht verraten, versprochen? Und schau unbedingt mal nach deinem Handy, auch wenn du eigentlich keinen Hamster bei dir wohnen hast. Denn sie sind einfach überall ...

Stichwortverzeichnis

Joachim Hecker, Jahrgang 1964, ist Ingenieur, Journalist und Autor. Beim Westdeutschen Rundfunk (WDR) in Köln macht er seit fast 20 Jahren Wissenschaft für Erwachsene und Kinder. Wenn eine Weltraummission startet, die Nobelpreise bekannt gegeben werden oder schlicht die Blätter von den Bäumen fallen, geht er ins Studio und erklärt den Menschen, was da warum vor sich geht. Manchmal macht er auch Experimente für Radiosendungen, bei denen es dann immer ordentlich knallt.

Als Autor hat er sich mit Kindersachbüchern einen Namen gemacht, und mit seinen Wissenschafts-Shows reist er seit zehn Jahren durch die Welt – von Deutschland über Thailand bis nach Alaska. Am allerliebsten aber ist er zu Hause bei seiner Familie, tüftelt an neuen Experimenten, verqualmt dabei die heimische (Hexen-)Küche, schreibt neue Bücher oder schmust mit der Katze.

joachim-hecker.de

Sabine Kranz experimentiert normalerweise mit Farben und Linien, bei diesem Buch hatte sie viel Spaß mit fliegenden Tassen und Schokoladentricks ... Sie hat an der Kunsthochschule Kassel und an der Kunstakademie Stuttgart studiert und arbeitet als freiberufliche Illustratorin und Designerin. Ihre Bilder sind ebenso von französischen Comics inspiriert wie von den Mustern und Farben der Schürzen und Röcke ihrer Großmutter.

Besonders liebt sie die Malerei, das Design und die Filme der fünfziger und sechziger Jahre. Dieser Einfluss spiegelt sich in ihren Bildern wider, einer Mixtur aus klaren Linien, romantischen Retro-Farben und liebevoll gestalteten Figuren, die Lebensfreude verströmen.

Ihre Arbeiten entstehen für Bücher und Zeitschriften sowie für Ausstellungen und freie Projekte.

Sabine Kranz lebt mit ihrer Familie in Frankfurt am Main.
sabinekranz.de